「수업장학」

수업예술과 **수업과학**을 위한 지원

Robert J. Marzano · Tony Frontier · David Livingston 공저

주삼환 · 황인수 공역

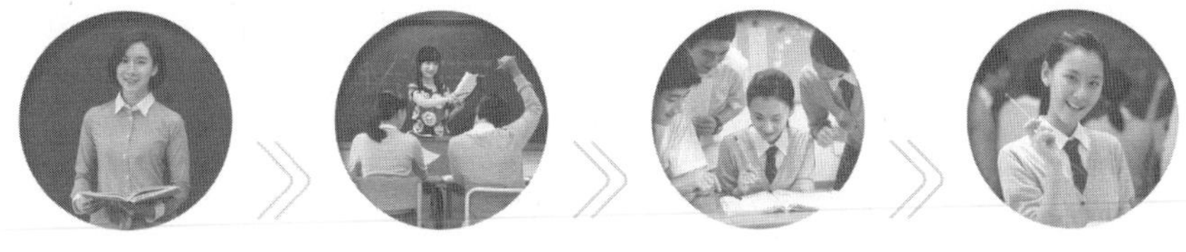

Effective Supervision

Supporting the Art and Science of Teaching

학지사

Effective Supervision: Supporting the Art and Science of Teaching
by Robert J. Marzano, Tony Frontier and David Livingston

머리말

이 책은 『*Effective Supervision: Supporting the Art and Science of Teaching*』(Marzano, R. J., Frontier, T., & Livingston, D., 2011)을 번역한 것이다. 미국 출판사 ASCD는 장학교육과정학회로서 월간 저널 『*Educational Leadership*』과 계간 『*Supervision*』과 수많은 장학과 교육과정 전문 서적을 발행하고 장학과 교육과정을 연구하고 있는 권위 있는 기구다. 주 저자 Marzano는 저자 소개에 나와 있는 것처럼 실제 수업 현장에 직접적으로 도움을 주는 수많은 저술과 연구, 강연으로 저명한 학자, 연구자, 교육자다. 교육 현장－교사－학생, 장학－수업－학습－학생 성취를 강조하는 공역자 주삼환은 출판사 ASCD와 저자 Marzano의 철학과 생각을 좋아하기 때문에 이미 이들의 책 두 권, 『*Classroom Instruction that Works*』와 『*School Leadership that Works*』를 『학업성취 향상 수업전략』(시그마프레스, 2010)과 『교육리더십: 연구와 실제』(학지사, 2013)로 번역 · 출판하였다. 이제 장학 전문 단체에서 전문가에 의한 최근의 이 장학 전문서를 번역 · 출판하게 되어 독자 여러분과 함께 기쁘게 생각한다. 이제 남의 책은 그만 번역하고 자신의 책을 써도 되지 않느냐고 묻는 사람도 있는데 나는 아직 더 공부해야 하고 또 독자에게 다른 나라 오리지널을 소개해 주는 것도 의미가 있다고 보아 이 책을 번역·출판하게 되었다.

장학에 관한 여러 책을 번역하고 쓰기도 하였지만 이 책처럼 수업에만 초점을 맞춘 것은 없었다. 이 책은 군더더기를 모두 빼고 수업이론과 수업지식에 기반을 두고 수업기술 향상을 돕고 지원하는 장학에 초점을 맞췄다. 그래서 장 구성도 7개 장으로 단순화시킨 것이다. 그리고 수업을 하나의 예술과 동시에 과학으로 본 것이 내 맘에 꼭 든다. 수업을 하나의 과학으로 보고 이론과 지식을 연구하고 기술을 향상시키려는 사람은 많았으나 수업을 예술로 다루려는 측면이 약하여 안타까웠다. 그런데 이 책의 부제에서 보는 것처럼 장학을 수업예술과 수업과학을 위한 지원으로 본 것을 좋게 생각한다. 그런데 아직 이 책에서 예술적 측면이 충분히 다뤄졌다고 보기는 어렵다. 최근 우리나라에서 이상한 용어들을 만들어 내 장학을 혼탁하게 만들고 있는 상황에서 이 책은 장학의 본질을 보여 준다고 생각한다.

동시에 이 책에서 장학을 통하여 교사의 전문성을 향상시키려는 점을 좋게 본다. 교사를 예술가의 수준, 전문가의 수준으로 격상시키는 데 장학의 도움이 필요한 것이다. 교사를 교체해서 쓸 수 있는 기계의 부품 정도로 취급하는(본문에 있는 widget effect) 우리나라 관료들과 사회 풍조에 울분을 토하지 않을 수 없다. 어려운 교직과정을 거치고 고시라고까지 하는 어렵다는 임용 시험을 거쳐서 채용한 교사들을 믿지 못하고 평가니 뭐니 하고 철밥통으로 다그치는 미련한 정부정책에 분개한다. 이는 분명히 거꾸로 가는 정책이고 부정적인 결과를 낳고 있다. 대한민국 교사자격증을 부여하고 또 최고 실력 수준의 교사를 채용하여 썼으면 믿고 맡기는 편이 더 나을 것이다. 믿지 못하겠으면 자격증 수준과 임용고사 수준을 더 높이고, 더 훌륭한 의사 수준의 사람들이 교사로 몰려들 수 있는 정책을 쓰도록 하라. 핀란드는 의사나 법조인 이상의 최고 수준 전문가로 교사를 양성하고 나서는 모든 것을 교사에게 믿고 맡기는 전문가 자율성을 부여하고 있다. 우리나라 교사에게도 신뢰(trust)와 자율성(autonomy)이 절실하게 요구된다. 그리고 교사들도 전문가 대접을 받을 수 있을 정도로 부단히 노력하고 또 전문가 대접을 받기 위해 투쟁(나쁜 의미의 투쟁이 아니다)도 해야 한다. 교사는 명예와 자존심을 먹고 산다. 또 이 책에서 강조하고 있는 것처럼 교사가 전문성을 확보하기 위해서는 교사 상호 간에 수업을 개방하고 서로 전문적 피드백을 주고받고 전문적 협의를 하는 전문 동료의식이 필요하다.

모든 교육활동과 교육정책과 행정 재정의 최종 산물은 학생성취로 말해야 한다. 교사의 교수(teaching)보다 학생의 학습(learning)이 더 중요하고 학습의 결과는 학생성취(achievement)로 보여 줘야 한다. 교사가 가르치지 않아도 학생이 배울 수 있으면 이것보다 더 좋은 일은 없다. 학생이 배울 수만 있으면 된다. 학생은 배움에 배고픔과 갈증을 느껴야 한다. 학생은 지금 배움에 배불러하고 있다. 학부모와 교사만 가르침에 배고파하고 있는 것이다. 가르치려고만 하지 말고 스스로 배울 수 있게 해야 한다.

교육으로 이만큼 발전한 우리나라, 이제 우리 학생의 배움으로 선진국으로 도약해야겠다. 20세기 공장식 교육으로는 21세기 일꾼을 길러 낼 수 없다. 우리는 지금 '쓸 데 없는 교육'으로 국가적 에너지를 낭비하고 있는 것이다. 덜 가르치더라도 필요한 학습을 할 수 있도록 해야 한다. 학생들의 귀중한 자원과 정력을 보람된 곳에 잘 쓸 수 있도록 어른들이 방향을 잘 잡아야겠다. 이 책을 통한 장학이 도움이 되었으면 좋겠다.

2015년 10월

역자를 대표하여

주삼환

차 례

제1장

장학의 정의:
교사 전문성 개발

제1장

장학의 정의: 교사 전문성 개발

장학은 미국 학교 교육 초창기부터 K-12 교육 현장에서 중심적인 특징으로 존재하였다. '보스턴 시의 위원회 공식 기록 보고서'라는 제목의 1709년 문헌에 나오는 다음과 같은 논평이 이를 뒷받침한다(Burke & Kery, 2005, p. 411에서 인용).

> 현장 교사들의 기능에 대한 학문성과 탐구에 사용하는 방법을 알아보고, 이들의 전문성의 성과를 확인하기 위하여 이것을 알아볼 필요가 있을 때는 학교를 종종 방문하는 시학(inspector)위원회를 구성해야 한다 [역주: 미국에서도 영국식을 따라서 초기에는 장학을 샅샅이 살펴서 검열 감독한다는 의미의 Inspection{In+Spec, 시학(視學), 독학(督學)}이란 용어를 사용하였으나 지금은 감독(監督)을 뜻하는 말에서 나온 Supervision (Super+Vision)으로 거의 통일되어 사용하고 있고 우리나라에서도 Supervision을 '장학'으로 통일하여 쓰고 있다. 영국 쪽에서는 아직도 강한 의미의 Inspection, Inspector라는 용어를 그대로 쓰고 있다. 영국에서는 HMI(Her Majesty's Inspectors)라고 하여 여왕이 직접 임명하는 '칙임

시학관' 제도가 유명했었는데 지금은 OFSTED(The Office for Standard in Education, 영국교육표준청)라고 하여 평가와 장학을 합친 기관으로 통합되었다. 그러나 시학관은 지금도 여왕이 임명한다. www.ofsted.gov.uk].

이와 같은 1709년의 선언 이후 300년이라는 시간이 흐르는 동안에, K-12 교육이 일어나는 상황도 극적으로 변화하여 왔다. 교육과정, 수업, 사정(査定, assessment) 방법이 바뀌면서 장학과 평가(evaluation)에 대한 관점이 변화하였다. 우리는 제2장에서 이 책에서 권하는 참조의 틀에 대하여 간단하게 설명할 것이다. 그리고 나머지 제3~7장에서는 평가의 실제에서 우리의 접근이 미치는 영향에 대하여 살펴보고, 이를 바탕으로 장학에 대한 종합적인 접근 방법에 대하여 전개해 나갈 것이다.

1. 장학의 기초 원리

우리가 장학의 발전의 기초라고 보는 다음과 같은 가장 중요한 원리에 기반을 두고 이 책에서는 여러 가지 권고를 하고 있다.

> 장학의 목적은 학생들의 학업성취를 향상시키려는 궁극적인 목표를 달성하기 위하여, 교사의 교수 기능(pedagogical skills)을 향상시키는 것이다(역주: 여기서는 Pedagogy를 Education과 구별하여 '교수학' '교수'로, 때로는 '수업'으로 번역한다).

아주 간단한 연구 검토일지라도 이러한 원리에 내재해 있는 논리를 검사한다. 특별히 학교 교육에 대한 연구에서 반박의 여지가 없는 사실은 '탁월한 기능을 갖춘 교사들이 가르치는 학급의 학생들이 탁월하지 못한 교사들이 가르치는 학생들보다 훨씬 더 높은 성취를 한다는 것'이다. 〈표 1-1〉에서 학생들이 얼마나 더 높은 성취를 하였는지 확인할 수 있다.

〈표 1-1〉 교사의 전문성과 학생의 학업성취

교사의 기능 백분위 등급	백분위 등급 50인 학생의 예상되는 백분위 등급 향상	학생의 예상되는 백분위 등급
50	0	50
70	8	58
90	18	68
98	27	77

주: 위의 항목이 어떻게 산출되었는지 논의하려면 Marzano & Waters (2009)를 참조한다.

〈표 1-1〉은 역량 정도가 다양한 교사들이 가르치는 학급에서 백분위 등급 50%에 해당하는 학생의 성취에서 예상되는 백분위 증가를 나타내 준다. 교수 기능(pedagogical skills)이 백분위 등급 50%에 해당하는 교사가 가르치는 학급에서 백분위 등급 50% 수준인 학생의 백분위 등급 향상을 기대하기는 힘들다(역주: 0). 그러나 백분위 등급 50%에 해당하는 학생이 교수 기능이 백분위 등급 70%에 해당하는 교사가 가르치는 학급에서 공부한다면 백분위 등급이 58% 수준으로 향상될 것으로 예상할 수 있다. 교수 기능이 백분위 등급 90%, 98%에 해당하는 교사가 가르치는 학급에서 학생의 백분위 등급 증가는 훨씬 더 높다. 각각의 상황에서 학생들은 백분위 등급 68% 수준과 77% 수준에 도달할 것으로 예상된다. 분명히 교사가 가지고 있는 기능이 훨씬 더 높을수록 학생의 성취에서 훨씬 더 높은 향상이 이루어진다. 따라서 장학의 영향에서도 똑같은 현상이 분명하게 나타난다. 장학의 기본적인 목적은 교사의 전문성을 향상시키는 것이다.

모든 교사가 교수 전문성에서 백분위 등급 90% 수준 또는 그 이상에 해당하는 아주 높은 위치에 도달하기를 기대하는 것이 비합리적인 것으로 보일 수 있지만, 모든 교사가 교수 기능을 해마다 계속해서 향상시키기를 기대하는 것은 합리적인 생각이라고 말할 수 있다. 조금씩만 향상되더라도 이를 통하여 훌륭한 결과를 산출할 수 있을 것이다. 만약 교수 기능이 백분위 등급 50%에 해당하는 교사가 매년 자신의 역량을 백분위 점수 2%씩 향상시킨다면, 그 교사가 가르치는 학생들의 평균적인 성취도는 10년 동안 백분위 점수 8%가 향상될 것으로 예상된다.

이와 같은 성공적인 상황에서처럼 장학의 과정은 학생의 점진적인 성취 향상을 위한 교사의 점진적 전문성 향상(incremental gains) 수단이라고 우리는 확신한다. 이와 함께 우리의 연구가 교사의 전문성을 향상시키는 방법에 대하여 훨씬 더 분명한 길잡이를 제공할 것이라고 믿는다.

2. 전문성의 본질

최근까지도 많은 사람이 전문성은 개발될 수 없는 것으로 생각해 왔다. 왜냐하면 전문성을 재능에 따른 자연적인 부산물로 생각하였기 때문이다. Murray(1989)는 전문성 인식에 관한 역사적인 문헌을 연구한 자신의 논문에서 일반적으로 재능은 '신이 준 선물'이라고 믿었다는 것을 밝혀 주었다. 이와 같은 전문성에 대한 개념에 대하여 Ericsson과 Charness(1994)도 다음과 같이 언급하였다.

> 귀속성(attribution)에 대한 이와 같은 편견을 갖게 되는 중요한 이유는…… (신이 준) '선물'에 해당하는 다양한 행위가 직접적인 정당화(immediate legitimization)와 연계되어 있다. 만약 일정한 예술 형

> 식(given art form)에서 한 아이에게 신이 특별한 선물을 부여했다면, 감히 그 아이의 발전에 대하여 반대할 수 있는 사람은 없을 것이고, 모든 사람이 그의 놀라운 창작품을 즐길 수 있게 그가 표현하도록 권고할 것이다. 오늘날에는 이와 같은 논거가 이상하게 보이지만, 프랑스 대혁명 이전에는 왕과 귀족의 특권을 보장하는 지위와 이들의 자녀들에게 부여되는 생득권이 바로 이와 같은 주장에 우선적으로 기반을 두었다(p. 726).

이와 똑같은 관점에서 전통적으로 신에 의하여 부여받은 선물인 재능이 오랫동안 전문성을 결정하는 중요 요인으로 생각되었다. 그러나 시간이 흐르면서 전통적인 관점에 대한 오류가 밝혀지게 되었다. Ericsson과 Charness는 "전문성에 대한 재능의 관점과 비범한 수행이 실증적인 증거에 의한 지원을 더 이상 받지 못하고 있다는 것은 흥미롭다."라고 설명하고 있다(p. 730). 이들에 의하면 수백 년이라는 오랜 시간이 지나면서 재능에 대한 이와 같은 과거의 가설은 불가피하게 도전을 받게 되었다. 왜냐하면 사람들은 "자신에게 필요한 추진력과 동기를 갖게 된다면, 교육과 훈련을 통하여 자신의 역량을 향상시킬 수 있다."는 증거가 발견되었기 때문이다(p. 727).

재능에 대한 가설과 유사한 것은 지능에 대한 가설인데, 지능이 높은 사람들은 훨씬 더 많은 것을 빨리 배울 수 있는 능력이 있다는 가설이다. 시간이 지나면서 점차 전문성도 이와 같은 방향에서 설명되었었다. Ericsson, Krampe와 Tesch-Romer(1993)는 "IQ와 우수한 수행 사이의 관계는 여러 면에서 미약하다."(p. 364)라고 언급하면서, 지능에 근거한 가설들이 근거 없다는 것을 규명하였다.

만약 전문성이 재능이나 지능의 작용이 아니라면, 전문성을 결정하는 것은 과연 무엇인가? 우리는 전문성에 대한 연구에 기반을 두고, 교육구(역주: 여기서 교육구는 미국의 School district로 우리나라의 시 · 군 · 구 지역교육지원청에 해당된다. 미국에는 약 16,000개 정도의 School district가 있는데 우리나라와 달리 이 수준에서 42% 정도의 지방 교육 자치를 하고 있는 것이다. 예를 들면, 이 School district마다 교사의 봉급이 다 다르다. 그리고 주교육부가 50% 정도의 자치권을 가지고 있고 연방교육부는 8% 정도의 영향력을 갖고 있다)과 학교가 체계적으로 교사의 전문성 개발을 원할 때 반드시 필요한 다음과 같은 다섯 가지 조건을 제안한다.

- **잘 분석된 수업**(teaching) **지식기반**(역주: 제3장, Teaching을 '교수'라 하고 Learning을 '학습'이라 하고 이 둘의 상호작용을 Instruction이라고 하여 '수업'으로 구별하여 번역해야 하겠으나 우리나라 현장에서 교수라는 말을 많이 쓰지 않아 넓은 의미로 '수업'으로 번역한다)
- **초점피드백과 초점실천**(역주: 제4장)
- **수업관찰과 전문협의회**(역주: 제5장)
- **명확한 성공 기준과 성공 계획**(역주: 제6장)
- **전문성 향상 인정**(역주: 제7장)

우리는 이 다섯 가지 조건에 대하여 제1장에서 간단하게 살펴보고, 다음 장(역주: 3~7장)에서 차례대로 각각의 조건에 대하여 좀 더 심도 있게 살펴볼 것이다. 우리는 이와 같은 다섯 가지 요소가 지역교육지원청과 학교 단위에서 교사의 전문성 수준을 향상시키기 위한 필요 · 충분조건이라고 주장한다. 이는 지역교육지원청과 관내 학교에서 우리가 제시한 다섯 가지 요소에 초점을 맞춘다면, 학생의 학업성취를 높일 수 있는 교사의 전문성 향상을 실현할 것이라는 의미다.

1) 잘 분석된 수업 지식기반

잘 분석된 수업 지식기반은 어떤 영역 내에서도 체계적인 방식으로 전문성을 개발하기 위한 전제조건이다. Ericsson과 동료들(1993)은 다양한 영역에서 나타나는 지식의 기반이 증가하였고, 계속해서 증가하고 있다고 말하고 있다. 이와 같은 지식의 축적은 더 많은 사람이 전문가의 지위를 훨씬 더 폭 넓게 활용할 수 있게 한다.

> 점점 더 여러 영역(domain)에서 기능과 복잡성의 성과 수준에 따라 개인을 정확하게 지도하고 훈련시키는 방법들을 개발해 왔다. 모든 주요 영역에서 높은 수준의 수행과 이러한 수행을 이끌어 가는 실제 활동을 결합하는 최선의 방법에 대한 지식 축적이 꾸준하게 이루어져 왔다(p. 368).

대부분 연구 영역의 사례와 마찬가지로 교육에서도 자체적인 지식기반, 특히 효과적인 교수학(effective pedagogy)에서 급격하게 성장해 왔다. 이와 함께 지식기반을 문헌화하려는 시도가 끊임없이 이루어졌다(Hattle, 1992; Hattle, Biggs, & Purdie, 1996; Wang, Heartel, & Walberg, 1993 참조). 우리는 이와 같은 지식기반(knowledge base)을 네 가지 영역(domain)으로 조직하였다.

- **영역 1: 수업전략과 행동**(Classroom Strategies and Behaviors, 역주: 여기서 Classroom은 우리나라의 반(班)이란 의미의 '학급'이기보다는 수업 단위의 '학급'을 의미하기 때문에 '수업'으로 번역하였다. 그래서 Classroom Strategies도 '학급전략'이 아니라 '수업전략'이고, 뒤에 나오는 Classroom management도 우리나라에서 흔히 잘못 번역하여 쓰는 '학급경영'이 아니

라 '수업관리'가 된다. 미국에서는 우리나라 담임교사가 하는 그런 '학급경영'의 개념이 없다고 보면 된다. 미국에서는 우리나라 담임교사가 하는 대부분의 일을 학교 카운슬러가 하는 것으로 보면 된다. 고정된 학급으로서의 반(班)보다는 그때그때 수업할 때마다 달라질 수 있는 수업 단위 교실과 학급이 중요한 것이다)

- **영역 2: 수업계획과 준비**(Planning and Preparing)
- **영역 3: 수업 반성**(Reflecting on Teaching)
- **영역 4: 동료의식과 전문직주의**(Collegiality and Professionalism, 역주: 여기서 Professionalism은 전문직업으로서의 전문성이기 때문에 일반적으로 사용하는 Expertise의 '전문성'과 구별하여 '전문직적 전문성'을 염두에 두고 좀 어색하지만 '전문직'이란 말을 꼭 넣는다. 물론 전문직적 전문성에 일반적 의미의 '전문성'이 포함된다. 마찬가지로 Specialization과 Professionalization도 구별하여 쓰길 권한다)

우리가 조직한 이 네 영역은 Charlotte Danielson(1996, 2007)이 제시한 매우 유명한 교수 모형과 흡사하다. Danielson이 제시한 모형은 다음과 같다.

- **영역 1: 수업계획과 준비**(Planning and Preparation)
- **영역 2: 수업 환경**(The Classroom Environment)
- **영역 3: 수업**(Instruction)
- **영역 4: 전문직적 책임**(Professional Responsibilities)

비록 우리의 영역이 Danielson이 제시한 영역과 유사점이 있지만, 영역들과 영역에 내재된 구체성 사이에 중요한 차이점이 있다. Danielson은 자신이 설정한 영역이 "실제를 기술하는 유일한 방법이 아니다."(p. 1)라고 설명하고 있다. 우리가 제시하는 모형도 Danielson이 설명하는 것과 마찬가지로 유일한 방법은 아니다. 우리는 수업에 대한 연구와 이론을 조직하는 가시적인 방법으로 우리의 네 영역을 제시하며 동시에 어떤 중요한 일상적인 연관성을 드러내는 것이라고 제안하는 것이다([그림 1-1] 참조).

[그림 1-1] 영역 간의 관계

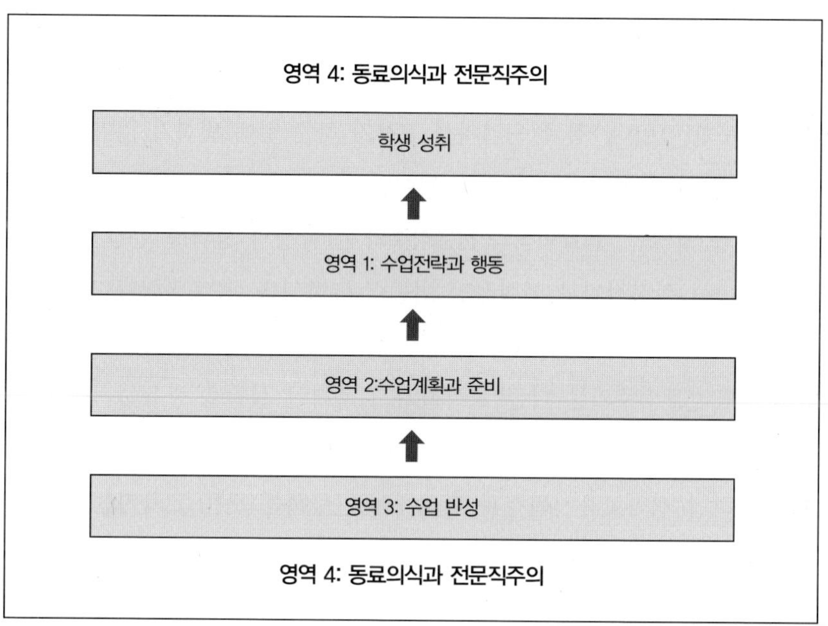

[그림 1-1]은 영역 1에 해당하는 '**수업전략과 행동**'이 영역의 계열성에서 최상단에 위치하고 있고, 학생 성취에 직접적인 효과를 준다는 것을 나타낸다. 다시 말하면 수업학급에서 일어나는 일들이 학생 성취와 가장 직접적이고 일상적인 연관성이 있다는 것이다.

수업전략과 행동 영역 바로 아래에 위치하는 것이 영역 2에 해당하는 '**수업계획과 준비**'다. 그 명칭에서 나타나는 것처럼 영역 2는 교사들이 단원별 수업과 수업에서 다룰 교육 내용을 조직하면서 일상적인 수업 업무를 스스로 준비하는 태도와 정도를 다룬다.

영역 3에 해당하는 '**수업 반성**'은 수업계획과 준비 바로 아래에 위치한다. 이 영역에 해당하는 대부분은 본질적으로 평가와 관련이 있다. 교사들은 전체적으로 향상하려는 목표와 함께 자기 영역의 강점과 약점을 고려한다. 영역 3은 계획하고 준비하는 것과 직접적으로 관련이 있다. 대체적으로 교사들이 자신의 강점이나 약점에 대하여 충분하게 반성하지 않는다면 계획하고 준비하는 자신의 능력을 향상할 수 없을 것이다. 교사들이 계획하고 준비하는 능력의 성장 없이는 자신이 채택한 수업전략과 행동에서 성장을 경험하지 못할 것이다. 결국 수업에서 교사가 하는 일에 변화가 없다면 학생 성취에서도 변화가 일어날 수 없을 것이다.

네 번째 영역인 '**동료의식과 전문직주의**'는 학생의 성취를 향상시키도록 이끌어 가는 직접적이고 일상성인 원동력은 아니다. 동료의식과 전문직주의는 다른 영역들이 잘 작동하게 하는 전문가 집단의 문화를 나타낸다. 동료의식과 전문직주의는 다른 교사들과 효과적인 실천을 공유하거나 다른 교사들을 멘토링 하는 것과 같은 행동을 의미한다. 네 번째 영역이 제대로 기능을 하면 지역교육지원청과 학교에서 근무하는 모든 교육자는 학생의 행복과 성취를 위하여 함께 책임지려고 노력하는 공동체의 일원으로 자신을 생각하게 된다. 제3장에서 영역 4에 대하여 심도 있게 논의할 것이다.

2) 초점피드백과 초점실천

학교 현장에서 교사의 전문성을 체계적으로 개발하기 위하여 필요한 두 번째 요소는 초점피드백과 이를 실천하는 것이다. Ericsson과 Charness (1994)는 전문성 연구에 대한 자신의 종합적인 검토를 통하여 '계획적인 실천(deliberate practice)'을 전문성 개발의 필수 요소와 동일한 것으로 파악하였다. '계획적인 실천'은 수많은 중요한 요소와 함께 교사 전문성 개발의 전반적인 구성체다. Marzano(2010a)는 '계획적인 실천'은 교사의 전문성 개발과 관계가 있으므로 다면적인 구성체로 생각할 수 있다고 말하였다. '계획적인 실천'의 중심적인 특징이 바로 피드백이다. Ericsson과 동료들(1993)은 "피드백이 없다면 효율적인 학습이 불가능하고, 아주 높은 동기가 부여된 과목이라도 그 성과가 미미하게 된다. 따라서 활동의 단순한 반복은 자동적으로 높은 성과에 도달할 수 없다."(p. 367)라고 설명하고 있다. 이와 같은 주장은 Hattie와 Timperley(2007)가 시도한 196개 연구와 6,972 효과 크기(effect size)를 포함하는 12개의 메타분석의 분석 결과와 일치한다. 피드백을 제공하는 평균 효과 크기(average effect size)는 0.79였는데, 대부분 교육 혁신과 관련된 평균 효과 크기(0.40)의 약 2배에 해당한다.

피드백이 교사 전문성을 개발하는 데에 중요하게 작용하려면 반드시 영역 1에 해당하는 특정한 **수업전략과 행동**(영역 1)에 대하여 일정한 간격의 시간을 하나의 세트로 하여 초점을 맞출 필요가 있다. 예를 들면, 어떤 교사는 정해진 학기 동안 계속해서 영역 1의 특정한 전략이나 행동에 초점을 맞추게 될지 모른다. 이와 같은 교사에 대한 피드백은 피드백의 주제가 될 수 있는 영역 1의 많은 다른 측면과 상당히 다른 특정한 전략 또는 행동이 될 수 있다. 이와 같이 선택적으로 적용하는 아이디어에서는 기능(skill) 개발을 위한 초점이 필요하다. 피드백의 요소가 너무 많거나 넓으면 피드백의 영향력이 미약하기 때문이다.

학교 현장에서 초점피드백이 적용될 때, 교사들은 '계획적인 실천'의 또 다른 중요한 요소인 초점실천에 집중할 수 있다. 이와 같은 맥락에서 교사는 자신이 처한 특별한 상황에 가장 알맞게 적용할 수 있는 기능을 가지고 선택적인 전략이나 행동 실험을 실천하게 된다. 제4장에서 초점피드백과 초점실천에 대하여 구체적으로 논의하려고 한다.

3) 수업관찰과 전문협의회

전문성에 대한 한 가지 흥미로운 측면은 전문성이란 의미에 미묘한 차이가 있는 행동으로 나타난다는 것이다. Ambady와 Rosental(1992, 1993)은 이와 같은 현상을 "미묘한 차이가 있는 행동(thin slices of behavior)"이라고 언급하였다. 우리는 '미묘한 차이가 있는 행동'을 수업과 관련하여서 교사들이 특정한 전략 사용을 고려하는 순간순간의 적응이라고 생각할 수 있다. 미묘한 차이가 있는 행동은 쉽게 기술될 수는 없지만 그 행동을 관찰하거나 분석할 수는 있다. 결론적으로 효과적인 수업을 관찰하고 협의할 수 있는 기회는 수업 담당교사들이 전문성을 개발하는 데에 있어서 중요한 부분이다. 만약 교사들이 다른 교사들의 수업을 관찰하고 상호작용할 수 있는 기회가 없다면 새로운 지식과 수업을 이루어 내는 방법은 개인적인 시도나 개인적인 실패로 제한받게 될 것이다.

비록 전문성을 관찰하고 협의할 수 있는 기회가 오늘날 학교(K-12)에서 일반적이지는 않을지라도 교사들은 이와 같은 기회를 갖고 싶어 한다. Goodlad(1984)는 1,350개의 초 · 중등학교 교사들로부터 수집한 자료를 요약한 자신의 저서인 『학교라는 곳(*A Place Called School*)』에서 "모든 학교 교육에 종사하는 교사의 4분의 3 정도가 다른 교사가 수업하는 것을 관찰하고 싶어 하는 것으로 나타났다."(p. 183)라고 설명한다. 이와 비슷하게 Finders(1988)의 논문 「교사 고립과 새로운 개혁」에서도 교사들이 고립되어 일하고 있지만 다른 교사들과 전문적인 상호작용하기를 갈망하는 것으로 나타났다. 이와 같은 상호작용은 다른 교사들을 관찰하는 것과 수업에 대하여 이들과 상호작용하는 것을 모두 포함한다. 교사들이 전문성을 관찰하고 협의하는 것에 대한 요청은 오늘날 '**전문직학습공동체**(professional learning communities: PLCs)'에 대한 논의와 일관성이 있다. Louis, Kruse와 동료들(1995)의 설명처럼 전문직학습공동체 운동의 주요한 기능은 실천의

'탈사유화(deprivitization)'다.

제5장에서 우리는 교사들이 전문성을 심도 있게 관찰하고 협의할 수 있는 기회를 제공하는 방법에 대하여 논의할 것이다. 요약하면 우리는 지역교육지원청과 관내 학교들이 교사들에게 다른 교사들의 수업을 촬영한 동영상을 관찰할 수 있는 기회를 제공하고, 전문성이 높은 교사들의 교실에서 수업을 관찰할 수 있는 기회를 제공하고, 전문성이 높은 교사들과 얼굴을 맞대고 상담을 받을 수 있는 기회를 제공하고, 동시발생하거나 동시발생하지 않는 기술들뿐만 아니라 자신의 동료들과 얼굴을 맞대고 상호작용할 수 있는 기회를 제공하기를 요청한다.

4) 명확한 성공 기준과 성공 계획

명확한 성공 기준은 계획적인 실천에서 중요한 측면이다. 상당히 명확한 수업에 대한 전문성을 위하여 수업전략과 행동(영역 1)은 효과적인 수업으로 여겨지는 특별한 기준들을 포함해야 한다. 제3장에서 우리는 영역 1에 해당하는 수업전략과 행동 유형 41개를 자세하게 설명할 것이다. 제3장에서 제공하는 41개 유형의 요소들, 예를 들면 루블릭과 같은 척도들은 초보교사들부터 전문적 교사에 이르기까지 직접 사용하는 요소들이다. 이와 같은 척도를 사용하게 되면, 교사들이 특정한 기간 동안에 특별한 요소들에 대한 자신의 교수 전문성(pedagogical expertise)을 개발할 수 있다.

영역 1에 해당하는 수업전략과 행동에 대한 교사 효과성은 교사의 수행에 대하여 단일 측정 방식으로 이루어져야 한다는 입장이 있다. 그러나 이와 같이 접근하는 것은 실수라고 본다. 합리적인 수업전략과 행동의 사용은 확실하게 전문성에서 꼭 필요한 구성 요소이지만, 수업에서 전문가 수행에 대한 궁극적인 기준은 학생의 성취다. 학생의 성취 이외에 어떤 시도라도 초점에서 벗어나게 되기 때문이다. 이것은 [그림 1-1]에서 일상성의 위계에서 학생의 성취가 최상의 위치에 놓여 있는 것으로 충분히 설명하였다. 성공적인 수업에서 궁극적인 기준은 학생들의 학습과 관련되어야 한다.

제6장에서 우리는 학생들의 성취에 대한 자료를 수집하고 활용하는 다양한 방법을 제공할 것이다. 우리는 성취 자료가 본질적으로 부가가치적이라는 것에 대한 사례를 제시할 것이다. 부가가치적인 성취 자료는 주어진 기간 동안에 학생들이 얼마나 많이 배웠는지를 측정하는 것이다. 부가가치적인 자료의 활용 가능한 한 가지 형태는 지식 획득이다. 예를 들면, 어떤 공통평가나 또는 비교평가에서 사전검사 점수와 사후검사 점수 사이의 차이는 개별 학생에 대한 지식 획득의 차이로 측정할 수 있다. 오늘날 어떤 교육구(역주: 이 책에서 교육구는 우리나라의 시 · 군 · 구에 있는 '지역교육지원청'에 해당한다)에서는 지식 획득이 교사평가를 위한 기준으로 사용하고 있다. 활용 가능한 다른 지수들로는 잔여 점수(residual scores), 학생들의 자신의 지식 획득에 대한 자기평가가 있다.

영역 1에서 수업전략과 행동을 위한 명확한 평가기준과 부가가치적인 성취를 고려하여, 교사들은 **전문직 성장과 발달 계획**을 수립할 수 있다. 이와 같이 계획을 수립하면 교사들이 자신의 목표를 충족시키고, 자신의 목표를 이루기 위한 성취를 확인하는 방법이 실현 가능한 계획적인 실천이 이루어지는 데에 큰 도움이 된다.

5) 전문성 향상 인정

어떤 영역에서든지 전문성의 특성은 그 전문성을 개발하는 데에는 오랜 시간이 걸린다는 점이다. 사실 어떤 연구자나 이론가에 의하면 그 분야의 전문성 개발을 위해서는 최소 10년의 시간이 필요한데, 이를 **'10년 법칙'**이라 부른다(Simon & Chase, 1973). Ericsson과 동료들(1983)은 영역에 관계없이 어떤 영역에서나 10년 동안 계획적인 실천(deliberate practice)이 이루어지면 전문가 지위에 도달할 수 있다는 것을 규명하면서 10년 법칙을 입증하였다.

10년 법칙의 관점에서 살펴보면, 수업에서 전문가 지위를 획득하려면 높은 수준의 동기가 성공을 열망하는 방향에서 필요하다. Ericsson과 동료들(1993)은 다음과 같이 설명하고 있다.

> 수천 년 동안 교육의 전통에서 학습과 기능 획득에 대한 최근의 실험적인 연구를 통해서, 최적의 학습과 성과의 향상을 위한 수많은 조건이 계속해서 밝혀지고 있다. …… 가장 많이 인용되는 조건은 과업을 처리하고 자신의 성과를 향상하기 위하여 노력하는 행위를 하는 대상자의 동기다(p. 367).

모든 교사가 전문가로서 아주 높은 위치에 있기를 바라는 것은 아마도 비합리적인 생각일 것이다. 정말로 자연스러운 인간의 조건은 수용 가능한 수준에서 성과가 이루어지면 더 이상 발전이 멈추는 것으로 보인다. Ericsson과 Charness(1994)는 "대부분의 아마추어와 고용된 직원들은 일단 자신이 적절하다고 생각하는 수준에 도달하면, 자신의 성과를 향상하기 위한 계획적인 실천을 위한 노력을 하는 데에 더 이상 시간 투자를 하지 않는다."(p. 730)라고 설명한다. 그렇다면 지역교육지원청과 학교는 교사들이 자신의 전문성을 신장시키도록 어떻게 격려할 수 있을까?

우리는 제7장에서 이와 같은 현안에 대하여 다루고 있다. 비록 전문성을 경제적으로 보상하는 것이 잘못된 것이 아니라고 생각하지만, 우리는 돈을 가지고 교육자들을 동기 부여할 수 없다고 믿는다. 오히려 **전문성 향상에 대한 인정**에 의하여 교사들은 동기 부여된다고 생각한다. 이와 같은 생각은 전혀 새로운 것이 아니다. 이와 같은 한 가지 목적에 의하여 미국 국가교사자격위원회(National Board certification, 역주: 미국에서 교육은 주정부 사항이기 때문에 교원자격증은 주정부 단위로 부여하는데 얼마 전부터 국가교사자격증제가 생겨 국가교사자격증을 획득하면 우대해 주는 제도가 생겨났는데 바로 이 위원회가 그 기능을 담당한다. 이에 대한 설명이 바로 뒤에 따른다)가 설립되었다.

1985년에 미국교사조합(American Federation of Teachers: AFT, 역주: 미국의 교원단체에는 NEA와 여기에 나오는 AFT 양대 단체가 있는데 NEA는 우리나라의 한국교총과 비슷한 성격의 단체이고 AFT는 우리나라 전교조와 비슷한 성격의 단체인데 여기서는 노동이라는 말을 안 넣고 그냥 '교사조합'이라고 번역하였다) 의장이었던 Albert Shanker는 수업의 우수성이 무엇인지 이를 문서화하고 인증할 수 있는 조직의 설립을 통하여 교직을 전문직으로 변모시킬 수 있는 방법을 언급한 첫 번째 인물로 평가받는다. 뉴욕의 카네기재단은 전문직으로서 교직에 관한 교육경제태스크포스를 위한 카네기포럼(the Carnegie Forum on Education and the Economy's Task Force on Teaching as a Profession) 설립을 통하여 Shanker의 요청을 지원하였다. 1987년에 카네기재단은 미국 전문교직표준국가위원회(the National Board for Professional Teaching Standards: NBPTS) 설립을 위한 기금을 제공하였다.

NBPTS는 설립과 함께 꾸준히 성장하여서 영향력 있는 기관이 되었다. 예를 들면, 2003년과 2007년 사이에 63,800명이 NBPTS에서 교원 자격증을 받은 것처럼 NBPTS가 보증하는 자격증을 받는 교사 인원이 급증하였다는 것을 알 수 있다(Viadero & Honawar, 2008). 최근 자료를 통하여 82,000명의 교사들이 국가위원회자격증(national board certification) 또는 재인증(recertification)을 받았다는 것을 확인할 수 있다(National Board for Professional Teaching Standards, 2010; Eates Park News, 2010). 비록 NBPTS의 자격증이 학생의 성취 향상과 연계되어 있는 범위에 대한 약간의 도전이 필요하지만(Sawchuck, 2009, 2010; Thirunarayanan, 2004; Viadero & Honawar, 2008), NBPTS의 인기가 높다는 것은 교사들이 자신의 전문성을 인정받는 것에 의하여 동기가 부여된다는 사실을 증명한다. NBPTS

자격증을 받기 위하여 교사들이 인증 과정을 신청하고 완료하는 데에 대략 2,500 달러의 비용이 든다. 그럼에도 불구하고 매년 점점 더 많은 교사가 NBPTS 자격증에 대한 지지를 보여 주고 있다. 우리는 이처럼 지역교육지원청이나 학교단위에서 실시하는 교사의 평가 과정에서 교사에 대한 인정이 정기적인 관점으로 자리 잡기를 희망한다. 제7장에서 우리는 교사의 전문성 수준을 인정하고 기록하는 것뿐만 아니라 교사들의 전문성 수준이 지속적으로 발전하도록 지원하는 교사평가 과정의 윤곽을 보여 주려고 한다.

3. 전문성 개발을 위한 지역교육지원청의 지원

이 책에서 제시하는 내용들을 쉽게 실행으로 옮기기는 어렵다. 이를 실행하기 위해서는 지역교육지원청 수준(역주: 미국에서 district, 또는 school district라고 하면 우리나라 시 · 군 · 구에 해당하는 교육청, 또는 시 · 군 · 구 교육청의 교육청을 의미한다. 우리나라에서 미국의 'School district'를 '학교구'라고 번역하여 사용하는 것은 잘못된 것이다. '학교구'는 '학구'인데 한 학교에 등록할 수 있는 구역을 의미하는 것으로 'attendance area'라고 한다. School district를 Attendance area와 구별해서 사용하는 것은 당연하다. 미국에는 school district의 수가 자꾸 줄어드는 경향이지만 약 16,000개 정도가 있고 이 단위에서 교육자치를 하고 있다. 이런 교육청을 Central office라고 하는데 이것을 '중앙사무소'라고 번역하는 것도 잘못이다. Central office는 미국 교육자치의 단위인 교육청을 의미한다. 그리고 우리나라에서는 시 · 도 교육청의 교육책임자는 '교육감'이라 하고 시 · 군 · 구의 지역교육지원청의 교육 책임자는 '교육장'이라고 부르고 있으나 미국의 경우는 주마다 다르나 주교육부나 지역교육지원청이나 대개 Superintendent로 동일하게 부르는 경우가 많다. 주교육감을 Superintendent 외에 commissioner, chancellor, cheif education officer라고 부르는 곳도 있다)에서의 자원 재분

배가 필요하기 때문이다. 이와 함께 교육구에서 전문성을 기꺼이 인정하려는 자발성이 필요하고, 전문성 있는 교사들이 교육 리더(역주: Leadership을 지도성이라고 번역하다가 최근에는 그대로 '리더십'으로 많이 쓰기 때문에 이와 일관성을 유지하기 위하여 이 책에서는 Leader도 '지도자'로 번역하지 않고 '리더'로 번역하기로 한다)로 자리 잡고 인정받을 수 있는 여건이 필요하다. 비록 우리들의 주장이 야심적인 제안일지는 몰라도 결코 새로운 것은 아니다. 예를 들면, Linda Darling-Hammond(2009)는 "모든 실천가는 전문가가 되기 위한 지원을 받아야 한다."(p. 64)라고 주장하였다. Darling-Hammond는 미국에 있는 모든 교육구에 걸쳐 에너지와 자원의 대규모 집중을 요청한 것이다.

교사 전문성을 지원하는 교육구 단위의 노력에 대한 필요성이 교육구 단위의 리더십 연구에서 강조되었다. 특히 교육구 단위 리더십 연구를 메타분석한 연구 보고서인 '실천 가능한 교육구 리더십(District Leadership That Work)'에서 Marzano와 Waters(2009)는 학생의 성취와 중요한 상관관계가 있는 교육구 행정가들의 다섯 가지 책임을 규명하여 밝혔다. 이러한 교육구 단위의 책임 가운데 하나가 수업을 위한 타협할 수 없는 목표였다. Marzano와 Waters는 교육구 단위의 리더들이 학생 성취를 향상시키려고 노력하는 아주 강력한 행위 가운데 하나가 교사 전문성을 격려하고, 지원하고, 인정하는 시스템을 개발하는 것이라고 주장하였다.

4. 제1장 요약

우리는 제1장에서 이 책을 통하여 함께 생각하고 싶은 기초적인 내용을 제시하였다. 우리는 먼저 교사 전문성이 일반적으로 학생의 성취와 관계가 있다는 것에 대한 일반화를 견고하게 시도하였다. 교사의 기능이 훨씬 더 뛰어날수록 학생들이 더 높은 성취를 하게 된다. 우리는 전문성의 본질을 강조하면서, 전문성은 오랜 시간을 거치는 동안에 계획적인 실천을 통하여 개발될 수 있다는 사실에 대하여 논의하였다. 교사 전문성을 개발하기 위한 다섯 가지 조건들은 다음과 같다.

- 잘 분석된 수업 지식기반(역주: 제3장)
- 초점피드백과 초점실천(역주: 제4장)
- 수업관찰과 전문협의회(역주: 제5장)
- 명확한 성공 기준과 성공 계획(역주: 제6장)
- 전문성 향상 인정(역주: 제7장)

제1장은 교육구 단위에서 교사 전문성의 향상을 강조하는 것이 중요하다고 논의하면서 마무리하고자 한다.

Effective Supervision: Supporting the Art and Science of Teaching

미국 장학과 평가의 발전 역사

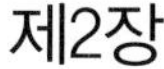

제2장

미국 장학과 평가의 발전 역사

제1장에서 제시한 내용의 각각에 대하여 구체적으로 살펴보기 전에 먼저 미국에서 이루어져 온 교사장학과 평가에 대한 역사를 살펴볼 필요가 있다. 우리는 평가의 주제가 장학과 긴밀하게 연관되어 있기 때문에 우리가 수행한 연구를 여기에 포함시켰다(역주: 제2장에서는 미국에서의 장학의 간단한 발전 역사에 대하여 알 수 있을 뿐만 아니라 장학의 여러 형태, 또는 중요한 장학모형에 대하여 공부할 수 있는 좋은 기회가 된다).

1. 장학과 평가의 초창기

1700년대 미국 교육은 전문적인 학문이나 연구 영역으로 여겨지지 않았다. 그 시절(역주: 미국 이민 초기를 연상하기 바람) 미국의 마을에서는 교사를 고용하고 이들의 수업에 대하여 판단하는 것을 지방 정부 또는 성직자들과 같은 기존의 권력 구조에 의지하였다. 성직자들은 방대한 교육을 넘겨받았기 때문에 이와 같은 역할을 담당하는 정당한 선택권(logical choices)

이 부여되었고, 학교에서 종교 수업을 이끌어 가는 능력을 당연하게 갖추고 있다고 생각되었다(Tracy, 1995, p. 320). 교사는 해당 지역 사회의 피고용인으로 여겨졌다. 개인 장학자들(Individual supervisors)이나 장학 위원회들(supervisory committees)은 수업의 질을 점검하는 책임을 지게 되었다(역주: 우리나라에서는 '장학사'라는 직명이 있고 이들이 주로 장학을 하는 것으로 잘못 알고 있어 Supervisor를 흔히 '장학사'라고 번역하고 있으나 미국에서 중요한 Supervisor는 교장, 교감이기 때문에 여기서는 넓은 의미로 보아 '장학자'로 번역한다). 이러한 장학자들은 효과적인 수업에 대한 기준을 설정하고, 교사를 채용하거나 해고하는 무한의 권한을 가졌다(Burke & Krey, 2005). 교육에 대한 전문 지식의 중요성 또는 성격에 관해서 필수적인 합의(necessary agreement)가 없었기 때문에, 교사에 대한 피드백의 질과 형태는 매우 다양하게 나타났다.

산업화가 시작되고 보통교육운동(the common schooling movement)이 확대되었던 1800년대는 거대한 도심 지역에 훨씬 더 복잡한 학교체제가 탄생하였다. 이와 같은 대규모 학교 또는 지역교육지원청에서 특정 학문 분야에서 전문성을 가지고 있는 교사들에 대한 요구와 점차 늘어나고 또 복잡한 역할을 담당할 수 있는 행정가에 대한 요구도 증가하였다. 학교마다 종종 한 명의 교사가 행정적인 임무를 맡아 수행하도록 선발되었다(역주: 여기서 가르치는 일과 가르치는 일을 지원하는 행정의 일이 분리되기 시작한다). 이처럼 '수석(principal)'교사가 결국 학교의 교장 역할[the role of building principal, 역주: 원래 교장을 의미하는 'Principal'은 '수석교사(Principal teacher)'에서 teacher가 떨어져 나가고 'Principal'만 남아서 굳어진 것이다. 교사 중 수석이 교장이 된 것이다. 영국에서는 Head teacher라고 많이 쓰고 그냥 'Head'라고만 해도 교장이란 의미로 통한다. 교장이라고 하면 영국에서는 교사 중에서 제일 잘 가르치는 사람이라는 이미지가 강하고 미국에서는 경영, 관리, 비즈니스, 리더의 의미가 강하다. Master teacher에서 teacher가 떨어져 나가고 'Master'라고만 해도 교장으로 통한다. 미국에는 대개 '교감' 자격증이 따로 없다. Principal 자격증 하나를 가지고 교감(부교장 associate principal, 또는 조교장 assistant principal)도 하게 된다. 마치 부교수, 조교수 하는 것과 같다]을 수행하게 되었다.

대규모 도시의 지역교육지원청에서 시작된 특별한 역할 수행은 금방 작은 도시와 시골 지역까지 유행처럼 퍼졌다(Tracy, 1995). 이 시기에는(역주: 교장제도가 생겨나면서) 성직자들이 반드시 교사의 성과(효과성)에 대하여 판단할 수 있는 정보를 가져야 할 필요가 없어졌다. Tracy의 설명에 의하면 "장학자는 지역 사회에 대하여 더 많이 이해하는 것보다 오히려 교과 영역의 지식과 수업 기술을 알아야 되었다."(p. 323) 따라서 성직자들은 더 이상 이와 같은 역할을 위한 훈련을 받지 않게 되었다.

1800년대 중반은 수업에 대한 관점에서 복합적인 피드백이 요구되는 다양한 노력을 통한 수업 전문성 발전이 중요하게 생각되었다. Blumberg(1985)는 이 시기의 장학은 수업 개선에 초점을 맞추었다고 언급하고 있다. 그는 1845년에 발간된 『뉴욕주교육감연보(*The Annual Report of the Superintendent of Common Schools of the State of New York*)』를 인용하여 다음과 같이 말하고 있다.

> 학교방문(시찰)을 너무 많이 믿어서는 안 되고, 교사에게 수업방법을 맡기고 수업의 효능성에 비중을 둬야 한다. 수업이 학교방문의 최우선적인 목적이다. 그리고…… 하루 동안 함께 모여 협의할 때 수업이 교사에게 더 많이 맡겨질 수 있다(p. 63, 원문은 1845, p. 131).

Blumberg에 의하면 장학자는 더 이상 성직자는 아닐지라도, 성직자보다 더 열렬히 수업 실천을 전파하였다. 교육감들은 자신이 담당하고 있는 자치주에 있는 수많은 지역 사회의 많은 학교를 순시하면서 훨씬 더 효과적인 수업 실천이 이루어지도록 전파하였다. 그중에서 한 명의 교육감은 "미국을 구원하는 유일한 방법을 우리의 학교에서 찾아야 한다."(p. 19)라고 말하고 있다.

미국에서 공식적인 교육이 시작된 시기부터 1800년대 중반까지는 교수 기술(pedagogical skills)을 효과적인 수업의 필수 요소라고 인식하는 여명의 시기였음을 알 수 있다. 비록 이와 같은 역량의 구체성에 대한 공식적인 협의가 거의 이루어지지 않았지만, 이에 대한 중요성의 인식은 교사 전문성을 발달시키기 위한 종합적인 접근을 위한 여행의 첫 걸음을 내딛는 것이라고 여겼다.

2. 과학적 관리 시기

19세기 후반과 20세기 전반에는 교육에 대한 두 개의 경쟁하는 관점이 지배적이었다. 하나는 John Dewey의 글로 구현된다. Dewey는 20세기 초반 교육 분야에서 가장 많은 글을 쓴 작가와 사상가 중 한 명이다. 그는 민주주의를 과학적 관리가 아니라 인간 진보의 개념적 토대로 보았다. 그는 학교는 학생들이 시민정신을 실천할 수 있고, 더 나아가 민주주의의 이상을 발전시킬 수 있는 민주적 방식으로 조직되어야 한다고 주장하였다(Dewey, 1938, 1981). 학생 중심 교육, 실제 세계와 연결시킨 교실, 학생의 학습 욕구에 기반을 둔 개인차, 내용 영역의 통합이라는 진보주의 이상은 Dewey에 의하여 학습자로서 학생의 수동적인 역할과 학생들이 민주 시민으로서 활동할 필요가 있는 능동적인 역할 사이에 벌어진 간격을 연결하는 방법으로 옹호되었다.

교육에 대한 두 번째 관점은 Frederick Taylor의 저서에 의하여 구현되었다. 과학적 관리의 관점을 통하여 Taylor는 공장 근로자들의 특정 행동에 대한 측정은 생산성을 향상시키는 가장 강력한 수단이라고 믿었다. 만약 작업을 수행하는 100가지 방법이 있다면 어떤 방법들은 다른 방법보다 훨씬 더 효과적일 것이라고 Taylor는 주장했다. 삽으로 석탄을 파는 것과 같은 다양한 방식의 과업을 연구하면 가장 좋은 방법을 찾아낼 수 있다는 것이다. Taylor(1911)에 의하면, 이와 같은 원칙들은 삽으로 석탄을 파는 것과 같은 개별 과업뿐만 아니라, 근로자 선발, 훈련 프로그램 개발, 근로자를 구분하는 과정과 같은 훨씬 더 체계적인 과업에 적용될 수 있다. 엔지니어와 회사 사장들, 공과 대학과 경영 대학에 널리 알려진 Taylor의 아이디어는 관련 대학의 학위 과정에 그 원리가 적용되면서 굳건하게 자리를 잡게 된다. Taylor의 원리는 미국 K-12 교육에 영향을 주기 시작하였다(역주: Taylor의 과학적 관리론을 장학에 적용한 장학방법을 당시에는 '과학적 장학'이라고 부르는 사람도 있었다).

Edward Thorndike를 중심으로 많은 교육자가 측정(measurement)을 훨씬 더 과학적으로 학교 교육에 접근하기 위한 궁극적인 도구라고 보기 시작하였다. Thorndike의 이론은 Ellwood Cubberley에 의하여 행정에 적용되었다. 1916년에 초판으로 나온 Cubberley의 저서 『학교행정(*Public School Administration*)』은 어떻게 Taylor의 원리가 공장을 관리하는 것처럼 학교를 관리하는 데에 이용될 수 있는지에 대하여 기술하였다.

> 우리의 학교는 어떤 의미에서 원재료들(어린이들)이 다양한 생활에 필요한 제품으로 가공되고 만들어지는 공장과 같다. 제조를 위한 설명서는 20세기 문명의 요구에서 유래하고, 학교의 업무는 정해진 설명서에 의하여 학생을 만들어 내는 것이다(p. 338).

학교를 공장에 비유한 데 근거하여 Cubberley는 학교 행정가들을 위하여 교사들과 학교가 생산적일 수 있도록 보장하기 위하여 측정과 자료 분석을 강조하는 원칙이 작용하는 환경을 만들었다. 그는 자신의 저서 『학교행정』(1929)의 제3장에서 교실을 방문하여 교사에게 적용할 수 있는 과학적 접근 방법에 대한 특별한 사례들을 제시하였다. 예를 들면, A로부터 F까지의 척도에서 자신의 연산 수업에 대하여 6학년 교사는 D를 받았다. Cubberley는 여기에 대한 장학의 결과를 다음과 같이 기술하였다.

> 취약점: 문제에 사용된 유형에서 전적으로 잘못된 절차. 문제해결수업을 위하여 전혀 시도조차 안 함.

> 제안사항: 우리 학교 신규교사는 우리들이 가르쳤던 연산 방법을 분명히 모르는 것 같다고 장학자는 설명해 주었다. 수업에서 실수한 것을 알려주었으나 그녀의 관리 능력에 대하여는 칭찬하였다. 그녀에게 이와 같은 연산 수업을 다루는 방법을 말하였고, Newcomb이 쓴 『현대산수교수방법(*Modern Methods of Teaching Arithmetic*)』 책을 집에 가지고 가서 어떤 장을 읽어야 할지 알려주었다(Cubberley, 1929, p. 327).

Cubberley의 업적을 바탕으로 William Wetzel(1929)은 교사 또는 학교의 효과성을 결정하는 학생의 학습을 측정하는 방법을 제안하였다. 그의 측징은 교사가 사용하는 특정 전략과 행동에 추가적으로 초점을 맞추었다. 그럼에도 불구하고 Wetzel은 학교를 제조하는 기능을 가진 공장으로 은유하려는 입장은 아니었다. 그는 과학적 장학의 기반이 되는 세 가지 요소를 권고하였다. 첫째는 개별 아동의 능력 수준을 결정하는 태도 평가의 사용이고, 둘째는 학습 과정에서 명확하고 측정 가능한 목표의 수립, 셋째는 학생의 학습에 대한 신뢰할 만한 측정의 사용이다.

1930년대에는 표준화된 평가에 대하여 확대된 신뢰도와 사회적인 발달과 민주주의 가치에 초점을 두는 접근이라는 양자의 관점에서 학교 교육에 대한 과학적 접근에 대한 긴장이 지속되었다. 그러나 어떤 면에서 이와 같은 이분법은 잘못된 것이었다. Cubberley와 Wetzel에 의하여 제시된 교육에 대한 과학적 관점은 교사, 학교, 지역교육지원청의 효과성 여부를 결정하는 데에 사용되는 피드백 시스템에 대하여 많이 다루었다. 이점에서 이들은 미래의 행동을 결정하는 자료를 강조하였다. 이와 같은 관점이 고려된다면 Cubberley와 Wetzel의 권고와 관련 있는 일부의 논의는 이 책의 저자들이 피드백을 위한 자료의 사용을 권고하는 것에 앞선 선도자의 역할을 한 것으로 인정받아야 할지 모른다. Dewey는 교육의 궁극적인 목표에 훨씬 더 많은 초점을 두었다. 두 가지 관점은 본질적으로 양립할 수 없는 것이 아니다. 후자는 피드백을 위한 자료로 이용할 수 있고, 다른 하나인 전자는 민주주의의 이상을 발전시키는 교육 시스템의 목표를 유지하는 데 이용할 수 있다. 그럼에도 불구하고 두 가지 관점은 통합을 허용하는 방식으로 기술되거나 인식되지는 않고, 둘 사이의 긴장은 미국의 대공황 시기까지 지속되었다.

3. 제2차 세계대전 이후 시기

제2차 세계대전 종전 이후 시기의 학교 교육은 과학적 접근에서 벗어나기 시작하였다. 원자재와 제품이라는 용어로 장학 과정을 기술하던 것에서 벗어나서 교사 개인에 초점을 맞추기 시작하였다. 교사가 자신의 특정 기능을 개발하도록 돕는 것과 자신의 감정적인 요구를 보살피는 것에 중점을 두었다. 제2차 세계대전 종전 몇 달 후인 1946년 1월에 발행된 『교육 리더십(*Educational Leadership*)』 학술지는 이와 같은 움직임을 반영하였다. Elsie Coleman(1945)은 자신의 논문 「장학방문(The Supervisory Visit)」에서 "교사를 이해하는 가장 첫 번째 본질은 교사가 사람들에게 영향을 주면서 동시에 영향을 받는 환경에서 살아가는 다른 어떤 사람과도 구별되는 한 명의 인간이라는 점이다."(p. 165)라고 하였다. 한편 Lewis와 Leps(1946)는 장학 과정을 마치 유럽을 자유롭게 만드는 노력의 확대와 같은 것이라고 기술하였고, 성공적인 장학 모형을 위한 지침으로 민주주의 이상(democratic ideals), 자기 주도의 기회(opportunities for initiative), 인간 한계의 이해(understanding human limitations), 공유의사결정(shared decision making), 책임의 위임(delegation of responsibility)을 제시하였다(p. 163). Lewis와 Leps는 이처럼 장학에 대한 새로운 세계에 대하여 기술하면서 "학교 행정가들은 지역 사회에 대한 수용과 함께 학교 구성원들이 학교 상황에서 실행할 수 있는 정책과 계획 수립에 필요한 충분한 시간을 주게 될 때 발휘할 수 있는 창의적인 힘을 사용할 수 있도록 용기 있게 행동하고 있다."(p. 161)라고 하였다.

한 사람으로서 교사를 강조함에도 불구하고, 이 시기에 장학의 역할은 특정한 용어로 정의되었다. 불행하게도 장학자의 책임 목록은 방대하였다. 예를 들면, Swearingen(1946)은 교육과정, 교직원 인사, 교수 학습 상황, 학급 정서의 질, 수업 자원과 자료, 학급 급식, 출석, 교과서 배부, 대외관계, 협력 단체와 기관과의 협력을 포함한 보조 기능을 포함하는 것으로 장학자의 역할을 기술하였다. William Melchoir(1950)는 자신의 저서 『수업 장학: 새로운 실천을 위한 인내(*Instructional Supervision: A Guide to Modern Practice*)』에서 장학은 "수업관찰과 연구를 위하여 교실을 방문하는 것"과 함께 개별 교사와의 협의, 교직원회, 업무 협의, 친목회 협의, 워크숍과 다른 위원회 협의를 포함하는 것으로 설명하고 있다(p. 51). Melchoir는 자신의 저서에서 교실방문도 중요하지만, 장학자에게 수업 리더십보다 더 중요한 것은 학교시설을 관리하는 역할이라고 지적하고 있다. 그는 자신의 책에서 "학교 건물과 운동장을 아름답게 관리하기"(pp. 107-130)에 대하여 23쪽에 걸쳐 자세하게 언급하고 있다. 그러나 수업관찰(pp. 364-380)은 단지 16쪽만 설명하고 있는 것을 통하여 이를 확인할 수 있다. Ethel

Thompson(1952)은 「장학자의 하루의 시작과 끝」이라는 논문에서 장학자의 책임에 학생 배치 회의 참석하기, 교실수업 관찰하기, 학부모 및 교장들과 함께 업무보기, 보고서 완성하기, 다양한 학교 관련 위원회와 협의하기, 학생 관련 회의 참석하기, 신규 교사 모집하기, 다양한 전문직 단체와 협의하기, 시범 수업하기, 조직에서 다른 사람들에게 자원인사로서 활동하기와 같은 역할을 추가하였다.

비록 장학자에 대한 책임의 확대가 역효과를 낳았지만, 이 시기에 교사관찰의 중요성과 활용에 대한 합의가 이루어졌다는 것은 하나의 긍정적인 결과로 볼 수 있다. Matthew Whitehead(1952)는 자신의 논문 「교사들이 보는 장학(Teachers Look at Supervision)」에서 장학의 여섯 가지 영역을 설명하였고, 각 영역에 대한 교사들의 인식에 대하여 설문조사를 하였다. 효과적인 수업관찰의 중요성에 주목하면서, 그는 관찰할 때 관찰이 실제적으로 도움이 되기 위하여 사전에 반드시 이루어져야 할 것을 다음과 같이 강조하였다. "향상을 위하여 교실방문을 하고 이와 함께 회의를 하는 것이 필요하고, 교장이 중간에 떠나지 않고 끝까지 관찰하는 것이 중요하다는 것을 알아야 한다. 교사들에게는 수업관찰 이후에 협의회를 열지 않는 것은 공정하지 않고, 단편적인 방법으로 방문하는 것도 정당하지 않다."(p. 102) Whitehead는 "행정가는 교육의 주요 목적인 효과적인 수업에 주의를 기울여야 한다."(p. 106)라고 자신의 입장을 요약하였다. 그의 견해는 수업관찰의 중요성에 대한 인식이었고, 이것은 장학에서 가장 영향력 있는 동향 중에서 한 가지의 중요한 기반이 되었다.

4. 임상장학 시기

임상장학에 의하여 교육 영역에서 몇 가지 혁신이 급속하게 확산되었다.

임상장학모형은 1950년대 후반에 개발되었는데, 1960년대 후반과 1970년대 전반에 출판된 많은 책을 통하여 구체적인 내용이 소개되면서 순식간에 유행하였다. Bruce와 Hoehn(1980)의 연구에 의하면 1980년대는 학교 행정가의 약 90퍼센트가 임상장학모형을 활용하고 있다는 것을 알 수 있다. 임상장학은 학교 장학의 특정한 영역에 그치지 않고, 몇 가지 모형은 교육관련 전반적인 영역에서 폭넓게 배치되기도 하였고, 폄하되었고, 또 잘못 이해되었다.

Morris Cogan은 1950년대 하버드 대학교 교직석사 학위 프로그램(Harvard's Master's of Arts in Teaching: MAT)의 교수이면서 교사 후보자들의 장학담당자였다. 그와 동료 교수들은 수많은 시행착오를 통하여 후보 교사들을 지도하는 체계적인 접근 방법을 개발하였다. 1958년 무렵에 Cogan은 '임상장학의 순환'이라는 이름으로 강의를 하였다(Cogan, 1973). 1962년 무렵 석사 학위 과정에서 Cogan의 지도를 받는 교육 실천가 집단이 임상적인 접근 방법을 발전시켰다. 이들 중의 한 명인 Robert Goldhammer에 의하면, 그 모형은 병원에서(역주: 의사와 간호사 후보자를) 가르칠 때 사용되는 실습과 유사하였다. 그 과정은 전문가와 수련생 사이에 존재하는 목적의식이 분명하고, 상생하는 관계를 포함하였는데, 관찰과 협의를 통하여 양자가 함께 성장하고 효과성을 향상시키도록 이끌었다(Goldhammer, 1969, p. 54).

이와 같은 노력에 의하여 탄생한 모형은 Goldhammer에 의하여 1969년 『임상장학: 교사장학을 위한 특별한 방법(*Clinical Supervision: Special Methods for the Supervision of Teachers*)』이라는 제목으로 출판되었다. 수백 개의 교실을 방문하고 수백 번의 협의회를 개최한 것에 기초하여, Goldhammer는 교사들과 장학자들이 반성적인 대화에 참여하고 학습에 몰두하도록 설계한 다섯 단계의 임상장학 과정을 개발하였다.

• **단계 1 – 관찰전협의회**(Preobservation Conference): 이 단계는 관찰을 위한 개념 틀을 제공하기 위하여 설계되었다. 이 단계가 진행되는 동안에 교사와 장학자는 관찰의 구체적인 내용에 대한 계획을 수립하였다.

• **단계 2 – 수업관찰**(Classroom Observation): 이 단계가 진행되는 동안에 장학자는 교사가 단계 1에서 설명한 개념 틀을 사용하는 것을 관찰하였다.

• **단계 3 – 분석**(Analysis): 관찰을 통하여 얻은 자료를 교사들이 "자신의 수업을 평가하도록 개발하는 데에" 참여하도록 돕기 위하여 장학자가 조직한다(p. 63).

• **단계 4 – 장학협의회**(A Supervision Conference): 교사와 장학자는 관찰 자료에 대한 대화와 학습에 참여한다. 교사는 자신의 전문직 실천을 반성하고 설명하도록 요청받는다. 이 단계는 교사에 대한 "지도적인 도움(didactic assistance)"도 포함될 수 있다(p. 70).

• **단계 5 – 분석에 대한 분석**(Analysis of the Analysis): 기본적으로 교사의 전문적인 행위를 분석하는 것(역주: 단계 3)과 똑같은 목적으로 장학자의 장학 실천을 엄격하게 분석 검토하는 것이다(p. 71).

1973년에 Morris Cogan은 『임상장학(*Clinical Supervision*)』이라는 책을 썼다. Cogan은 하버드 대학교에서 Goldhammer를 지도한 교수 중의 한 명이다. 그는 특별한 수업행위에 초점을 두었다. 그는 장학자들이 눈에 띄는 방식으로 바람직한 학습을 방해하는 '결정적인 사건(critical incidents)'을 찾을 수 있어야 한다고 하였다(p. 172). 그는 또한 장학의 과정은 지속적인 수업 향상의 과정이라는 필수적인 측면에서 볼 수 있어야 한다는 점을 강조하였다.

> 임상장학이 전문교사 교육을 지속적으로 이루어지게 한다는 가설은 교사와 함께 협업하는 장학자 업무의 초석이 된다. 이것은 예비 교사 프로그램에서 말하는 것처럼 교사가 '훈련 중'이라는 것을 의미하는 것이 아니고, 모든 전문직에서 요구되는 것처럼 교사가 끊임없이 자신의 실천을 향상하기 위한 활동에 몰두한다는 것을 뜻한다. 이런 의미에서 임상장학에서 학습에 몰두하는 교사는 전문 직종에서 가장 우선 요구되는 사항인 자신의 역량을 유지하고 발전시키기 위하여 최선을 다하는 실천가로 인식되어야 한다. 교사는 부족한 기능의 보완이 필요하거나, 무능력에 대한 구제가 필요하거나, 실수에 대한 지원이 필요한 사람으로 다루어져서는 안 된다. 교사는 전문인의 자격으로 끊임없이 자신을 교육하고 역량을 확대하기 위하여 자신이 장학 과정의 학습에 몰두하고 있다는 것을 반드시 인식하여야 한다(p. 21).

Cogan의 관점에서 흥미로운 것 가운데 하나는 장학자의 개인적인 수업 모형에 대한 조심성이 교사들에게 효과적인 피드백을 제공하는 자신의 능력에 방해가 될지도 모른다고 생각하는 것이다.

> 대부분의 교사는 의식적이든 무의식적이든 좋은 교사에 대한 자신만의 개인적인 모형을 갖게 된다. 이와 같은 개념들은 비판적인 실험이나 세심한 검토에 의하여 형성되기보다 일반적으로 누적에 의하여 형성되는 경우가 많다. 그래서 그 결과 '교사의 장학자 전환 운영 모형(the operating model of the teacher-turned-supervisor)'은 흔히 교사가 아주 잘하는 것과 관련 있다. 교사가 장학자로 전환될 때 교사의 개인적 선호를 중심으로 활발하게 움직이게 되고, 다른 사람이 수업을 바라보는 다양한 기준은 방치하는 경향이 높다(1973, p. 54).

임상장학에 본질적으로 내재되어 있는 견해를 그 후에 변화된 내용과 대조하여 살펴보면 도움이 된다. Goldhammer는 임상장학은 총체적인 수업의 실천을 통하여 학생의 학습과 관련 있는 교사와 학생의 상호 작용이 관찰되어야 한다는 생각을 하였고, 효과적인 수업 실천을 드러내는 수단이 될 수 있도록 임상장학의 과정을 위한 다섯 단계를 구성하였다. 그러나 시간이 지나면서 임상장학의 다섯 단계를 밟는 그 자체가 목적으로 변질되어 버렸다. 어떤 경우에는 Goldhammer가 마음속에 그렸던 풍부하고, 신뢰할 만한 임상장학의 대화가 그냥 절차대로 이루어지고 끝나 버리는 의례적인 단계로 변질되었다. 아마도 효과적인 수업의 특징에 대하여 정의하는 것에 대한 Goldhammer의 저항이 이와 같은 문제의 원인이 되었다고 볼 수 있다. Goldhammer는 효과적인 수업이라고 판단하는 것에 대하여 장학자는 선입견을 가져서는 안 된다고 생각하였다.

> 예를 들면, 나는 사전에 결정하지 않은 여러 가지 범주에서 오직 자료만을 기록해야 하였고, 그리고 내가 무의식적으로 선택하는 일을 하지 않기 위하여 가능한 한 많은 자료를 수집했다. 이처럼 나는 의도적으로 사전에 내가 관찰할 것을 구조화하지 않았기 때문에, 사후 과정으로 나는 이제 어떤 종류의 범주를 새롭게 만들어야 한다. 나는 자료에 대하여 이야기를 할 수 있도록 자료를 여러 가지로 분류하면서 조직하여야 한다. …… 행동의 범주들은 그 자체가 존재하는 목적을 가지고 있지 않고, 실제 세계와 별개로 존재하지 않는다. 내가 이것들을 구성할 뿐이다(1969, p. 95).

초기의 임상장학에 대한 견해가 없어지게 된 이유가 무엇이든 간에 효과적인 수업 실천을 위하여 동료들의 협조를 중시하고, 질문을 중심으로 탐구를 중시하는 Goldhammer의 견해는 빠른 속도로 사라져 버렸다.

Goldhammer가 제안한 양질의 대화가 사라진 채로 임상장학의 다섯 단계는 이것이 의도하지 않은 목적인 교사평가를 위한 실제적인 구조가 되고 말았다.

5. Hunter의 모형

Madeline Hunter(1980, 1984)의 연구 업적도 장학에 지대한 영향을 끼쳤다. Hunter의 가장 중요한 업적은 〈표 2-1〉에서 기술된 수업의 일곱 단계 모형이다[역주: Hunter는 캘리포니아 대학교 부속 초등학교 교장 출신으로 이 장학모형을 가지고 미국 전역을 다니며 강연, 연수, 강의를 하였다. 이 모형은 학습의 단계와 일치시키고 교사 중심적이고 지시적 수업의 성격을 가지고 있기 때문에 미국 교사들이 좋아하는 모형이었다. 그리고 이 모형은 단순한 이론적 모형이 아니라 연구 자료에 근거했다는 점에서 강점을 갖고 있다. Hunter의 모형을 '과학적 장학'이란 이름으로 불리기도 하였다. 주삼환(2003). 장학의 이론과 기법. pp. 167-169 참조].

비록 Hunter는 수업의 일곱 단계 틀로 유명하지만, 장학의 과정에 대한 많은 아이디어를 제공하여 크게 기여하였다. 예를 들면, 수업에서 사용되는 일상적인 언어를 정확하게 표현할 수 있도록 전문적인 개발에 필요한 아이디어를 생성하기 위하여 노력하였다. 또한 Hunter는 다음과 같이 장학협의회에 필요한 다양한 목적을 구체화하였다.

- 연구와 관련 있는 수업 행동을 확인하고, 명명하고, 설명한다.
- 자신의 수업 형태에 맞는 여러 대안적 접근을 고려하도록 교사들을 격려한다.
- 교사가 기대한 만큼 효과적이지 못한 수업의 구성 요소가 무엇인지 밝

혀낼 수 있도록 도와준다.

- 교사들이 분명한 증거를 갖고 있지 않은 수업의 비효과적인 측면에 대하여 밝히고 설명해 준다(1980, p. 412).
- 교사들이 끊임없이 훌륭한 교사로 성장할 수 있도록 장려한다.
- 주관적인 의견보다는 객관적인 증거에 의하여 지원해 주는 "연속적인 수업협의회 도중 또는 협의회 결과에서 나온 사항"을 평가한다(1980, p. 412).

Hunter의 장학 과정에서 중요한 요소가 바로 수업관찰과 수업 내용 녹음이었다. 수업 내용을 녹음하는 동안에 장학자는 교사의 행동을 기록하였고, 나중에 이것을 "학습에 도움이 되는 것, 귀중한 시간과 에너지를 사용하였지만 학습에 도움이 되지 않는 것, 의도하지는 않았지만 실질적으로 학습을 방해하는 것"으로 범주화하였다(Hunter, 1980, p. 409). 수업 내용을 녹음한 후에 장학자들은 교사들과 함께 협의회를 한다. 사후협의회가 진행되는 동안 장학자들과 교사들은 수업 내용을 녹음한 자료에 대하여 심층적으로 협의하였다.

즉각적으로 미국의 여러 주에서 효과적인 학습을 위한 Hunter의 일곱 요소는 교사평가를 위한 처방이 되었다(Fehr, 2001, p. 175). 만약 임상장학이 사전에 정해진 장학의 구조였다고 한다면, 완전수업[mastery teaching, 역주: 오래전에 우리나라에서 유행하였던 완전학습(mastery learning)에 비교되는 완전수업을 연상하면 좋을 것이다]에 관한 Hunter의 일곱 단계 모형은 사전협의회, 수업관찰, 사후협의회의 내용이 되었다. 교사들은 자신의 수업을 Hunter의 모형에서 사용되는 용어로 기술하였고, 장학자들은 자신이 관찰한 수업의 효과성을 Hunter의 모형에 적합한 용어에 의하여 결정하였다.

〈표 2-1〉 Hunter의 수업설계 모형

요소	설명
선행 준비 (Anticipatory set)	학생들이 학습해야 할 것에 주의를 집중하도록 하는 정신적인 준비(mental set)다. 이 단계에서는 학생들이 학습을 성취하도록 도움을 주고, 교사들에게는 진단평가 자료를 산출할 수 있게 한다. 사례: "칠판에 있는 문단을 보세요. 여러분이 기억해야 할 가장 중요한 부분이 무엇이라고 생각하나요?"
목표와 목적 (Objective and purpose)	학생들은 자신이 학습할 내용과 이것이 자신에게 왜 중요한가에 대하여 잘 알고 있을 때 훨씬 더 효과적으로 학습하게 된다. 그뿐만 아니라 교사들도 학생들과 동일한 정보를 가지고 있을 때 훨씬 더 효과적으로 가르친다. 사례: "사람들은 자주 자신에게 중요한 것을 기억하는 것에 어려움을 느낍니다. 여러분도 자신이 열심히 공부하였다고 느꼈지만 중요한 부분에 대하여 기억하지 못하는 경우가 가끔은 있습니다. 오늘 우리는 중요한 것이 무엇인지 확인하는 방법에 대하여 학습할 것입니다. 그런 후에 중요한 것을 기억하는 방법을 연습할 것입니다."
투입 (Input)	학생들은 자신들이 성취해야 할 지식과 과정 또는 기술에 대한 새로운 정보를 획득해야 한다. 예상이 가능한 성공적인 결과가 나오도록 수업의 투입 단계를 설계하기 위하여, 교사는 학생들이 획득할 필요가 있는 지식과 기술을 확인하기 위한 최종 목표를 분석해야 한다.
모형 보여 주기 (Modeling)	의미하는 것을 '보여 주기'는 학습에서 중요한 활동이다. 답답할 정도로 학생들의 창의성을 요구하는 것을 피하기 위하여, 학생들이 획득하거나 산출하도록 예상되는 과정이나 결과에 대한 몇 가지 보기들을 보여 주는 것은 도움이 된다.
이해도 확인 (Checking for understanding)	학생들이 어떤 것을 하도록 요구받기 이전에, 교사들은 학생들이 자신이 해야 할 것에 대하여 이해하고 있고, 이것을 수행할 수 있는 최소한의 기술을 가지고 있는지 확인하여야 한다.
지도에 의한 연습 (Guided practice)	교사의 직접적인 지도를 받으면서 학생들은 자신의 새로운 지식이나 기술을 연습한다. 새로운 학습은 쉽게 훼손될 수 있는 물을 부은 시멘트와 같다. 학습의 초기에 발생하는 실수는 즉시 수정하는 것이 나중에 수정하는 것보다 훨씬 더 유리하다.

독립적인 연습 (Independent practice)	독립적인 연습은 학생들이 심각한 실수를 하지 않을 것이라고 교사가 분명하게 확신할 수 있을 때 이루어진다. 중요한 수업 이후에, 학생들은 독립적으로 연습을 하는 경우가 많지 않고, 교사도 학생들의 독립적인 연습을 기대하지 않는 교육적인 실수를 범하는 경우가 많다.

출처: M. Hunter (1984). 학습, 수업 그리고 장학(Knowing, Teaching, and Supervising, P. Hosford 편, 『우리가 수업에 대하여 아는 것 활용하기(*Using What We Know About Teaching*)』 (pp. 169-192). Alexandria, VA: ASCD.

6. 발달 모형과 반성 모형 시기

1980년대 중반 무렵부터 장학 연구자들과 이론가들은 앞에서 다룬 임상장학과 완전수업의 처방적 적용에 대한 주된 대응으로 대안적인 관점을 모색하기 시작하였다. William Glatthorn은 교사의 경력 목표(teacher's career goals)를 고려하는 장학모형을 만들었다.

Glatthorn(1984)은 『선택적 장학(*Differentiated Supervision*)』(역주: 교사의 경력 발달 수준에 따라 차별화된 장학을 적용한다는 '차별장학'이라고 해야 더 정확하겠으나 '차별'이란 용어에 대한 부정적인 측면을 고려하여 역자는 교사의 발달 수준에 맞는 장학을 선택하여 적용한다는 의미에서 '선택적 장학'이라고 번역하여 사용해 왔다. 주삼환의 번역판이 있다)에서 전문가로서 교사들은 자신이 더욱 발달하도록 투입하고, 어떤 의미에서는 자신의 발달을 관리해야 한다고 설명하였다. 교사의 발달 수준을 구별 또는 선택하여 임상적 접근을 통하여 가장 큰 혜택을 받을 수 있는 어떤 교사들에게는 임상장학 실시에 초점을 맞출 것으로 장학자는 기대하게 된다. 뿐만 아니라 전문직 성장을 위한 구별과 선택의 기회와 선택된 행위는 교사 개인의 필요와 요구에 근거하여 각 교사에게 제공하게 된다.

같은 맥락에서 Thomas McGreal(1983)도 교사의 경험에 기반을 둔 장학의 선택 범위에 대하여 상세하게 설명하였다. 이와 같은 선택 범위는 비정년보장 교사들과 수업 기술이 심하게 부족한 교사들에게 적용하는 집중적인 발달장학으로부터 고경력 교사들에게 적용하는 좀 더 자기주도적인 전문직 발달장학에 이르기까지 아주 광범하다. McGreal은 발달 원리를 평가와 관련지어 교사들이 계속 고용계약이나 정년보장과 같은 고부담결정[high-stakes decisions, 역주: 장학금을 타느냐 못 타느냐, 회사에 입사하느냐 못 하느냐, 대학에 입학하느냐 못 하느냐와 같이 하나의 시험에 의하여 중요한 결정이 이루어지는 시험을 고부담시험(high-stakes test)이라고 하는데 이와 같이 교사에게 중요한 결정이 나는 결정을 고부담결정이라고 한다]을 위하여 설계된 집중평가(intensive evaluation)를 받게 되거나 교사의 질 보장(quality assurance)을 받도록 설계된 표준평가 프로그램의 적용을 받게 하는 데 쓸 수 있다고 권고하였다.

이 시기에 장학과 관련하여 또 다른 주요한 접근 방법을 시도한 사람이 Carl Glickman이었다. Glickman(1985)은 자신의 저서인 『수업장학: 발달적 접근(*Supervision of Instruction: A Developmental Approach*)』의 초판본에서 장학의 가장 중요한 목표는 수업을 향상시키는 것이라고 단정적으로 말하였다. 그는 자신의 저서 4판(1988)에서 장학에 대한 견고한 접근에 해당하는 관련 활동을 제시하고 있다. 이 다섯 가지 활동으로, "교사에 대한 직접적인 지원, 집단 발달, 전문직 발달, 교육과정 개발, 실행 연구"(p. xv)를 소개하였다. Glickman은 장학의 체계적인 모형을 실행하기 위하여 교육자들이 장학의 과정에 반드시 시스템 접근(systemic approach)을 해야 한다고 강조하였다. "지원적 환경과 도전적 환경에서 교사들이 가장 훌륭하게 성장할 수 있다는 것을 이해할 때, 비로소 장학자들은 조직 목표와 교사의 욕구를 하나로 통합할 수 있는 장학의 과업을 계획할 수 있다."(1998, p. 10)

이 시기는 임상장학과 완전수업의 엄격한 적용에 반대하는 실질적인 논의들이 이루어지는 것을 살펴보았다. 이 시기는 교사평가를 강조하는 시대였다.

7. RAND 연구

1980년대에 장학에 대한 적절한 접근에 대한 논쟁이 벌어지는 가운데, RAND 그룹은 미국 전 교육구에서 장학과 평가가 실제적으로 어떻게 실시되고 있는지 규명하기 위한 연구를 하였다. '교사평가: 효과적인 실천을 위한 연구(*Teacher Evaluation: A Study of Effective Practices*, Wise, Darling-Hammond, McLaughlin, & Bernstein, 1984)'라는 제목의 연구보고서에서 당시 실시되는 장학과 평가의 시스템이 사실상 상당히 지시적이고 형식적이라는 결과를 도출하였다. 이 연구의 일반적인 결과 중 하나는 보다 발달적이고 반성적인 장학과 평가의 접근 방법들도 교수적 발달을 향상시킬 수 있을 만큼 충분히 구체적이지 못한 것으로 보였다는 것이다. 보고서에 의하면 교사들이 훨씬 더 표준화된 과정을 아주 강하게 선호하고 있다는 것을 알 수 있다. "교사들의 관점에서 볼 때 서술평가가 학교에 따라 일관되지 못한 평정 결과를 보여 준다는 것이다."(Wise et al., 1984, p. 16) 이들이 연구한 32개 교육구에서 실시하는 대부분의 모형은 교사, 행정가, 교원단체 대표, 학교장 위원회들이 채택하거나 개발한 것들이었다.

이 연구에서는 장학과 평가에 대하여 일관되게 발생하는 네 가지 문제점이 발견되었다. "첫째, 평가를 하는 교장들이 정확하게 평가할 수 있는 충분한 의지와 역량이 부족하다."고 거의 모든 연구 응답자들은 느끼고 있었다 (Wise et al., 1984, p. 22). 두 번째로 밝혀진 문제는 교사들이 피드백에 대하여 거부감을 가지고 있다는 점이다. 이러한 거부감의 핵심 원인은 대부분 세 번째 문제인 단일 형태의 평가를 실시하지 못하고 있다는 점과 관련 있었다. 이에 관한 가설적 이유는 32개 교육구 중에서 오직 한 개의 교육구에서만 미리 설정해 놓은 교사가 갖춰야할 역량 세트에 의하여 평가하는 시스템을 가지고 있다는 사실이다. 네 번째 문제는 평가자에 대한 훈련 부족이다. 이 보고서의 연구자들은 자신의 연구 결과를 네 개의 결론과 열두 가지 권고 사항으로 요약하였는데, 이는 〈표 2-2〉에 제시되었다.

〈표 2-2〉 RAND 연구의 결론과 권고

결론	권고
"성공하기 위하여, 교사평가 시스템은 반드시 교육 목표와 경영 스타일, 수업 개념, 교육구의 지역사회 가치와 일치하여야 한다." (Wise et al., 1984, p. 66)	• 교육구의 목표와 목적을 점검하고 이들 최종 목표에 교육구를 일치시킨다. • 주에서는 고도로 처방적인 교육구를 채택해서는 안 된다(Wise et al., 1984).
"평가에 대한 최고 수준의 헌신과 평가를 위한 자원 배분에서 체크리스트와 평가 절차에 비중을 둔다."(Wise et al., 1984, p. 67)	• 행정가들에게 평가를 위한 최적의 시간을 제공한다. • 평가의 질과 평가자들의 능력에 대한 점검을 해야 한다. • 평가자훈련이 중요한데, 특히 새로운 평가체제에 관한 훈련이 중요하다(Wise et al., 1984).
"교육구는 반드시 소속된 교사평가 시스템의 중요한 목적을 결정해야 하고, 그런 후에 평가의 목적에 알맞게 과정을 일치시켜야 한다."(Wise et al., 1984, p. 70)	• 주요한 목적을 결정하고 일치시키기 위하여 현재의 시스템을 점검한다. • 만약 서로 다른 목적들이 존재한다면 다중 시스템의 채택을 고려한다(Wise et al., 1984).
"자원 투입과 정치적 지원을 유지하기 위하여 교사평가는 유용성이 있어야 한다. 유용성은 신뢰도, 타당도, 비용 효과성 달성을 위한 자원의 효율적 사용에 달려 있다." (Wise et al., 1984, p. 73)	• 목적의 중요성에 따라 자원을 할당한다. • 최상의 결과 달성을 위하여 자원을 집중 배정 한다(Wise et al., 1984).
"교사 참여와 책임은 교사평가의 질을 향상시킨다."(Wise et al., 1984, p. 76)	• 장학과 동료교사 지원에 교사 전문가를 포함시킨다, • 평가과정 개발과 진행과정 점검에 교사 단체를 포함시킨다. • 수업 관련 결정에 교사들이 책무성을 가질 수 있게 한다(Wise et al., 1984).

8. Danielson 모형

Charlotte Danielson은 1996년에 장학과 평가에 대한 중요한 연구 업적을 출판하였고, 2007년에 개정판을 발간하였다. Danielson의 저서인 『전문직적 실천 향상: 수업의 틀(*Enhancing Professional Practice: A Framework for Teaching*)』은 예비 교사의 역량 측정에 중점을 둔 미국 교육평가기관(the Educational Testing Service, ETS)의 연구를 기반으로 이루어졌다. 과거나 지금이나 여전히 명성이 높은 Danielson의 모형은 장학과 평가에 관한 새로운 제안을 시도할 때 반드시 참고해야 할 필요가 있다. Hunter가 수업 과정의 단계를 설명하였고, Goldhammer와 Cogan이 장학의 과정을 수립하였다. 반면에 Danielson은 전체적으로 복잡하기 그지없는 교실 수업의 역동적인 과정을 포착하는 일에 전념하였다.

우리가 제1장에서 간단히 설명한 것처럼, Danielson의 모형은 '수업계획과 준비, 수업 환경, 수업, 전문직적 책임'이라는 네 가지 영역을 포함하고 있다.

- 영역 1: 수업계획과 준비(Planning and Preparation)
- 영역 2: 수업 환경(The Classroom Environment)
- 영역 3: 수업(Instruction)
- 영역 4: 전문직적 책임(Professional Responsibilities)

Danielson이 네 영역에서 교실에서 필요한 역량을 보여 주기 위한 지식, 기술, 성향이 무엇인지 명확하게 설명하는 일련의 구성 요소를 기술하였다. Danielson(1996) 틀의 의도는 다음의 세 가지 사실을 완수하는 것이었다. 첫째는 수업의 복잡성을 존중하려고 애쓰는 것이었고, 둘째, 전문적인 대화를 위한 언어를 구성하는 것이었고, 셋째, 자기평가와 전문적인 실천에 대한 반성을 위한 구조를 제공하는 것이었다. Danielson은 이와 같은 틀을 수업 계획 단계에서 시작하여 수업의 성과 보고에 이르는 수업의 모든 단계를 포함하는 종합적인 것으로 파악하였다. 이와 더불어 Danielson의 모형은 연구에 기반을 두었고, 다양한 수준과 과목에서 폭넓게 사용 가능할 정도로 포괄적이고 또 유연하다고 하였다.

Danielson의 틀에서 아주 유용한 점 중 하나가 수업의 질에 대한 76개 요소들을 네 실천 수준인 불만족, 기본, 능숙, 탁월로 나눌 수 있다는 것이다. 이와 같은 요소와 이에 대한 실천 수준에 대한 몇 가지 사례를 〈표 2-3〉에서 확인할 수 있다.

Danielson의 모형에서 제공받은 특정 사례의 수준은 그 시기에 가장 구체적이고 종합적으로 평가에 접근하기 위한 기반이 되었다.

〈표 2-3〉 Danielson 모형의 요소

영역 2: 수업 환경

요소 2b: 학습문화 형성

요소	불만족	기본	능숙	탁월
학습과 성취에 대한 기대	적어도 일부 학생들에게 수업의 결과, 활동, 과제 그리고 교실 상호 작용이 낮은 수준의 기대 정도만 도달한다.	학생들의 학습과 성취에서 수업의 결과, 활동, 과제 그리고 교실 상호 작용이 기본적인 기대 수준에 도달한다.	대부분 학생이 수업의 결과, 활동, 과제 그리고 교실 상호 작용에서 기대 수준 이상으로 도달한다.	모든 학생이 수업의 결과, 활동, 과제 그리고 교실 상호 작용이 기대 수준 이상으로 도달한다. 학생들은 제시된 기대 수준을 내면화한 것으로 보인다.

출처: *Enhancing Professional Practice: A Framework for Teaching* (p. 69) by C. Danielson, 2007, Alexandria,VA: ASCD. Copyright 2007 by ASCD.

9. 21세기 초반

21세기가 시작되면서 미국에서의 강조점이 교사의 행동에서 학생의 성취로 넘어가게 되었고, 장학보다 평가에 중점을 두는 방향으로 바뀌었다. Tucker와 Stronge(2005)의 저서 『교사평가와 학생학습의 연결(*Linking Teacher Evaluation and Student Learning*)』은 평가 과정의 준거로서 학생 성취의 중요성을 강조하였다. Tucker와 Stronge는 교실 수업관찰뿐만 아니라 학습 향상(learning gains)의 근거로 활용 가능한 교사 효과성을 결정하는 평가 체계에 대하여 특별히 강조하였다. 이와 같은 두 가지 구성 요소들이 동시에 가치 있게 되도록 연구하기 위하여 이들은 수업 실천과 학습 향상에 대한 자료를 사용하는 서로 다른 네 개 교육구의 장학 시스템을 조사하였다. 이들은 수업실천과 학습 향상이라는 양쪽 형태의 자료 사용을 지원하는 일련의 권고 사항(recommendations)을 도출하였다. 그럼에도 불구하고 이들은 학생 성취 자료의 사용에 대한 권고 사항에 대하여 다음과 같이 단호하게 언급하였다. "교사 효과성과 학생 학습 사이에 존재하는 분명하고 명백한 연결에 부여된다면, 우리는 교사평가에서 학생의 성취에 대한 정보를 사용하도록 요청한다. 학생성취는 학교와 행정가와 교사들의 효과성에 대한 피드백의 중요한 원천이 될 수 있고, 실제로 그렇게 되어야 한다."(p. 102)

2008년에 Toch와 Rothman은 연구보고서 「성급한 판단(Rush to Judgment)」에서 교사평가에 대한 도발적인 관점을 제공하였다. 이들은 현재의 장학과 평가 실시에 대하여 다음과 같이 비판하였다. 현재의 장학과 평가 실행은 "얄팍하고, 변덕스럽다. 그리고 수업의 질을 직접적으로 다루지 못하는 것은 말할 것도 없고, 학생들의 학습을 제대로 측정하지 못한다."(p. 1) 이들은 특히 직업으로서 수업하는 것은 수업 효과성과 학생 성취보다는 형식적인 자격증에 초점을 맞추는 것이라고 설명하였다. 교사 자질을 둘러싼 NCLB(No Child Left Behind)의 요건에도 불구하고, 이들은 단지 14개 주에서만 교사들에 대한 연간 평가를 실시하는 학교 시스템을 요구하고 있다는 것을 발견하였다. 이들은 어떤 평가 시스템은 교사의 효과성을 반영할 수 없다는 것에 주목하였다. 미시간 주립대학교의 교수인 Mary Kennedy가 "대부분의 사례에서, 만족과 불만족을 표시하는 것 이외에 그 이상은 없다."(p. 2)라는 말을 인용한다.

2009년 Weisberg와 동료들이 연구한 『**부품취급 효과**(*The Widget Effect*)』(Weisberg, Sexton, Mulhern, & Keeling, 2009)에서도 미국의 교사 평가 실행에 대하여 신랄하게 비판하였다. 연구자들은 다음과 같은 방법으로 그 특이한 이름(the Widget Effect)을 설명하였다[역주: 'The Widget Effect'에서 Widget은 교체해서 쓸 수 있는 기계 부속품을 말한다. 교사를 전문가로 인정하지 않고 교체해서 쓸 수 있는 똑같은 부속품으로 보고 구별도 차별도 하지 않는 평가체제를 대표하는 말로(how school systems treat all teachers as interchageable part, not professionals) '교사를 기계 부품으로 취급하여 평가하는 결과'라는 의미로 '부품취급 효과'라고 번역한 것이다. "If teachers are so important, why do we treat them like widgets?"(The New Teacher Project, "The widget effect", 2009)란 표현과 다른 책 『*Reversing the 'Widget Effect': The introduction of performance-related pay for all teachers in English schools*, Matthew Robb, Edited by Jonathan Simons. © Policy Exchange 2013 Published by Policy Exchange, Clutha House, 10 Storey's Gate, London SW1P 3AY, www.policyexchange.org.uk)』에서 'Reversing the 'Widget Effect'를 'performance-related pay'로 표현한 것을 보면 알 수 있다].

> 개별 교사들의 수업 수행에 대한 정확하고 믿을 수 있는 정보를 제공하는 평가 시스템의 실패는 우리가 **부품취급 효과**(the Widget Effect)라

> 고 부르는 현상을 유지시키고 더욱 강화시킨다. 부품취급 효과에 대하여 설명하면 한 교사와 다른 교사 사이에 수업 효과가 동일하다고 추정하는 교육구의 경향으로 말할 수 있다. 이처럼 수십 년 동안의 잘못된 생각 때문에 교사들은 개별적인 전문가로 이해되지 못하게 되고, 오히려 교사들을 교체 가능한 부품들로 인식하는 환경이 조성되었다. 교사들의 개별적인 강점과 약점에 대하여 부인하게 되면, 교사들은 존중받지 못하게 된다. 수업 효과에 대한 무관심은 결국 학생들의 삶을 건 도박을 벌이는 것과 같다(p. 4).

부품취급 효과는 4개 주에 걸친 12개 교육구에 소속된 15,000명의 교사와 1,300명의 교장(행정가)과 80명 이상의 지역교육구 또는 주교육부 직원을 대상으로 한 평가 실천(역주: 40,000개 평가자료)에 대한 연구 결과였다.

> 수업 효과에서 다양성에 대한 평가의 실패는 각 교육구에서 교사들에게 필요한 특정 개발 요구가 무엇인지 파악하는 것을 불가능하게 한다. 실제로 조사에 응한 교사들의 73퍼센트가 자신들에게 실시된 최근의 평가에서 발전시켜야 할 영역(development areas)에 대하여 어떤 정보도 제공하지 않았다고 말하였다. 발전시켜야 할 영역을 확인받은 교사들의 45퍼센트만 자신이 향상시켜야 할 유용한 지원을 받았다고 말하였다(p. 6).

이 보고서의 결론에서는 교사평가 과정의 완벽한 점검을 제안하였다.

> 평가는 대부분 2개 이하의 교실에서 60분 이내의 관찰이 이루어지는 것에서 알 수 있듯이 짧은 시간 동안 소규모로 이루어진다. 특히 교사들이 대다수의 사람 가운데에서 자신들이 최고의 기능으로 수행한다고 평

> 가받고 싶어 하는 상황에서, 평가는 충분히 훈련받지 못한 행정가들에 의하여 이루어지고, 강력한 문화적 세력에 의한 영향도 받는다.
>
> 시스템이 문화를 이끌고 가는 것인지 또는 문화가 시스템을 이끌고 가는 것인지를 알아내기는 불가능하지만, 평가 시스템이 교사들 사이의 수행을 구분하는 것에 실패하였다는 것은 분명하다. 이와 같은 결과에 의하여 교사 효과는 대부분 무시된다. 훌륭한 교사들을 파악해내거나 보상해주지 못하고, 만성적으로 부족한 수행을 하는 교사는 그대로 정체되어 있고, 보통 수준을 수행하는 대부분의 교사는 전문가로 향상하는 데에 필요한 차별화된 지원과 성장을 받지 못한다(p. 6).

분명하게 말하지만 21세기 초부터 10년이 끝나갈 무렵까지도 교사평가 실행은 제대로 이루어지지 못하고 있다[역주: 이 연구는 여기 나와 있는 대로 Daniel Weisberg, Susan Sexton, Jennifer Mulhern, David Keeling의 New Teacher Project를 위한 연구보고서인 'The Widget Effect: Our National Failure to Acknowledge and Act on Differences in Teacher Effective-ness(2009)' 로 발표된 것으로 '교사의 효과성은 학생성취 향상을 위한 가장 중요한 요인임에도 불구하고 교사의 효과성을 측정도 기록도 의사결정을 위한 정보로도 의미 있게 사용도 하지 않는다는 것이다. 훌륭한 교사와 부적격 교사를 구별해내지도 못하고 한 마디로 말하면 평가를 제대로 하지 않아 나라를 망치고 있다는 것이다. 미국 교육체제가 교사를 '전문가(professionals)'로 다루는 것이 아니라 교체해서 쓸 수 있는 기계의 부품으로 취급하고 있다는 것이다(The 'Widget Effect' describes how school systems treat all teachers as interchageable part, not professionals). 네 가지 주요 연구 결과는 첫째, 모든 교사가 '훌륭함(good)'이나 '최고(great)'로 평가받고 있고(All teachers are rated good or great), 둘째, 전문직으로 발달시키지 못하고(Professional development is inadequate), 셋째, 신임교사들을 방치하고 있고(Novice teachers are neglected), 넷째,

저(低)성과 교사를 밝혀내지도 못하고 있다(Poor performance goes unaddressed)는 것이다. 이런 보고서 등의 영향으로 21세기 초 미국은 장학이 평가 중심으로 흐르고 있다. 제7장에서도 좀 더 구체적으로 다루게 된다. 인터넷에서 검색해 보면 보고서 전문도 나오고 요약본도 나오니 검색해 보면 좋을 것이다(http://tntp.org/assets/documents/TheWidgetEffect_2nd_ed.pdf)].

10. 역사의 교훈

미국에서 장학과 평가의 역사는 우리가 이 책에서 권고하는 정도까지 점진적으로 진화 발전하고 있는 것으로 파악된다. 수업을 위하여 유기적으로 잘 연결된 지식기반은 Hunter 모형의 성공과 Danielson 모형의 활용에 의하여 지지되고 있다. 이들의 특별함이 바로 이들의 장점이었다. 그러나 임상장학의 오용에서 증명된 것처럼, 역사는 우리에게 유기적으로 잘 연결된 지식기반도 수업이나 교사평가를 위한 처방으로 사용될 수 없다는 것을 가르쳐 주었다. 초점피드백과 초점실천은 Glatthorn, McGreal, Glickman이 제안한 반성적인 장학모형의 발달에 의하여 지원된다. 진정한 교수 발달은 향상을 위한 명확한 목표를 이루려는 교사의 자기반성을 통하여 이루어진다. 21세기 초반 10년 동안 교사의 수업행동과 학생의 성취, 이 둘을 포함하는 성공의 명확한 기준은 원인요인에 해당하는 교사 행동과 함께 (결과요인에 해당하는) 교사 효과성의 궁극적인 기준으로 학생성취의 강조에 그 뿌리를 두고 있다. 결국 전문성에 대한 인정도 21세기 초기 10년은 교사평가의 강조에 의하여 지지된다. 만약 학생의 성취가 교사의 평가와 연결되지 못한다면, 교사들은 전문가로서 발전할 수 있는 장려책이 전혀 없게 된다(역주: 미국에서는 최근 모든 교육활동은 학생성취로 그 결과를 말하라는 것이다. 교사 행위도 학생성취로 평가된다).

장학과 평가의 역사에 의한 지원을 받지 못하고, 우리 모형은 독자적으로 전문성에 대하여 관찰하고 협의하기 위한 기회를 제공하고 있다. 아마도 우리의 이와 같은 목적에서 가장 가까운 지원은 장학은 체계적인 과정이어야 한다는 Glickman의 관점에서 발견된다. 수업은 지역사회의 맥락과 환경 속에서 일어나고, 장학과 평가는 지역사회에 의하여 지원받아야 한다.

11. 제2장 요약

우리는 이 장에서 미국에서 교사장학과 평가의 역사에 대한 간단한 논의를 시도하였다. 장학과 평가의 초창기는 1700년대부터 1800년대 중반까지 지속되었다. 이 시기는 성직자들에 의하여 교사들에 대한 장학의 지침이 제공되었다는 것이 가장 큰 특징이다.

학교 체제가 훨씬 더 복잡해지면서 교사들을 위한 특별한 지침에 대한 필요성 때문에 가장 중요한 교사로부터 행정가와 리더를 뽑게 되었고, 교수학의 중요성에 대한 인식을 확대시켰다.

1800년대 후반부터 제2차 세계대전 이전까지 과학적 관리 시기의 특징은 교육에 대한 두 가지 관점이 경쟁하였다는 것이다. 그중에 하나가 교육의 목적은 민주주의 가치의 확산이었고(Dewey), 다른 하나는 과학적 관리의 관점(Taylor)으로 접근할 때 학교가 최상의 기능을 발휘한다는 견해였다. 이 시기를 거치면서 과학적 접근이 힘을 얻었고, 인정받았다. 제2차 세계 대전 이후 시기에는 과학적 접근에서 개인으로서 교사를 발전시키는 것을 강조하는 방향으로 중심축이 옮겨졌다. 또한 장학자의 책임이 확대되었다.

1960년대 후반부터 1970년대 초반의 시기에 장학과 평가에서 가장 큰 영향력을 발휘하였던 흐름의 하나인 임상장학이 유행하였다. Hunter의 모형은 장학에 널리 활용되었지만 때로는 처방적 접근이었는데 임상장학과 결합되었다. 이 시기에 이어 임상장학에 비해서 덜 처방적인 **발달 모형**과 **반성 모형**이 유행하였다. RAND 연구는 교육구와 학교에서 장학과 평가에 대한 행동의 실천을 실제적인 모습으로 제공하였고, 교사들이 일반적인 피드백보다 구체적인 피드백을 선호하고 있다는 것을 알려주었다.

1990년대 중반에는 교사장학과 평가에 대한 **Danielson 모형**이 소개되었다. Danielson의 모형은 미국 K-12 교육에서 널리 활용되었다. 21세기 초기 10년 동안 정년보장과 보상에서 주요한 변화를 요청하면서 현재의 평가 실행에 대한 신랄한 비판이 있었다.

제3장

수업 지식기반

제3장

수업 지식기반

제1장에서 언급한 것처럼, 수업 지식기반은 교육구 또는 학교에서 교사 전문성 개발에 대한 지원을 원한다면 취해야 할 첫 번째 단계다. 우리가 제안하는 모형은 수업전략과 행동, 수업계획과 준비, 수업 반성, 동료의식과 전문직주의라는 네 개의 영역으로 구성되어 있다. 각각의 영역은 하위 범주를 가지고 있다. 첫 번째 영역인 수업전략과 행동에 대한 사례의 하위 범주들도 각각 하위 범주들을 가지고 있다. 전체 모형은 〈표 3-1〉에 제시하였다.

- **영역 1: 수업전략과 행동**(Classroom Strategies and Behaviors)
- **영역 2: 수업계획과 준비**(Planning and Preparing)
- **영역 3: 수업 반성**(Reflecting on Teaching)
- **영역 4: 동료의식과 전문직주의**(Collegiality and Professionalism)

우리가 효과적으로 조직할 수 있는 수준을 고려하여, 4개의 영역에 걸쳐서 60개의 구체적인 요소들을 설정하였다(영역 1에 41개 요소, 영역 2에 8개 요소, 영역 3에 5개 요소, 영역 4에 6개 요소가 있다). 수업 지식기반의 요소들을 양으로 비교하면, 76개의 요소를 제시하는 Danielson의 모형과 비슷하지만, 우리가 강조점을 두는 것은 Danielson의 모형과 사뭇 다르다.

특히 〈표 3-1〉에 제시된 영역 1의 요소는 전체 요소 60개 중에서 41개나 되는데, 우리가 제시하는 모형의 절반 이상을 차지한다. 이와 같은 불균형이 발생하는 까닭은 우리가 수업전략과 행동을 강조하는 중요성을 반영하였기 때문이다. 제1장에서 제시한 [그림 1-1]의 설명처럼 학생 성취와 직접적인 관계가 있는 영역 1은 '일상성'으로 연결되어 있다. 그리고 영역 1은 다른 영역에 비해서 가장 복잡한데, 다시 3개의 상위 범주와 9개의 하위 범주로 구분할 수 있다.

그렇다고 이것은 다른 영역들이 중요하지 않다고 말하려는 것은 아니다. 제1장의 [그림 1-1]에서 설명한 것처럼, 영역 2의 수업계획과 준비는 교실에서 교사의 행동적인 변화(영역 1)와 직접적으로 관련이 있다고 생각한다. 그리고 수업 반성(영역 3)은 수업계획과 준비(영역 2)와 직접적으로 관련이 있다고 생각한다. 비록 다른 영역의 형성에 기반이 되지만, 영역 4의 동료의식과 전문직주의는 네 영역 중에서 수업전략과 행동에 직접적인 관련이 가장 적다. 제3장에서 우리는 각 영역의 구체적인 요소들에 대하여 좀 더 자세히 살펴보게 될 것이다.

〈표 3-1〉 네 영역

영역 1: 수업전략과 행동

일상 부분(Routine Segments)

질문 1: 학습목표를 설정하고 이를 중심으로 의사소통하고, 학생의 진보를 추적하고, 성공을 축하하기 위하여 나는 무엇을 할 것인가?

1. 명확한 학습목표와 학습목표 측정척도 제시하기(Providing clear learning goals and scales to measure those goals)
2. 학생 진보 추적하기(Tracking student progress)
3. 학생의 성공 축하하기(Celebrating student success)

질문 6: 교실의 일상성을 정하고 유지하기 위하여 나는 무엇을 할 것인가?

4. 수업의 일상성 정하기(Establishing classroom routines)
5. 학습을 위한 교실의 물리적인 배치를 조직하기(Organizing the physical layout of the classroom for learning)

내용 부분(Content Segments)

질문 2: 학생들이 새로운 지식을 가지고 효과적으로 상호작용하도록 돕기 위하여 나는 무엇을 할 것인가?

1. 중요한 정보 확인하기(Identifying critical information)
2. 새로운 지식을 가지고 상호작용을 하도록 학생들을 조직하기(Organizing students to interact with new knowledge)
3. 새로운 내용 사전 검토하기(Previewing new content)
4. 내용을 '씹어 소화시킬 수 있는 크기'로 나누기(Chunking content into 'digestible bites', 역주: Marzano의 The art and science of teaching 참고)
5. 새로운 정보를 집단 처리하기(Group processing of new information)
6. 새로운 정보를 정교하게 하기(Elaborating on new information)
7. 지식을 기록하고 표현하기(Recording and representing knowledge)
8. 학습 반성하기(Reflecting on learning)

질문 3: 새로운 지식에 대한 이해를 연습하고 더욱 심화하도록 학생들을 돕기 위하여 나는 무엇을 할 것인가?

9. 내용 검토하기(Reviewing content)

10. 지식을 연습하고 심화하도록 학생들을 조직하기(Organizing students to practice and deepen knowledge)
11. 숙제 활용하기(Using homework)
12. 유사점과 차이점을 검토하기(Examining similarities and differences)
13. 추론의 오류를 검토하기(Examining errors in reasoning)
14. 기능, 전략, 과정을 실천하기(Practicing skills, strategies, and processes)
15. 지식 수정하기(Revising knowledge)

질문 4: 학생들이 새로운 지식에 대한 가설을 설정하고 검증하도록 돕기 위하여 나는 무엇을 할 것인가?

16. 인지적으로 복잡한 과제를 해결할 수 있도록 학생들을 조직하기(Organizing students for cognitively complex tasks)
17. 가설 설정과 검증을 포함한 인지적으로 복잡한 과제에 학생들을 학습에 몰두시키기(Engaging students in cognitively complex tasks involving hypothesis generating and testing)
18. 자원과 지침을 제공하기(Providing resources and guidance)

즉석 처리 부분(Segments Enacted on the Spot)

질문 5: 학생들을 몰두시키기 위하여 나는 무엇을 할 것인가?

1. 학생들이 몰두하지 않을 때 주의를 주고 이에 대응하기(Noticing and reacting when students are not engaged)
2. 학습 게임 활용하기(Using academic games)
3. 질문에 대한 응답 비율 관리하기(Managing response rates during questioning)
4. 신체 활동 활용하기(Using physical movement)
5. 활기 있게 수업 속도 유지하기(Maintaining a lively pace)
6. 집중성과 열정 보여 주기(Demonstrating intensity and enthusiasm)
7. 우호적인 논쟁하기(Using friendly controversy)
8. 학생들끼리 말할 수 있는 기회 제공하기(Providing opportunities for students to talk about themselves)
9. 특이하거나 강한 흥미를 불러일으키는 정보를 제공하기(Presenting unusual or intriguing information)

질문 7: 수업 규칙과 절차를 준수하거나 준수하지 않는 것을 인식하고 인정하기 위하여 나는 무엇을 할 것인가?

10. '알아채기' 보여 주기(Demonstrating 'withitness', 역주: 'Withitness'는 'With-it-ness'를 한 단어로 쓴 것으로 교사가 교실에서 일어나는 모든 것을 계속해서 다 알아차리고 있다는 것을 학생들에게 보여 주는 것을 말한다. '선생님은 뒤에도 눈이 있어요.' 하는 식이다.)
11. 결과를 적용하기(Applying consequences)
12. 규칙과 절차에 대한 집착 인정하기(Acknowledging adherence to rules and procedures)

질문 8: 학생들과 효과적인 관계를 수립하고 유지하기 위하여 나는 무엇을 할 것인가?

13. 학생의 흥미와 배경 이해하기(Understanding students' interests and background)
14. 학생들에 대한 애정어린 행동하기(Using behaviors that indicate affection for students)
15. 객관성과 통제 나타내기(Displaying objectivity and control)

질문 9: 모든 학생에게 높은 기대를 하고 있다는 것을 전달하기 위하여 나는 무엇을 할 것인가?

16. 낮은 기대 수준의 학생들에 대하여도 가치를 높게 하고 존중하기(Demonstrating value and respect for low-expectancy students)
17. 낮은 기대 수준의 학생들에게 질문을 하도록 요구하기(Asking questions of low-expectancy students)
18. 낮은 기대 수준의 학생들과 함께 부정확한 답을 알아보기(Probing incorrect answers with low-expectancy students)

영역 2: 수업계획과 준비

학습 과(lessons)와 단원 수업계획과 준비

1. 학습할 과(課) 내의 정보에 대한 효과적인 발판을 구축하기 위한 수업계획과 준비 (Planning and preparing for effective scaffolding of information within lessons)
2. 내용의 깊은 이해와 전이를 따라 나아가는 한 단원 내 과(課)의 수업계획과 준비(Planning and preparing for lessons within a unit that progress toward a deep understanding and transfer of content)
3. 수립된 내용 표준에 알맞게 주의하도록 수업계획하고 준비(Planning and preparing for appropriate attention to established content standards)

수업자료와 기술공학의 활용을 위한 계획과 준비

1. 앞으로 배울 단원과 과(課)에서 이용 가능한 자료 활용을 위한 계획과 준비(Planning and preparing for the use of available materials for upcoming units and lessons)
2. 상호작용적 전자 칠판, 응답 시스템, 컴퓨터와 같은 이용 가능한 기술공학 활용 계획과 준비(Planning and preparing for the use of available technologies such as interactive whiteboards, response systems, and computers)

특별한 요구가 있는 학생을 위한 계획과 준비

1. 영어를 제2외국어로 하는 학생(ELL)의 요구를 위한 계획과 준비(Planning and preparing for the needs of English language learners)
2. 특수교육 학생들의 요구를 위한 계획과 준비(Planning and preparing for the needs of special education students)
3. 학습 지원이 부족한 가정환경의 학생들의 요구를 위한 계획과 준비(Planning and preparing for the needs of students who come from home environments that offer little support for schooling)

영역 3: 수업 반성

개인 성과평가

1. 영역 1에서의 수업 강점과 약점의 구체적인 부분 확인(Identifying specific areas of pedagogical strength and weakness within Domain 1)
2. 각 과(課)와 단원의 효과성 평가(Evaluating the effectiveness of individual lessons and units)
3. (예를 들면, 다양한 사회경제적 집단이나 인종 집단과 같은) 다양한 범주의 학생들에 맞는 구체적인 수업전략과 행동의 효과성 평가[Evaluating the effectiveness of specific pedagogical strategies and behaviors across different categories of students(i.e., different socioeconomic groups, different ethnic groups)]

전문직적 성장 계획의 개발과 실행

1. 문서로 작성한 성장과 발달 계획 개발(Developing a written growth and development plan)
2. 전문직적 성장 계획에 비추어 발전 정도 점검(Monitoring progress relative to the professional growth plan)

영역 4: 동료의식과 전문직주의

긍정적인 환경 조성하기

1. 동료들과의 긍정적인 상호작용 촉진(Promoting positive interactions about colleagues)
2. 학생, 학부모들과 긍정적인 상호작용 촉진(Promoting positive interactions about students and parents)

아이디어와 전략의 상호 교류 촉진하기

1. 필요나 흥미 영역을 중심으로 멘토관계 찾기(Seeking mentorship for areas of need or interest)
2. 다른 교사에 대한 멘토링과 아이디어와 전략 공유하기 (Mentoring other teachers and sharing ideas and strategies)

교육구 발전과 학교의 발전 촉진하기

1. 교육구와 학교의 규칙과 절차에 대한 고수(Adhering to district and school rules and procedures)
2. 교육구와 학교 주도 활동에 참여(Participating in district and school initiatives)

1. 영역 1: 수업전략과 행동

영역 1은 교사들이 교실에서 하고 있는 것이 무엇인지에 대하여 직접적으로 다룬다. 이 영역에서 수업전략과 행동의 범주들은 『수업예술과 수업과학(The Art and Science of Teaching)』(Marzano, 2007)에서 빌려 왔다. 이것은 3개의 관련 연구에 의한 전략들을 포함하는 종합적인 틀에서 계획되었다. 세 선행 연구는 '효과적인 교실수업(*Classroom Instruction That Works*)'(Marzano, Pickering, & Pollock, 2001), '효과적인 수업관리(*Classroom Management That Works*)'(Marzano, Pickering, & Marzano, 2003), '효과적인 수업평가와 성적평가(*Classroom Assessment and Grading That Work*)'(Marzano, 2006)다. 『수업예술과 수업과학』은 하나의 수준에서 교사들에게 연구 기반 전략을 상기시켜 주는 일반적인 틀로 생각할 수 있다. 이와 같은 목적에서 『수업예술과 수업과학』을 수업계획의 틀로 생각하는 것이 좋다. 〈표 3-2〉에서 이것이 활용되는 것을 살펴볼 수 있다.

〈표 3-2〉 『수업예술과 수업과학』에서 나온 질문

1. 학습목표를 설정하고 이를 중심으로 의사소통하고, 학생의 진보를 추적하고, 성공을 축하하기 위하여 나는 무엇을 할 것인가?
2. 학생들이 새로운 지식을 가지고 효과적으로 상호작용하도록 돕기 위하여 나는 무엇을 할 것인가?
3. 새로운 지식에 대한 이해를 연습하고 더욱 심화하도록 학생들을 돕기 위하여 나는 무엇을 할 것인가?
4. 학생들이 새로운 지식에 대한 가설을 설정하고 검증하도록 돕기 위하여 나는 무엇을 할 것인가?
5. 학생들을 학습에 몰두시키기 위하여 나는 무엇을 할 것인가?
6. 교실의 일상성을 정하고 유지하기 위하여 나는 무엇을 할 것인가?
7. 수업 규칙과 절차를 준수하거나 준수하지 않는 것을 인식하고 인정하기 위하여 나는 무엇을 할 것인가?

8. 학생들과 효과적인 관계를 수립하고 유지하기 위하여 나는 무엇을 할 것인가?
9. 모든 학생에게 높은 기대를 하고 있다는 것을 전달하기 위하여 나는 무엇을 할 것인가?
10. 견고한 단원으로 조직된 효과적인 학습 과(課)를 개발하기 위하여 나는 무엇을 할 것 인가?

출처: © 2011 Robert J. Marzano

수업을 계획할 때 〈표 3-2〉에 제시한 열 가지 질문들은 어느 정도 서로 연결되어 있지 않은 독립적인 것으로 생각된다. 열 가지 질문들은 교사들에게 학습 과(課)나 단원에서 이용할 수업전략과 행동을 간단하게 상기시켜 준다. 예를 들면, 교사는 수업을 준비하면서 〈표 3-2〉의 열 가지 질문을 정독하고, 그중에서 질문 2, 5, 8에 초점을 맞추기로 결정할 수 있다. 교사는 뒤따르는 수업이 새로운 지식, 즉 학생들이 이전에는 전혀 알지 못하는 내용을 포함할 것이라는 것을 깨닫게 되고, 결국 새로운 내용을 소개할 때 가장 유용한 『수업예술과 수업과학』에서 나온 전략들의 일부를 사용할 것이다(질문 2). 그런 후에 교사는 수업에서 사용할 몇 가지 학생의 학습몰두와 관련된 전략을 결정한다(질문 5). 최근에 자신이 가르치는 학생들이 자주 지루함을 느끼는 것을 알게 되었기 때문이다. 마지막으로 교사는 특별히 학급 내에서 소외감을 느끼는 것으로 보이는 학생들과 관계를 향상시킬 수 있는 몇 가지 전략들을 사용하기로 결정한다(질문 8).

앞에 제시한 열 가지 질문이 수업을 계획할 때 독립적으로 활용될 수 있는 반면에, 피드백을 통하여 교사의 전문 지식을 향상시키는 도구로 사용될 때 수업에서 활동의 자연적인 흐름을 반영할 수 있도록 재조직되어야 한다. 이와 같은 목적에서 질문은 '일상 부분(routine segments), 내용 부분(content segments), 즉석 처리 부분(segments that are enacted on the spot)'의 세 가지 일반적인 형태의 학습 부분으로 조직될 수 있다. 이와 같은 부분들은 〈표 3-1〉에 제시된 영역 1의 주요 범주다.

학습 부분(lesson segment)은 교실에서 특별한 목적과 이와 같은 목적을 충족하도록 설계된 교사 행동과 전략의 특정한 묶음으로 이루어진 하나의 사건이다. 우리는 학습 부분(segment)이라는 용어를 사용하고 있는데, 왜냐하면 이것이 교사들에게 피드백을 제공할 때 특히 유용한 분석의 단위를 규정하기 때문이다. 사실 학습 부분이라는 용어는 오랫동안 사용되었다. 상당히 많은 고려할 만한 설계이론(Berliner, 1986; Doyle, 1986; Good, Grouws, & Ebmeier, 1983; Leinhardt & Greeno, 1986; Stodolsky, 1983)을 인용하면서, Leinhardt(1990)는 교사 전문가들이 사용하는 무수히 많은 전략과 행동들을 분류하는 방법으로서 학습 부분을 제안하였다.

> 이와 같은 연구 기반 정보는 수업이 각각의 중요한 특성을 가지고 있는 다양한 부분들, 학습 부분(segment)들로 구성된다는 사실을 가리킨다. 각각의 부분은 교사들과 학생들을 위한 서로 다른 역할을 포함한다. 각각의 부분은 다양한 목적을 가지고 있고, 이것은 다양한 행동과 만날 때 성공적일 수도 있고 실패할 수도 있다. 이와 같은 부분들은 유동적이고 잘 연습된 일상성에 의하여 유지된다(pp. 21-22).

〈표 3-1〉에 제시된 것처럼, 질문 1과 6은 매일 모든 수업이나 적어도 일부 수업에서 주기적으로 일어나는 일상 부분으로 분류된다. 질문 2, 3과 4는 내용 부분을 다루고 있다. 내용 부분은 학문적인 내용에 접근하는 서로 다른 방식을 대표한다. 질문 5, 7, 8과 9는 즉석에서 일어나는 행동을 다룬다. 질문 10은 〈표 3-1〉에 제시되지 않았다. 왜냐하면 이것은 영역 2의 필수적인 부분인 단원 설계와 과(課) 설계를 다루기 때문이다. 우리는 일상 부분에 해당하는 영역 1에서부터 논의를 시작하고자 한다.

1) 일상 부분

매일 모든 수업에서 교사들은 학생들이 배울 내용이나 학생들 나이에 상관없이 확실한 일상성을 따르기를 기대한다. 수업예술과 수업과학 틀은 일상성과 관련된 다음 두 가지 범주를 포함한다. 첫째는 학습목표 소통하기, 학생의 진보 추적하기, 성공을 축하하는 것이다. 둘째는 수업 규칙과 절차를 수립하고 유지하는 것이다. 이와 같은 범주는 각각 질문 1과 6에 해당한다.

학습목표 소통하기, 학생의 진보 추적하기, 성공을 축하하기(질문 1)

『수업예술과 수업과학』(Marzano, 2007)에서 각각의 질문들은 수업전략과 행동의 융합이다. 학습목표 소통하기, 학생의 진보 추적하기, 성공을 축하하기 전략들은 목표 설정의 효과(Lipsey & Wilson, 1993; Walberg, 1999; Wise & Okey, 1983), 피드백(Bangert-Drowns, Kulik, Kulik, & Morgan, 1991; Haas, 2005; Hattie & Timperley, 2007; Kumar, 1991), 노력 강화하기(Hattie, Biggs, & Purdie 1996; Kumar, 1991; Schunk & Cox, 1986), 칭찬 활용(Bloom, 1976; Wilkinson, 1981), 보상 활용(Deci, Ryan, & Koestner, 2001)에 대한 연구에 의하여 뒷받침된다. 이와 같은 형태의 부분과 연결된 특정한 전략과 행동들은 다음을 포함한다.

- 명확한 학습목표와 목표 측정척도를 제시하기(예: 교사는 구체적 학습목표를 제공하거나 상기시킨다)
- 학생의 진보를 추적하기(예: 공식적인 평가를 활용하여 교사는 학생들의 학습목표에 대한 개인과 집단의 진보와 집단 진보 정도를 도표로 기록하도록 돕는다)
- 학생의 성공을 축하해 주기(예: 교사는 학생들의 지식의 습득뿐만 아니라 학습목표에 대한 자신의 현재 위치를 인정하고 축하하도록 돕는다)

이와 같은 전략과 행동들이 교실에서 어떻게 나타날 수 있는지 분명히 보여 주기 위하여 매일 학생들에게 단원의 학습목표를 상기시켜 주는 체육 교사를 예로 들 수 있다. 체육 교사는 매일은 아니더라도 다양한 형태의 형성평가를 일상적으로 활용하면서 학생들이 단원의 학습목표에 대한 자신의 진보를 추적하도록 돕는다. 체육 교사는 단원을 학습하는 동안 계속 시도하고, 단원의 마지막에 학생들이 자신의 현재 성취 상태뿐만 아니라 자신의 지식 습득을 축하하는 기회를 제공한다.

수업 규칙과 절차를 수립하거나 유지하기(질문 6)

수업 규칙과 절차를 수립하거나 유지하는 것은 다른 형태의 일상성 행동이다. 이와 같은 부분(segment)의 전략과 행동들은 새 학년이 시작되는 학기 초에 절차가 수립되어야 하고, 학기가 진행되는 동안에 논리적이고 체계적인 방식으로 검토하면서 재고되어야 한다는 연구에 의한 일반화의 뒷받침을 받는다(Anderson, Evertson, & Emmer, 1980; Brophy & Evertson, 1976; Eisenhart, 1977; Emmer, Evertson, & Anderson, 1980; Good & Brophy, 2003; Moskowitz & Hayman, 1976). 이런 형태의 부분들과 연결된 특정한 전략과 행동들은 다음의 내용을 포함한다.

- 수업 일상성 정하기(예: 교사는 학생들에게 규칙 또는 절차를 상기시키거나, 새로운 규칙과 절차를 수립한다)
- 학습을 위한 교실의 물리적인 배치를 조직하기(예: 교사는 학습 향상을 위한 수업자료, 학생들의 이동 형태, 진열을 조직한다)

이와 같은 전략과 행동들이 교실에서 나타나는 것을 분명히 설명하기 위하여 새 학년 초에 교실에서 지켜야 할 적절한 행동에 대한 분명한 규칙과 절차를 수립하기 위하여 시간을 할애하는 초등학교 언어 담당(language arts) 교사를 예로 들고자 한다. 뿐만 아니라 이 교사는 이와 같은 규칙과 절차를 체계적으로 검토하고 필요한 때는 변경한다. 최종적으로는 학습에 도움이 되는 방식으로 교실의 수업자료, 시설물 진열, 학생들의 이동 형태를 조직하여 교사는 질서를 유지한다.

2) 내용 부분

내용 부분은 다음의 세 가지 형태가 있다.

- 새로운 내용을 소개하는 부분
- 학생들이 자신의 지식을 연습하고 심화하는 부분
- 학생들이 가설을 설정하고 검증하여 지식을 적용하는 부분

이와 같은 부분들은 각 질문 2, 3, 4에 해당한다. 한 형태 이상의 내용 부분이 하나의 수업 시간에 이루어짐에도 불구하고, 특히 수업이 블록 시간으로 연장될 때에 이들 세 부분의 각각은 특별한 하나의 학습 과(課)에서 분명하게 나타날 것이다.

새로운 내용을 소개하기(질문 2)

내용 학습 부분에서 어떤 것은 새로운 내용을 소개하는 데에 초점을 맞춘다. 이 세 부분에 중요한 수업전략과 행동들은 프레젠테이션의 형태(Nuthall, 1999), 새로운 내용 사전 검토하기(Ausubel, 1968; Mayer, 1989, 2003; West & Fensham, 1976), 효율적인 과정을 위한 새로운 지식 조직하기(Linden et al., 2003; Rosenshine, 2002), 새로운 정보를 요약하기(Anderson & Hidi, 1988/1989; Hidi & Anderson, 1987), 다양한 방법으로 새로운 지식을 나타내기(Alvermann & Boothby, 1986; Aubusson, Foswill,

Barr, & Perkovic, 1997; Druyan, 1997; Newton, 1995; Sadoski & Paivio, 2001; Welch, 1997), 기술을 질문하기(Pressley et al., 1992; Reder, 1980; Redfield & Rousseau, 1981), 학생의 자율적인 반성(Cross, 1998)과 같은 연구로부터 나온 것이다. 새로운 내용 소개에 해당하는 구체적인 전략과 행동들은 다음과 같다.

- 중요한 정보를 확인하기(예: 교사는 어떤 정보가 중요한 것인지에 대한 실마리를 제공한다)
- 새로운 지식을 가지고 상호작용하도록 학생들을 조직하기(예: 교사는 내용의 일부분을 협의시키기 위하여 학생들을 두 그룹 또는 세 그룹으로 조직한다)
- 새로운 내용 사전 검토하기[예: 교사가 K-W-L, 선행조직자, 예습 질문과 같은 전략을 사용한다(역주: KWL 챠트는 Ogle(1986)이 개발한 것으로 K-What I Know, 이미 학생들이 알고 있는 것 활성화시키고, W-What I Want to know, 학생들이 알고 싶은 것 생각하게 하고, L-What I Learned, 알게 된 것이 무엇인지 이해하도록 학습 방법을 말함)].
- 내용을 학생들이 '소화시키기 쉬운 크기'로 나누기(예: 교사는 내용을 학생들의 이해 수준에 알맞게 재단하여 작은 크기로 제공한다)
- 새로운 정보를 집단 처리하기(예: 앞의 정보를 소화하기 좋게 작게 나누어 제공한 후에 교사는 학생들로 하여금 자신이 경험한 것을 요약하고 명확하게 하도록 요구한다)
- 새로운 정보를 정교하게 하기(예: 교사는 학생들이 자신의 추론을 하도록 하고 또 그 추론을 방어하도록 요구하는 질문을 한다)
- 지식을 기록하고 표현하기(예: 교사는 학생들이 요약하고, 노트 정리를 하고, 비언어적인 표현을 하도록 요구한다)
- 학습 반성하기(예: 교사는 학생들이 자신이 이해한 것이나 아직도 혼동하고

있는 것에 대하여 반성하도록 요구한다)

이와 같은 전략과 행동들이 교실에서 나타나는 것을 설명하기 위하여, '독재자' 개념에 대한 새로운 정보를 소개하려고 하는 사회과 교사를 예로 들려고 한다. 이 교사는 독재자에 대하여 기억하거나 알고 있는 것이 무엇인지 학생들에게 질문하면서 이 개념에 대하여 미리 알아본다. 학생들이 자발적으로 대답하면 교사는 학생들의 대답을 전자칠판에 적는다. 전자칠판을 사용하면서 교사는 독재자의 특징을 정의하는 자세한 동영상 자료를 보여 준다. 동영상 자료를 보여 주기 이전에 교사는 학생들 세 명을 한 그룹으로 조직하였다. 교사는 2분 동안 영상을 재생시켰다가 멈추고 각 그룹에서 한 명의 학생에게 지금까지 학생들이 본 것에 대하여 요약하도록 한다. 다른 두 명의 학생들은 자기 그룹 발표자의 대답이 만족스럽지 못할 경우에 발표자에게 질문을 한다. 다시 교사는 몇 분 동안 동영상 자료의 다음 부분을 보여 주고, 다른 학생 한 명이 내용을 요약하게 하면서 앞에서 한 활동과 동일한 과정을 반복한다. 교사는 모두 네 번 동영상 자료를 보여 주고 멈춘다. 다음으로 교사는 몇 가지 질문을 하면서 전체 학생들이 독재자에 대한 추론을 해 보게 한다. 모든 그룹은 비디오를 보면서 자신들이 도표나 그림문자로 정리한 내용을 정교하게 요약한다. 수업이 끝날 무렵에 교사는 학생들이 다음 질문에 대한 대답을 학습장에 기록하도록 요청한다. '내가 공부했지만 아직까지 혼동되는 것은 무엇인가?' 이와 같은 학습 과제는 학생들이 학습한 것을 반성하도록 하는 데에 도움이 된다.

지식을 연습하고 심화하기(질문 3)

일단 새로운 내용을 소개한 다음 학생들이 그 내용을 독자적으로 활용할 수 있도록 그 지식을 연습하고 심화해야 한다. 이와 같은 형태의 내용 학습 부분에서 중요한 전략과 행동들은 연습하기(Kumar, 1991; Ross, 1988),

오류의 수정과 분석하기(Halpern, 1984; Hillocks, 1986; Rovee-Collier, 1995), 유사점과 차이점을 검토하기((Halpern, Hansen, & Reifer, 1990; McDaniel & Donnelly, 1996), 숙제(Cooper, Robinson, & Patall, 2006)에 관한 연구로부터 추출하였다. 이와 같은 지식의 연습과 심화에 도움이 되는 구체적인 해당 전략과 행동들은 다음과 같다.

- 내용 재검토하기(예: 교사는 이전에 다룬 것과 관계있는 내용을 간단하게 재검토한다)
- 지식을 연습하고 심화하도록 학생들을 조직하기(예: 교사는 정보를 재검토하거나 기능을 연습할 수 있도록 학생들을 그룹으로 조직한다)
- 숙제 활용하기(예: 교사는 학생의 개별적 연습이나 정보를 정교하게 만들 수 있도록 숙제를 활용한다)
- 유사점과 차이점을 검토하기(예: 교사는 비유와 은유를 비교, 분류, 창조하는 활동에 학생들을 몰두시킨다)
- 추론의 오류를 검토하기(예: 교사는 학생들에게 비공식적인 오류, 선전, 편견을 조사하도록 요청한다)
- 기능, 전략, 과정을 실천하기(예: 교사는 전체 동일 연습 분담 연습 방법을 활용한다)
- 지식을 수정하기(예: 교사는 이전 정보를 명확하게 하고, 새로운 정보를 추가하여 공책에 수정하여 기록하도록 학생들에게 요청한다)

이와 같은 활동들이 어떻게 나타나는지 자세하게 설명하기 위하여 지식의 두 가지 종류를 **절차적 지식**(procedural knowledge)과 **선언적 지식**(declarative knowledge)으로 구분하는 것이 유용하다. 절차적 지식에는 기능, 전략, 과정이 포함된다. 선언적 지식은 세부 내용, 정보의 단계성, 일반화, 원리가 포함된다(Marzano & Kendall, 2007). 절차적 지식을 예로 들기 위하여 이전 수업에서 처음, 중간, 끝 부분이 분명하게 드러나도록 작문을 편집하는 전략을 제시한 적이 있는 초등 언어 교육 교사를 생각해 보기로 한다. 그리고 선언적 지식에 대하여 알아보기 위하여 이전 수업에서 학생들에게 정부의 한 형태로 공화국에 대한 정보를 제시한 적이 있는 중학교 역사 교사를 예로 들려고 한다. 두 교사는 모두 도입 단계의 수업에서 처음에 제공한 관련 내용에 대한 간단한 복습을 통하여 지식을 연습하고 심화하려고 시도할 것이다. 두 교사는 이와 함께 정보를 용이하게 처리할 수 있도록 전체 학생들을 작은 그룹으로 조직할 것이다. (절차적 지식을 다루는) 언어 교육 교사는 학생들을 어떤 형태의 연습 활동에 몰두시킬 것이다. 반면에 (선언적 지식을 다루는) 역사 교사는 학생들을 내용을 훨씬 심도 있게 이해할 수 있도록 계획한 다른 형태의 활동에 몰두시킬 것이다. 절차적 지식은 연습이 필요하고, 선언적 지식은 심화가 필요하기 때문에 이와 같은 차이가 나타난다. 예를 들면, 연습 활동에 해당하는 언어 교육에서 교사는 학생들에게 처음, 중간, 끝 부분을 명확하게 나타내지 못한 작문 몇 편을 보기글로 제공할 것이다. 학생들은 개별적으로 또는 그룹 활동에 몰두하여 이와 같은 부자연스러운 보기 글을 처음, 중간, 끝 부분이 명확하게 드러나도록 효과적으로 다시 쓰는 활동을 하면서 고쳐 쓰기 전략을 연습하게 될 것이다. 언어 교육 교사와는 다르게 역사 교사는 공화국을 다른 종류의 정부 형태와 대조하도록 계획한 정부 형태 비교하기 활동에 학생들을 몰두시킬 것이다. 예를 들면, 역사 교사는 학생들에게 공화국을 민주국가와 군주국가와 대조하여 뚜렷한 차이를 나타내도록 요청할 것이다. 마지막으로 두 명의 교사는 교실에서 시작한 활동을 숙제로 확장해 나갈 것이다.

가설 설정과 검증: 지식 적용(질문 4)

내용 학습 부분의 마지막 형태는 학생들이 가설을 설정하고 검증하면서 자신들이 배운 지식을 적용하도록 요구하는 활동을 포함한다. 이와 같은 형태의 전략과 행동들은 문제 기반 학습(Gijbels, Dochy, Van den Bossche, & Segers, 2005), 가설 설정과 검증(Hattie et al., 1996; Ross, 1988)에 관한 연구로부터 이루어졌다. 지식 적용을 위한 학습 부분에 해당되는 구체적 전략과 행동은 다음과 같다.

- 인지적으로 복잡한 과제를 해결할 수 있도록 학생들을 조직하기(예: 교사는 인지적으로 복잡한 과제를 해결하기 위하여 학생들을 소집단으로 조직한다)
- 가설의 설정과 검증을 포함한 인지적으로 복잡한 학습과제에 학생들을 몰두시키기(예: 교사는 의사 결정 과제, 문제 해결 과제, 실험탐구 과제, 조사 과제에 학생들을 몰두시킨다)
- 자원과 지침을 제공하기(예: 교사는 인지적으로 복잡한 과제에 특별히 필요한 자원을 이용할 수 있도록 해 주고 학생들이 그 과제를 실행할 수 있도록 도와준다)

이와 같은 전략과 행동들이 수업에서 나타나는 것을 설명하기 위하여 이전 수업에서 세 자리 수 덧셈을 수행하는 연산 방법을 소개한 수학 교사를 예로 들려고 한다. 학생들의 지식을 확상하는 방법으로 이 수학 교사는 세 자리 숫자를 다양한 방법으로 더해 보는 실험을 하도록 요청한다. 예를 들면, 수학 교사는 '만약 여러분이 첫 자리 수를 오른쪽에 놓는 것과는 반대로 왼쪽에 놓는 것과 같은 방법으로 마지막 자리 수를 왼쪽에 놓고 시작한다면 어떻게 될까요?'라고 질문을 할 것이다. 학생들은 처음에는 세 자리 수 덧셈의 과정이 이와 같은 변화에 의하여 영향을 받을 것인지 예상해 볼 것이다. 그런 후에 자신들의 예상이 정확한지 알아보기 위하여 이에 대한 다른 대안적 전략을 시도할 것이다.

3) 즉석 처리 부분

즉석에서 일어나는 학습 부분은 모든 수업의 부분이 아닌 수업전략과 행동을 포함한다. 그럼에도 불구하고 이런 일이 발생하면 교사는 즉각적으로 이것에 주의를 집중해야 한다. 그렇지 않으면 학습 환경이 즉시 파괴될 것이다. 우연히 일어나는 부분을 개념화하는 다른 방법은 교사가 수업에서 반드시 이것들을 사용하기로 계획하지는 않았더라도 교사가 한 순간의 주의에서 사용하기 위하여 반드시 준비해야 할 전략을 포함한다는 것이다. 이와 같은 일반적인 범주에 적합한 네 가지 형태의 부분들은 다음과 같다.

- 학생들의 학습 몰두를 향상시키기
- 수업 규칙과 절차를 준수하거나 준수하지 않는 것을 인식하고 인정하기
- 학생들과 효과적인 관계를 수립하고 유지하기
- 모든 학생에게 높은 기대를 하고 있다는 것을 전달하기

이와 같은 부분들은 각각 질문 5, 7, 8, 9에서 나타난다.

학생의 학습 몰두를 향상시키기(질문 5)

학생의 학습에 대한 몰두를 증가시키는 전략과 행동들은 수업이 이루어지는 동안 언제라도 꼭 필요하다. 효과적인 교사는 학생들이 학습에 몰두하고 있는지 알아내기 위하여 계속해서 자신의 교실을 살피고, 만약 몰두하지 않는다면 학생들이 다시 학습에 몰두하도록 조처를 취한다. 이와 같은 학습 부분의 형태는 학생 주의집중(Connell, Spencer, & Aber, 1994; Connell & Wellborn, 1991; Reeve, 2006) 연구에서 나왔다. 학생의 학습에의 몰두를 증가시키는 구체적인 전략과 행동들은 다음과 같다.

- 학생들이 몰두하지 않을 때 주의를 주고 이에 대응하기(예: 교사는 학생의 몰두 수준을 점검하기 위하여 교실을 살핀다)
- 학습 게임 활용하기(예: 학생들이 몰두하지 않을 때, 교사는 학생들이 다시 몰두하고 이들이 학습 내용에 주목할 수 있도록 인기 있는 게임을 적용한다)
- 질문에 대한 응답 비율 관리하기(예: 교사는 많은 학생들이 질문에 응답하게 하기 위하여 응답 카드, 대답 잇기, 투표 기술 같은 전략을 사용한다)
- 신체 활동을 활용하기(예: 교사는 발로 투표하기, 내용에 대한 신체적인 재연처럼 학생들이 신체적으로 움직이는 것을 요구하는 전략을 사용한다)
- 활기 있게 수업 속도 유지하기(예: 교사는 몰두 수준을 높이기 위하여 수업 속도를 늦추거나 빠르게 조절한다)
- 집중성과 열정 보여 주기(예: 교사는 자신이 수업 내용에 대하여 열정적이라는 신호를 언어적, 비언어적으로 보여 준다)
- 우호적인 논쟁하기(예: 교사는 내용에 대하여 학생들이 방어하도록 요구하는 기술을 활용한다)
- 학생들끼리 말할 수 있는 기회 제공하기(예: 교사는 학생들이 자신의 개인적인 삶과 흥미와 내용을 연결시키기를 허용하는 기술을 활용한다)
- 특이하거나 강한 흥미를 불러일으키는 정보를 제공하기(예: 교사는 내용에 대하여 강한 흥미를 불러일으키는 정보를 제공하거나 장려한다)

이와 같은 전략과 행동들이 나타나는 것을 설명하기 위하여 시민의 권리와 책임에 대한 자신의 프레젠테이션에 적절한 주의를 기울이지 못하는 학생들에게 주목하는 사회과 교사를 예로 들려고 한다. 학생들이 지루해하는 것을 확인하고, 사회과 교사는 학생들의 에너지를 높이는 데에 도움이 되는 간단한 신체 활동을 하게 하였다. 이 교사는 학생들이 응답 카드를 사용하면서 대답하도록 하는 질문을 할 것이다. 이렇게 하여 학생들이 반드시 각각의 질문에 응답하면서 학습에 몰두하도록 이끈다.

수업의 규칙과 절차를 준수하거나 준수하지 않는 것을 인식하고 인정하기 (질문 7)

학생들이 수업의 규칙과 절차를 준수하거나 준수하지 않는 것을 인정하는 전략과 행동은 수업의 어느 시점에서나 꼭 필요하다. 이와 같은 형태의 부분을 위한 전략과 행동들은 수업관리(Wang, Haertel, & Walberg, 1993)와 훈육(Marzano et al., 2003)에 관한 일반적인 연구에서 추출되었다. 이와 같은 형태의 부분과 관련있는 구체적 전략과 행동은 다음과 같다.

- '알아채기' 보여 주기(예: 교사는 학생들에게 즉각 일어나게 되는 방해 행동과 부수 행동의 징조를 보이는 행동의 변화를 알아차린다)
- 결과를 적용하기(예: 교사는 규칙과 절차 준수의 불이행에 대하여 지속적이면서도 공정하게 결과를 적용한다)
- 규칙과 절차에 대한 집착 인정하기(예: 교사는 지속적이면서도 공정하게 규칙과 절차에 대한 집착을 인식하고 인정한다)

이와 같은 전략과 행동이 교실에서 나타나는 것을 설명하기 위하여 배구 시합을 하고 나서 학생들이 운동 도구를 정리하려고 하지 않는 것에 주목하는 초등학교 체육 교사를 예로 들려고 한다. 체육 교사는 이것을 학생들에게 지적하고 절차를 간단하게 다시 보여 주기 위하여 시간을 할애한다. 다른 경우에 교사는 학생들이 받침대 위에 놓은 야구공을 치는 것을 연습하는 동안에 이들이 차례대로 돌아가며 절차를 따르는 것을 특별하게 잘하였는지에 대하여 주목한다. 다시 이 교사는 학급이 순조롭게 돌아갈 수 있도록 학생들이 노력한 것에 고마움을 표현하면서 이와 같은 절차 준수에 대하여 학생들에게 언급한다.

학생들과 효과적인 관계를 수립하고 유지하기(질문 8)

효과적인 교사 학생 관계는 수업의 핵심이다. 만약 교사와 학생들 사이에 건전한 관계성이 존재한다면 훨씬 더 매끄럽게 수업 활동이 이루어질 것이다. 교사와 학생 관계를 나타내는 전략과 행동들은 교사가 수업을 통제하고 있다는 학생의 인식과 교사가 자신을 옹호하고 있다는 학생의 인식 사이의 균형 필요성에 관한 연구(Brekelmans, Wubbels, & Creton, 1990; Wubbels, Brekelmans, den Brok, & van Tartwijk, 2006)에 의하여 뒷받침된다. 교사와 학생 관계성 증진에 도움이 되는 학습 부분과 관련 있는 구체적 전략과 행동들은 다음과 같다.

- 학생들의 흥미와 배경을 이해하기(예: 교사는 학생에 관한 지식을 찾아내고, 학생들과 비공식적 협의와 친밀한 협의를 할 수 있도록 해 주는 지식을 사용한다)
- 학생들에 대한 애정어린 행동하기(예: 교사는 유머를 사용하고, 학생들에게 우정 어린 농담을 주고받는다)
- 객관성과 통제 나타내기(예: 교사는 자신이 개인적으로 선을 넘지 않는 방식으로 행동한다)

이와 같은 전략과 행동들이 나타나는 것을 설명하기 위하여 교사가 분명하게 통제하고 있고, 교실에서 경솔한 행동이 거의 일어나지 않는다고 학생들이 인식하는 것에 주목하는 고등학교 수학 교사를 예로 들려고 한다. 게다가 학생들이 내용에 대하여 가지고 있는 문제에 관하여 학생들이 교사에게 접근하는 것을 꺼리는 것으로 보인다. 학생 인식에서 균형을 맞추기 위하여 교사는 유머와 약간의 좋은 농담을 사용하면서 교실 분위기를 밝게 만들기로 결정한다.

학생들에 대한 높은 기대감을 전달하기(질문 9)

교사의 기대 범위는 교사들이 개별 학생들에 대한 기대를 비교적 빨리 형성하는 현상을 다룬다. 어떤 학생들에 대하여 교사들은 높은 기대감을 갖게 된다. 반면에 어떤 다른 학생들에 대해서는 교사들이 낮은 기대감을 갖게 된다. 불행하게도 교사들은 높은 기대감을 갖는 학생과 낮은 기대감을 갖는 학생들을 서로 다르게 취급하는 경향이 있다. 학생들은 자신들이 공부를 잘하거나 잘하지 않는다는 기대에 대한 행동적인 단서를 재빨리 알아채고, 그런 교사의 기대에 맞게 행동한다(Rosenthal & Jacobson, 1968). 여기에 제시되는 기대에 관한 전략과 행동은 모든 학생들에게 적절한 정서적인 분위기 만들기에 관한 연구와 복잡한 학습 상호작용을 위하여 모든 학생들에게 동등한 기회 제공하기에 관한 연구(Weinstein, 2002)를 바탕으로 이루어졌다. 높은 기대감을 전달하기에 도움이 되는 학습 부분에 해당하는 구체적인 전략과 행동은 다음과 같다.

- 낮은 기대 수준의 학생들에 대하여도 가치를 높게 하고 존중하기(예: 교사는 기대감이 높은 학생들과 동일하게 기대감이 낮은 학생들에게도 긍정적인 정서 분위기를 보여 준다)
- 낮은 기대 수준의 학생들에게 질문을 하도록 요구하기(예: 교사는 기대감이 낮은 학생들에게 기대감이 높은 학생들과 동일한 빈도와 수준으로 질문을 한다)
- 낮은 기대 수준의 학생들과 함께 부정확한 답을 알아보기(예: 교사는 기대감이 높은 학생들과 동일한 깊이와 정확성을 가지고 기대감이 낮은 학생들의 부정확한 대답을 조사한다)

이와 같은 전략과 행동들이 나타나는 것을 설명하기 위하여 자신이 교실에서 자발적으로 학습에 몰두하는 학생들을 거의 배제하는 질문을 하고 있다는 것을 알아차린 고등학교의 (대학학점 인정의 상급과정) AP 미적분학 교사를 예로 들려고 한다. 이와 대조적으로 교사는 힘겨워하는 것으로 보이는 특정 학생들이 당황하는 것을 피하기 위하여 답변을 요청하지 않는 경우가 있다. 그런데 이 교사는 어려운 문제들을 모든 학생에게 동등하게 질문하는 방침을 도입한다. 비록 이와 같은 변화가 처음에는 어떤 학생들에게 저항을 유발하지만 시간이 지나면서 학생들은 모든 학생들에게 복잡한 내용을 다루도록 기대 받는다는 사실과 그리고 비록 이들의 생각에 결점이 있더라도 자신들의 생각이 존중될 것이라는 교사의 기대를 수용하게 된다.

4) 영역 1 요약

영역 1은 학생의 성취에 직접적인 효과를 나타내는 수업전략과 행동들에 대하여 살펴보았다. 영역 1의 전략과 행동은 학습 부분(lesson segments)에서 일상 부분(routine segments), 내용 부분(content segments)과 즉석처리 부분이라는세 가지 폭넓은 범주로 조직되었다. 학습 부분의 이와 같은 세 가지 일반적인 범주 내에 『수업예술과 수업과학』(Marzano, 2007)에서 제시한 99가지 질문에서 나오는 41가지 형태의 수업전략과 행동들이 포함되었다.

2. 영역 2: 수업계획과 준비

〈표 3-2〉에서 나타낸 것처럼 『수업예술과 수업과학』(Marzano, 2007)은 열 가지 질문을 포함하고 있다. 질문 중에서 아홉 가지와 관련된 전략과 행동은 영역 1 전체에서 다루었다. 〈표 3-2〉의 열 번째 질문은 영역 2의 초점의 대상인 수업계획과 준비에 대하여 다루고 있다. 영역 2는 수업계획과 준

비와 관련된 세 가지 일반적인 행동 범주를 포함하고 있는데, 학습 과(課)와 단원 계획과 준비, 수업자료와 자원 계획과 준비, 특별한 요구가 있는 학생을 위한 계획과 준비다.

1) 학습 과(課)와 단원 계획과 준비

영역 2에서 이와 같은 범주는 교수를 위한 단원과 단원에 포함된 과(課)의 수업계획과 준비에 초점을 맞춘다. 수업계획과 준비의 이와 같은 형태는 교사의 계획 · 의사 결정 · 학생의 성취 사이의 관계에 관한 연구(Blumenfeld & Meece, 1988; Clark & Peterson, 1986; Doyle, 1983, 1986; Schoenfeld, 1998, 2006)로부터 나왔다. 이 범주에 해당하는 특별한 활동은 다음과 같다.

- 학습 과(課) 내의 정보에 대한 효과적인 발판을 구축하기 위한 수업계획과 준비[예: 교사는 이전 정보를 바탕으로 새로운 정보를 형성하는 그런 방법으로 과(課)의 내용을 조직한다]
- 내용의 깊은 이해와 전이를 따라 나아가는 단원 내의 과(課)의 수업계획과 준비[예: 교사는 학생들로 하여금 기초 내용에 대한 이해로부터 시작하여 정통한 방법으로 그 내용을 적용하는 방향으로 나아갈 수 있도록 단원 내의 과(課)를 조직한다]
- 수립된 내용 표준에 알맞게 주의하도록 수업계획과 준비[예: 교사는 학습 과(課)와 단원이 교육청이 정한 중요한 내용을 포함하고, 또 해당 내용이 시퀀스에 맞게 차례로 잘 배열되었다는 것을 보장한다]

이와 같은 활동들이 어떻게 나타나는지 자세히 설명하기 위하여 교사가 따라야 할 진도 지침을 받은 교육구 내 한 초등학교 교사를 예로 들고자 한다. 진도 지침에서는 상당히 많은 세부 사항을 제공해 주지만, 교사는 여전히 수업계획과 준비의 이슈에 초점을 맞추고 있다. 교사가 자신이 가르칠 단원과 그 단원 내 과(課)를 개발할 때 '필수 학습'이 시퀀스에 맞아야 할 뿐만 아니라 교육구에서 정한 진도 지침의 목록에 제시된 '필수 학습'을 반드시 포함해야 한다. 교사는 단원이 끝날 때에 학생들이 소설을 통해서나 이상적으로는 실제 활동을 통하여 학습한 것을 적용하는 그런 방법으로 단원 내 학습의 과(課)를 조직한다. 새로운 정보가 제공되는 과(課) 안에서 교사는 새로운 정보가 이전에 학습한 정보와 논리적으로 연결되도록 하고, 이와 같은 연결이 강조되는 그런 방법으로 개발해야 한다.

2) 수업자료와 기술공학의 사용 계획과 준비

두 번째 범주에서는 책, 비디오테이프, DVD, 조작물과 같은 전통적인 자료의 적절한 사용에 초점을 맞추고자 한다. 가능하다면 기술공학의 적절한 사용에 대하여도 다루려고 한다. 전통적인 자료는 효과적인 수업에 중요한 부분으로 자리 잡고 있다(Emmer et al., 1980; Evertson & Weinstein, 2006). 상호작용적 전자칠판과 일대일 컴퓨터 시스템과 같은 기술은 미국 K-12 교육에서 비교적 새로운 것이지만 이것으로 변화하는 교수 학습 방법의 가능성을 갖고 있다(Newby, Stepich, Lehman, Russell, & Ottenbreit-Leftwich, 2011). 이와 같은 범주의 구체적인 활동은 다음과 같다.

- 앞으로 배울 단원과 과(課)에서 이용 가능한 자료 활용을 위한 계획과 준비[예: 교사는 제시된 과(課)나 단원의 내용에 대한 학생들의 이해를 돕기 위하여 이용 가능한 전통적 수업자료를 확인하고, 이와 같은 자료를 가장 잘 활용할 수 있는 방법을 확인한다]
- 상호작용적 전자 칠판, 응답 시스템, 컴퓨터와 같은 이용 가능한 기술

공학 활용 계획과 준비[예: 교사는 제시된 과(課)나 단원의 내용에 대한 학생들의 이해를 향상시키는 데에 이용 가능한 기술공학을 확인하고, 이와 같은 기술을 사용할 수 있는 방법을 확인한다]

이와 같은 활동들이 어떻게 나타나는지 자세하게 설명하기 위하여 삼투(percolation)의 개념에 관한 한 과(課)의 수업을 계획하고 있는 한 과학 교사를 예로 들고자 한다. 이 과학 교사는 과(課)에 해당하는 교과서의 페이지를 확인한다. 다음으로 인터넷에서 학생들에게 삼투 과정에 대한 흥미로운 이미지를 제공할 수 있는 그림 여러 개를 찾는다. 이 과학 교사는 학생들의 대답에 대한 즉각적인 피드백을 기록할 수 있도록 잘 설계된 질문의 시리즈를 준비하면 학생들에게 크게 도움이 될 것이라고 생각하고 이를 실현하게 된다. 이 교사는 자신의 교실에 설치된 새로운 상호작용적 칠판의 기능으로 가능한 투표 기술을 사용하기로 계획한다.

3) 특별한 요구가 있는 학생을 위한 계획과 준비

의문의 여지없이 미국 K-12 교실에서 생활하는 학생들의 다양성은 광범하다. 미국교육통계센터(National Center for Education Statistics; nces.ed.gov)에 의하면, 2000년부터 2008년 사이에 미국에서 절대 빈곤선[역주: 절대 빈곤선은 시간과 장소에 따라 다른데 각 나라에서 정해 놓은 선이다. 2011년 www.thepovertyline.net/map에 의하면 65세 이하 1인 1일 음식(food)만 볼 때 미국은 4.91$, 한국 2.15$, 일본 4.84$, 중국 1.00$, 영국 9.47$로 나와 있다]이나 그 이하의 삶을 살고 있는 학생의 비율이 15.4퍼센트에서 17.4퍼센트로 증가하였다. 1999년부터 2007년 사이에 영어를 제2외국어로 학습하는(English language learners, 역주: 과거에는 English as Secondary Language의 ESL이라고 하였으나 이제는 ELL로 바꾸어 쓰고 있다) ELLs의 비율도 5.0퍼센트에서 5.2퍼센트로 증가하였다. 1990년부터 2007년 사이에 학습장애 학생의 비율도 11.4퍼센트에서 13.6퍼센트로 증가하였다. 이와 같은 환경에서 수업계획과 준비에서 특별한 필요와 요구가 있는 학생에 대한 세심한 주의와 고려가 필요하다. 이와 같은 범주에 해당하는 계획과 준비에는 다음과 같은 활동들이 있다.

- 영어를 제2외국어로 하는 학생(ELL)의 요구를 위한 계획과 준비[예: 교사는 과(課)나 단원과 관련 있는 특수한 ELL을 위하여 해야 할 조치를 확인하고 이를 조정한다]
- 특수교육 학생들의 요구를 위한 계획과 준비[예: 교사는 과(課)나 단원과 관련 있는 특별한 특수교육 대상 학생들에게 도움이 될 수 있는 적용 방안을 확인한다]
- 학습 자원이 부족한 가정환경 학생들의 요구를 위한 계획과 준비(예: 교사는 물질적 자원과 심리적 자원의 지원이 적은 가정에서 오는 특수한 학생들을 찾아내고 이들에 잘 맞춘다)

이와 같은 활동들이 어떻게 나타나는지 자세하게 설명하기 위하여 독립적인 수업에서 다섯 문단의 에세이 쓰기 단원을 계획하고 있는 초등 교사를 예로 들고자 한다. 이 교사는 8명의 ELL 학생 중에서 세 명이 영어와 스페인어의 이중언어 사용자인 것을 알게 되었다. 그리고 다른 5명의 ELL 학생들과 함께 3명의 이중언어 학생들이 함께 공부할 수 있도록 특별한 활동을 마련하였다. 이와 함께 자신의 학급에서 비장애 학생들과 함께 통합학습할 2명의 특수교육 대상 학생들을 위한 준비를 하였다. 이 교사는 다른 학생들보다 ELL 학습자들이나 특수교육 대상 학생들을 위한 실제 활동들이 훨씬 더 구조화되어야 한다는 것을 확신하게 될 것이다. 마지막으로 이 교사는 가정에서 학습활동을 위한 도움이나 자원의 지원을 거의 받지 못하는 것으로 알고 있는 2명의 학생을 배려하기로 한다. 해당 교사는 학급의 일반적인 다른 학생들보다 부모나 보호자의 도움을 받지 않고 또 자원의 지원을 받지 않고도 처리할 수 있도록 좀 더 구조화된 숙제를 내줘야겠다는 것을 깨닫게 된다.

4) 영역 2 요약

영역 2는 수업계획과 준비에 대하여 다루었다. 영역 2의 활동들은 수업전략과 행동들과 직접적으로 관계있는 것으로 추정된다. 교사가 수업계획과 준비를 훨씬 더 철저하게 잘할수록, 수업전략과 행동에 대한 선택이 훨씬 더 효과적이다. 활동에 대한 다음의 세 가지 범주가 소개되었다.

- 과(課)와 단원을 위한 수업계획과 준비
- 자료와 기술공학의 활용을 위한 수업계획과 준비
- 특별한 요구가 있는 학생을 위한 수업계획과 준비

3. 영역 3: 수업 반성

수업 반성은 교사들이 메타인지 방식과 평가적 방식으로 자신의 수업에 대하여 검토하고 반성하는 교사의 능력과 자발성과 관련된다. 이 영역은 수업계획과 준비(영역 2)에 직접적으로 영향을 주는 것이라는 가설을 생각해 보면 아주 중요하다. 수업 반성은 개인 성과평가, 전문직적 발달 계획의 개발과 실천의 두 활동 범주를 포함하고 있다.

1) 개인 성과평가

자기평가는 오랫동안 개인의 성장이라는 중요한 측면으로 여겨져 왔다(Ericsson, Charness, Feltovich, & Hoffman, 2006). 이것은 제1장에서 계획적인 실천으로 언급된 것처럼 또한 꼭 필요한 요소다(Ericsson et al., 1993). 자신의 수행을 평가할 수 있는 교사는 전문가에 이르는 길에 커다란 발걸음을 내딛는 것과 같다. 영역 3의 범주는 다음의 활동들을 포함하고 있다.

- 영역 1에서의 수업 강점과 약점의 구체적인 부분 확인하기(예: 교사는 일상 부분, 내용 부분, 즉석 처리 부분을 향상하기 위한 특별한 전략과 행동을 확인한다)
- 각 과(課)와 단원의 효과성 평가하기[예: 교사는 과(課) 또는 단원의 효과성을 학생의 성취 향상에 의하여 결정하고, 성공 또는 실패의 원인을 확인한다]
- (예를 들면, 다양한 사회경제적 집단이나 인종 집단과 같은) 다양한 범주의 학생들에 맞는 구체적인 수업전략과 행동의 효과성 평가하기(예: 교사는 하위 집단 학생들의 성취와 관련 있는 특정한 수업 기술의 효과성을 결정하고, 불일치의 원인을 확인한다)

이와 같은 활동들이 어떻게 나타나는지 자세하게 설명하기 위하여 일반 동사 형태(common verb forms)에 대한 단원을 심사숙고하여 계획하는 프랑스어 교사를 예로 들려고 한다. 프랑스어 교사는 사전 검사와 사후 검사를 활용하면서, 학생들의 학습목표 성취와 관련 있는 용어로 단원의 효과성 여부를 결정한다. 프랑스어 교사는 단원이 잘 지도되었고, 단원의 전체적인 성공은 자신이 학생들로 하여금 향상할 수 있는 경로를 갈 수 있게 하였다는 사실 덕분이라고 결론을 내린다. 평가 자료에 대한 추가적인 분석으로 교사는 무료급식을 받는 학생들이 무료급식을 받지 않는 학생들만큼 잘하지 못한다는 것을 알아낸다. 이와 같은 현상은 프랑스어 교사가 가정의 지원이 필요한 가정 학습과제를 너무 많이 부여하였기 때문이라는 것을 알게 된다. 이 단원에 대한 분석의 결과로 교사는 자신이 가르칠 다음 단원에서 특별한 변화를 주기로 결정한다.

2) 전문직적 발달 계획과 실천

교사의 자기평가는 궁극적으로 시스템적인 행동으로 변환되어야 한다. 그러한 행동을 위한 도구가 전문직적 성장과 발달 계획이다. 이와 같은 범주에는 두 가지 활동이 있다.

- 문서로 작성한 성장과 발달 계획 개발[예: 교사는 문서화된 전문직적인 성장과 발달 계획을 중요한 단계와 시간표(milestones and time lines)를 바탕으로 개발한다]
- 전문직적 성장 계획에 비추어 발달 정도 점검(예: 교사는 미리 계획한 중요한 단계와 시간표를 활용하여 자신의 향상 정도를 도표로 나타낸다)

이와 같은 활동들이 어떻게 나타나는지 자세하게 설명하기 위하여 내년의 개인적 성장 영역으로서 일상 부분에 관한 수업전략, 내용에 관한 전략, 즉석 처리 전략을 찾아낸 중학교 교사를 예로 들려고 한다. 이 교사는 전문직적 성장과 발달 계획을 문서로 작성하여 이와 같은 전략을 위한 성장 목표를 설정한다. 그 해가 계속되는 동안 중학교 교사는 자신이 찾아낸 수업전략과 학생 성취에 대한 자신의 향상을 도표로 나타내면서, 어느 정도까지 자신이 수립한 성장 목표에 도달하였는지 성장 정도를 점검한다. 이와 같은 피드백을 사용하면서, 중학교 교사는 주기적으로 수정해 나간다.

3) 영역 3 요약

영역 3에서는 교사의 자기반성에 대하여 다루면서 개인 성과평가의 범주와 전문직적 발달 계획을 개발하고 이를 실천해 나가는 두 범주의 행동에 대하여서 살펴보았다. 이 영역은 교사의 성장과 발달이라는 메타인지적 측면이라 생각된다.

4. 영역 4: 동료의식과 전문직주의

영역 4는 수업전략과 행동들을 향상시키는 것과 직접적인 관계는 없다. 그럼에도 불구하고 동료의식과 전문직주의는 다른 영역이 기능을 잘하도록 하는 맥락이다. 만약 교육구 또는 학교가 높은 수준의 동료의식과 전문직주의를 가지고 있다면, 영역 1, 영역 2, 영역 3이 향상된다.

다양한 연구자들과 이론가들에 의하여 동료의식과 전문직주의는 어느 정도까지 학교 효과성의 결정적인 측면이라고 언급되어 왔다. Marzano(2003)는 '학교에서 실행되는 것(What Works in Schools)'에서 동료의식과 전문직주의를 다섯 가지 결정적인 변인 가운데 하나로 학생 성취와 높은 상관관계가 있다는 것을 밝혀내었다. 비록 Marzano와 다른 용어를 사용하였고 다른 부분을 강조하였지만, Scheerens와 Bosker(1997), Levine과 Lezotte(1990), Sammons(1999)도 영역 4의 중요성을 증명하였다. 동료의식과 전문직주의가 학교의 특성으로 생각되면, 동료의식과 전문직주의는 개별적인 교사의 행동에 작용한다. 동료의식과 전문직주의의 분위기를 만들기 위하여 각각의 교사들과 행정가들이 책임감을 갖게 된다. 이 영역에 포함하는 활동의 세 가지 범주는 다음과 같다.

- 긍정적인 환경 진작
- 아이디어와 전략의 상호교류 촉진
- 교육구와 학교의 발전 촉진

1) 긍정적인 환경 진작

긍정적인 환경은 교사와 행정가들이 서로 상호작용하는 태도와 관련 있다. 긍정적인 환경이 반드시 교사들이 학교에서 친밀한 우정을 수립하는 것을 의미하지는 않는다. 사실 학교 건물 내에서 우정에 대한 강조는 학생의 성취를 손상시킬 수 있다는 증거도 나타난다(Friedkin & Slater, 1994). 긍정적인 환경이란 교사들 자신의 발전을 촉진하도록 전문성을 발휘할 수 있는 환경을 창조하는 특별한 활동에 교사들이 참여한다는 것을 의미한다. 이와 같은 범주는 다음 두 가지 활동을 포함한다.

- 동료들과의 긍정적인 상호작용 촉진(예: 교사는 다른 교사들과 긍정적인 태도로 상호작용하고, 그들에 대하여 부정적으로 대화하지 않으려고 노력한다)
- 학생, 학부모들과 긍정적인 상호작용 촉진(예: 교사는 긍정적인 태도로 학생들과 학부모들과 상호작용하고, 학생들과 학부모들에 대하여 부정적으로 대화하지 않으려고 노력한다)

이와 같은 활동들이 어떻게 나타나는지 자세하게 설명하기 위하여, 동료교사들, 학생들과 학부모들에 대하여 불평하지 않으려고 노력하는 한 고등학교 교사를 예로 들려고 한다. 이 고등학교 교사는 이와 같은 대화를 그냥 전문적이지 못한 것으로 여긴다. 이와 똑같이 다른 교사들이 불평하거나 또는 교사들, 학생들, 학부모들에 대하여 나쁘게 말하는 것을 들으면, 그는 이들에 대한 긍정적인 관점을 추가하려고 노력한다. 어떤 경우에는 이 교사는 불평하고 있는 교사들에게 만약 이들이 이와 같은 불만을 학교가 아니라 가정에서 표현한다면 오히려 나을 것 같다는 것을 상기시키기까지 한다.

2) 아이디어와 전략의 상호교류 촉진

자유롭고 개방적인 아이디어와 전략의 교환은 전문성의 개발을 위한 강력한 도구다. 확실히 전문성의 한 측면은 교사가 이와 같은 상호교환을 조성하는 정도와 관련 있다. 이와 같은 개념은 교사의 협력과 전문직학습공동체(professional learning communities: PLCs)에 대한 많은 연구에 의하여 뒷받침된다(DuFour, DuFour, Eaker, & Karhanek, 2004; DuFour & Eaker, 1998; DuFour, Eaker, & DuFour, 2005). 교사 리더십 연구도 또한 이와 같은 활동들에 대하여 언급하고 있다(York-Barr & Duke, 2004). 이와 같은 범주는 다음의 두 가지 활동을 포함한다.

- 필요나 흥미 영역을 중심으로 멘토관계 찾기(예: 교사는 동료로부터 특별한 수업전략과 행동에 대한 도움과 조언을 청한다)
- 다른 교사에 대한 멘토링과 아이디어와 전략 공유하기(예: 교사는 다른 교사들에게 특별한 수업전략과 행동들에 대한 도움과 조언을 제공한다)

이와 같은 활동들이 어떻게 나타나는지 자세하게 설명하기 위하여, 모든 학생에 대하여 높은 기대감을 가지고 의사소통할 수 있는 수업전략과 행동을 활용하는 한 중학교 교사를 예로 들려고 한다. 이 교사는 자신이 근무하는 학교에서 자신이 원하는 영역의 기능이 뛰어난 다른 교사를 알고 있다. 그는 다른 교사가 사용하는 특별한 수업전략과 행동을 추구하고 질문한다. 게다가 다른 교사들이 수업전략에 대하여 자신에게 다가오면 그들과 기꺼이 아이디어를 공유한다.

3) 교육구와 학교의 발전 촉진

궁극적으로 교사의 동료의식과 전문직주의는 학교와 교육구의 계획을 지원하는 것으로 전환되어야 한다. 이와 같은 의견은 교사 리더십에 대한 문헌에서 자주 언급된다(York-Barr & Duke, 2004). 여기에 해당하는 범주는 다음의 두 활동을 포함한다.

- 교육구와 학교의 규칙과 절차에 대한 준수(예: 교사는 교육구와 학교의 규칙과 절차를 알고 있고, 또 이것을 준수한다)
- 교육구와 학교 주도 활동에 참여(예: 교사는 교육구와 학교의 계획을 알고 있고, 자신의 재능과 가능성에 따라서 이에 참여한다)

이와 같은 활동들이 어떻게 나타나는지 자세하게 설명하기 위하여, 새로운 교육구에서 근무하게 될 교사가 새로운 교육구의 교사 복장과 행동 등에 대한 정책에 친숙해지는 사례를 살펴보려고 한다. 이 교사는 자신이 모든 규칙과 규정을 따르고 있는지 확인하기를 원한다. 게다가 이 교사는 새로운 교육구와 관련 있는 다양한 봉사 계획을 조사한다. 이 교사는 자신이 자유로운 시간이 많지 않다는 것을 알고 있지만, 자신의 능력과 가능성을 최대한 발휘하여 교육구에 기여하기를 원한다.

4) 영역 4 요약

영역 4에서는 교사의 동료의식과 전문적인 행동을 다루면서, 긍정적인 환경 진작하기, 아이디어와 전략의 상호교류 촉진하기, 교육구와 학교의 발전 촉진에 대하여서 알아보았다. 비록 이와 같은 행동들이 수업전략과 행동들(영역 1)과 단지 간접적으로 관련 있지만, 모든 행동은 여전히 다른 세 영역의 개발을 위한 기본을 형성하는 전문성 개발의 중요한 측면이다.

5. 제3장 요약

제3장에서 우리는 체계적으로 전문성을 개발하기 위하여 기초가 되는 수업 지식기반(knowledge base)에 대하여 살펴보았다. 각각을 구성하는 특별한 요소들을 중심으로 네 영역에 대한 설명을 하였다. 영역 1은 수업전략과 행동을 다루었다. 영역 1은 가장 세부적인 영역이고 학생들의 성취와 직접적인 관계가 있다. 영역 2는 수업계획과 준비를 다루는데, 영역 1과 직접적인 관계가 있다. 영역 3은 수업에 대한 반성과 관련된 것인데, 영역 2와 직접적인 관계가 있다. 영역 4는 동료의식과 전문직주의를 소개하는데, 다른 세 영역이 작용하도록 하는 맥락이다.

Effective Supervision: Supporting the Art and Science of Teaching

제4장

초점피드백과 초점실천

제4장

초점피드백과 초점실천

제3장에서 설명한 네 영역에서는 교사의 성장과 발달을 위한 하나의 틀을 제공한다. 만약 교사들이 영역 1에 해당하는 수업전략과 행동, 영역 2에 해당하는 수업계획과 준비, 영역 3에 해당하는 수업 반성, 영역 4에 해당하는 동료의식과 전문직주의에 체계적으로 주의를 기울인다면, 교사들의 전문적인 지위는 확실히 향상될 것이다. 그럼에도 불구하고 [그림 1-1]에서 본 것처럼 이와 같은 영역들은 독립적인 것이 아니라 오히려 그 영역들이 가장 직접적으로 학생의 성취와 연결되어 있다는 점에서 영역 1이 가장 중심이 된다. 그 결과 교실에서 교사의 수업전략과 행동을 향상시키는 것은 장학과 평가에서 최우선시되어야 할 중심 사항이다. 다른 영역의 활동들은 상당한 정도까지 영역 1에 도움이 되어야 한다. 영역 2에 의하여 영역 1의 전문 지식이 향상되고, 영역 3에 의하여 영역 2의 전문 지식이 향상된다. 영역 4는 다른 세 영역이 기능을 잘하도록 하는 상황적 맥락이 된다. 요약하면 다른 무엇보다 중요한 영역 1은 제4장에서 다루려는 초점피드백과 초점실천의 주제가 되어야 한다.

1. 성과 수준

초점피드백은 성과(역주: 영어의 'performance'를 흔히 '수행'으로 번역하고, 'performance evaluation'을 우리나라에서 흔히 '수행평가'라고 하는데 이것은 '과정'을 평가하는 것이 아니라 '결과'로 나온 것을 평가하는 것이기 때문에 이 책에서는 '성과평가'로 번역한다. 'performance'는 'per+form'을 명사화한 것으로 'form'으로 나온 것을 보여 줄 수 있는 결과물을 말하는 것이다. 연주, 작품, 행동, 이행, 수행으로 보여 주는 것을 보고 평가하는 것이 'performance evaluation'인 것이다) 수준에 대한 분명한 기술을 요구한다. 이것은 수업전략과 행동에 대하여 영역 1에 포함된 41개 요소에 대한 성과 수준을 분명하게 설명하는 것을 의미한다. 우리는 내용 부분을 포함하는 학습 부분들에서 나타나는 요소를 활용하여 이에 대하여 자세하게 설명할 것이다. 우리는 새로운 내용을 소개하는 것이 목적인 내용 학습 부분에서 나타나는 요소를 특히 고려할 것이다. 〈표 3-1〉에서 자세하게 보여 준 것처럼 8개 요소들은 이와 같은 부분의 형태에 포함되는데, 이와 같은 부분의 일부는 내용을 미리 소개하는 전략이다.

비록 내용을 미리 보여 주는 것이 상당히 특별한 행동일지라도, 이것에 대한 효과적인 사용에는 단계적인 차이가 있다. 다시 말해서 학생들을 미리 보여 주기 활동의 학습에 몰두시키는 모든 교사가 이것을 효과적으로 할 수 있는 것은 아니다. 새로운 내용을 미리 보여 주는 고도로 효과적인 방법도 있고, 새로운 내용을 미리 보여 주기에 비교적 효과적이지 못한 방법도 있다. 초점피드백의 적절한 역할은 교사들이 이와 같은 연속체에 제대로 뛰어들 수 있는 감각을 제공하는 것이다. 이것 때문에 영역 1의 개별 요소는 관련된 평가기준 또는 척도(rubric or scale)를 가지고 있다. 이와 같은 척도는 〈부록 A〉에 제시되어 있다. 〈부록 A〉에 제시된 영역 1에 대한 개별 척도는 관찰표(observational protocol)에 포함되어 있다는 것에 유의할 필요가 있다. 이와 같은 관찰표에 대하여 제4장의 마지막 부분에서 설명할 것이다. 〈표 4-1〉에서 이와 같이 구체적인 요소에 대한 척도를 제시하였다.

〈표 4-1〉 새로운 내용 미리 보기를 위한 척도

	혁신 수준(4)	적용 수준(3)	개발 수준(2)	시작 수준(1)	미사용 수준(0)
새로운 내용 미리 보기	특별한 학생의 필요와 상황을 위하여 새로운 전략을 적용하고 창조한다.	학생들이 다루어 보았거나 연결시킬 수 있는 범위를 점검한 적이 있는 새로운 지식을 미리 보고 연결시키도록 요구하는 학습 활동에 학생들을 몰두시킨다.	학생들이 다루어 본 경험이 있는 새로운 지식을 미리 보고 연결시키도록 요구하는 학습 활동에 학생들을 몰두시킨다.	전략을 부적절하게 사용하거나 일부분을 빠뜨린 채로 사용한다.	전략이 필요하지만 나타나지 않았다.

출처: © 2011 Robert J. Marzano

〈표 4-1〉의 척도는 0에서 4까지 5단계 가치 등급을 가지고 있다. '미사용 수준'에 해당하는 척도 가치(scale value) 0은 전략이 필요하지만 교사가 사용하지 않는 것을 나타낸다. 다시 말하면 미리 보기 전략이 사용될 수 있거나 사용될 필요가 있지만, 교사가 이와 같은 상황에서 전략을 쓰지 못하는 경우를 말한다. '시작 수준'에 해당하는 척도 가치 1은 교사가 미리 보기 전략들을 사용하지만, 그러나 전략을 사용할 때 가끔씩 실수하는 것을 나타낸다. '개발 수준'에 해당하는 척도 가치 2는 교사가 어떤 중대한 실수 없이 미리 보기 전략들을 사용하는 것을 나타낸다. '적용 수준'에 해당하는 척도 가치 3은 다른 세 영역뿐만 아니라 영역 1의 어떤 요소를 위해서라도 최소한으로 요구되는 상태다. 여기서 교사는 학생들이 미리 보기 활동에 몰두

하고, 학생들이 새로운 내용과 이들이 이미 알고 있는 지식 사이를 연결시키는지 점검하게 한다. 개발 수준에 있는 교사는 실수 없이 전략을 채택하지만, 이것이 학생들에게 바람직한 효과가 있는지 살펴보면서 확인하지는 못한다. 그러나 적용 수준에 있는 교사는 학생들의 행동을 점검하고 필요한 경우에 전략을 바꾸어서 사용한다. '혁신 수준'에 해당하는 척도 가치 4는 교사가 미리 보기 전략에 능통하기 때문에 학급에서 특별하게 필요한 것에 알맞게 자신의 전략을 개발하는 것을 나타낸다.

〈부록 A〉에 제시된 모든 척도는 동일한 체계를 가지고 있다. 다르게 설명되고 있지만, 〈부록 A〉의 모든 척도는 〈표 4-2〉에서 기술하는 포괄적인 구성 방식과 동일하게 이어진다. 〈표 4-2〉에서 척도 가치의 기술에 해당하는 미사용 수준(0), 시작 수준(1), 혁신 수준(4)은 〈표 4-1〉의 기술과 동일하다. 그러나 척도 가치 2(개발 수준)와 척도 가치 3(적용 수준)은 각각의 요소가 다르다. 여기서 언급하는 개발 수준은 유의미한 오류나 생략 없이 특별한 전략이 항상 사용된다는 것을 의미한다. 적용 수준은 항상 전략이 실수 없이 사용될 뿐만 아니라 교사가 학생에 대한 바람직한 효과가 실현되었는지 여부를 점검한다는 것을 의미한다.

〈표 4-2〉 영역 1을 위한 척도의 포괄적인 구성 방식

	혁신 수준(4)	적용 수준(3)	개발 수준(2)	시작 수준(1)	미사용 수준(0)
목표 전략	특별한 학생의 필요와 상황을 위하여 새로운 전략을 적용하고 창조한다.	학생들을 전략에 몰두시키고 그 전략이 어느 정도까지 바람직한 결과를 생산하는지 점검한다.	중요한 오류나 생략이 없을 정도로 학생들을 전략에 몰두시킨다.	부정확하거나 일부 빠뜨린 채로 전략을 사용한다.	전략을 이야기는 하지만 보이지 않는다.

출처: © 2011 Robert J. Marzano

〈부록 A〉에 제시된 척도들은 교사에게 피드백을 제공하기 위하여 현재 사용되는 몇 가지 다른 수단들과는 분명하게 다르게 대조된다. 특히 우리는 수업전략과 행동들이 이용되는지 이용되지 않는지를 간단하게 '확인하는' 몇 가지 피드백 절차를 관찰하였다. 수업전략과 행동 같은 책략에서 간단한 체크리스트가 나타난다. 교사가 받는 유일한 피드백은 이들이 전략을 사용하고 있는지 알게 되는 정도다. 이와 같은 과정은 교사가 특별한 전략에 관하여 보여 주는 기능 수준에 관한 피드백을 제공하지 못한다. 이와 같은 정확한 정보 부재는 교사에게 어떻게 향상할 것인가에 관한 분명한 방향을 제공해야 하는 효과적인 피드백의 기본 원칙에 어긋난다. 척도는 이와 같은 지침을 제공하지만, 체크 표시는 그렇지 못하다. 2009년 논문인 「고산출 전략에 대한 직접적인 기록 방법(Setting the Record Straight on High Yield Strategies)」에서 Marzano는 교사들에게 피드백을 제공하기 위하여 사용하는 간단한 체크리스트의 오용에 대하여 경고하였다. Marzano는 교사들에게 전략을 사용했는지 아니면 사용하지 않았는지만을 단순하게 피드백으로 제공하는 것은 교사의 전문성(expertise) 향상에 거의 도움이 되지 않는다고 하였다.

〈부록 A〉는 각각의 요소에 대한 척도에 더하여 특별한 전략의 사용에 대한 '교사 증거'와 '학생 증거'의 사례들을 포함하고 있다. 새로운 내용을 미리 보는 요소로서 교사와 학생 증거는 〈표 4-3〉에 제시하였다. 그림에 나타난 것처럼, 이와 같은 요소를 위한 교사 증거는 읽어 보기 전에 미리보기 질문을 하는 것, 학생들이 브레인스토밍을 하도록 하는 것과 같은 행동이 포함된다. 학생 증거는 "학생들이 이전 지식과의 연계에 대하여 설명할 수 있다."와 같은 행동을 포함한다. 이것은 성과 수준과 관련 있는 전략의 양과 동일시하지 않기 때문에 중요하다. 예를 들면, 단지 특정 교사가 〈표 4-3〉에 제시한 행동을 한꺼번에 보여 주기 때문에 그 교사가 이와 같은 요소를 측정하기 위한 척도의 상급 수준에 도달하였다는 것을 의미하지는 않는다. 다시 말하자면 전문성은 얼마나 많은 전략을 사용하였느냐와 관련된 것이 아니라 어떻게 전략을 사용하느냐와 관련되는 기능이라고 할 수 있다.

〈표 4-3〉 새로운 내용 미리보기

교사 증거	학생 증거
• 교사는 읽기 전에 미리 보기 질문을 사용한다. • 교사는 K-W-L 전략이나 이것을 변형한 전략을 사용한다. • 교사는 학생들에게 주제에 대하여 이들이 이미 알고 있는 것이 무엇인지 질문하거나 상기시킨다. • 교사는 선행조직자(advanced organizer)를 제공한다. - 개요 - 그래픽 조직자 • 교사는 학생들에게 브레인스토밍을 하게 한다. • 교사는 예상 가능한 안내를 한다. • 교사는 동기부여 방법/활동 시작의 방법을 사용한다. - 일화 - 비디오에서 선택한 짧은 영상 • 교사는 앞으로 공부할 내용에 어휘를 연결시키는 낱말 게임(word splash)을 사용한다.	• 질문을 받으면, 학생들은 이전에 학습한 지식과 연관시켜서 설명할 수 있다. • 질문을 받으면, 학생들은 앞으로 공부하게 될 내용을 예상한다. • 질문을 받으면, 학생들은 자신이 배우게 될 것에 대한 목적을 대비할 수 있다. • 학생들은 능동적으로 활동을 시연하는 학습에 몰두한다.

출처: © Robert J. Marzano

2. 초점피드백 제공하기

영역 1의 전략과 행동들에 대한 자신의 교수 기능을 향상시키려고 노력하는 교사를 위한 첫 번째 단계는 교수 강점과 약점의 특정한 영역을 확인하고 거기에 초점을 맞추는 것이다. 초점피드백은 이와 같은 목적에 필요한 도구다. 영역 1의 41개 요소에 대하여 초점피드백을 제공할 수 있는 다양한 방식들이 있다. 여기에서 우리는 교사의 자기평정, 순시, 종합 관찰, 수업 단서 주기, 학생 설문조사와 같은 다섯 가지 방식을 고려하고 있다.

1) 교사의 자기평정

교사의 자기평정은 교사들이 영역 1에 대한 자신의 수행에 대한 정보를 획득하는 가장 쉬우면서 강압적이지 않은 방법이다. Ross와 Bruce(2007)는 「교사의 자기평가: 전문직 성장을 촉진하는 기제(Teacher Self-Assessment: A Mechanism for Facilitating Professional Growth)」라는 논문에서 교사의 자기평가에 대하여 논의하였다. 이들은 "자기평가 도구를 제공하는 것이 동료 코칭, 외부 변화촉진자에 의한 관찰, 수업전략에 대한 초점을 둔 투입과 같은 다른 전문직 성장 전략들과 함께 제공되면 현직연수의 효과성 향상을 위하여 건설적인 전략"(p. 146)이라고 결론을 내리고 있다.

자기평정에 대한 자료를 수집하기 위하여 교사들은 〈부록 A〉에 제시되는 관찰표의 척도를 사용하여 영역 1의 41개 요소 각각에 대하여 자신이 간단하게 점수를 매긴다. 다시 말하면 교사는 각각의 요소별로 미사용 수준(0)부터 혁신 수준(4)까지 자신의 점수를 부과한다. 이렇게 하는 목적이 교사 자신의 교수 기능을 향상시키기 위한 것임을 알게 되는 그와 같은 과정에 대하여 교사들이 개방적이고 심지어는 열정적이라는 것을 우리는 발견하게 되었다.

이와 같은 자기 인지 자료를 대신하여 교사들은 부가적으로 자기평정을 위하여 자신의 수업을 녹화한 비디오 자료를 이용할 수도 있다. 피드백 기제로서 비디오 자료의 활용은 미국 K-12 교육에서 오랜 역사를 가지고 있다. 예를 들면, Rosaen, Lundeberg, Cooper, Fritzen과 Terpstra(2008)

는 예비 교사들이 기억에 대한 것만큼 반성을 위한 기초로 자신의 수업에 대한 비디오 자료를 사용할 때, 수업의 구성 요소를 훨씬 더 많이 강조할 수 있고, "수업 면에서 아이들에게 훨씬 더 많이 초점을 맞출 수 있고, 학생들의 성과에 훨씬 더 많이 초점을 맞출 수 있고, 학생들에게 귀를 기울이는 데에 훨씬 더 많이 초점을 맞출 수 있어서, 결국 초점을 교사 자신으로부터 학생에게로 옮겨 가게 되는 것"(p. 353)을 발견하였다. 이들의 연구에서 한 가지 주제를 살펴보면, 비디오 자료 없는 교사의 수업 반성은 훨씬 더 많은 정직한 분석이 요구되는 비디오에 근거한 증거보다 수업의 진행에 대하여 감정에 기반을 두게 된다는 결론을 내리고 있다. 더욱이 수업을 여러 번 검토하고, 비디오 자료를 일시 정지하고, 초점적 반성에 몰두하는 능력은 전문직 성장을 크게 향상시킨다.

또 다른 연구에서 King(2008)은 예비 교사들이 과도하게 "자신이 수업한 것에 대한 시각적인 기록이 이들을 훨씬 더 비판적인 반성을 고무시키게 한다는 것"(p. 28)을 발견하였다. Sewall(2009)은 비디오 근거 반성이 수많은 긍정적인 효과를 가지고 있다는 것을 발견하였다. 장학자들이 수업을 관찰하고 사후협의를 할 때, 교사들은 비디오 근거 반성에 참여할 때보다 전통적인 방법의 사후협의에서 훨씬 더 적게 말하고, 훨씬 더 적게 반성하더라는 것이다. 더구나 이때 장학자가 장학협의회에서 대화와 반성을 지배하는 입장이었다. 교사들은 방어적인 위치로 내몰렸고, 때때로 수업 자체에 대한 반성을 하기보다는 오히려 수업하는 동안에 실제로 어떤 일이 일어났는지에 대하여 실랑이를 벌였다. 이와 같은 결과는 교사들이 자신의 수업을 관찰한 장학자보다 훨씬 더 자주 말하고 훨씬 더 심도 있는 수준의 분석과 반성을 제공하는 비디오 근거 반성과 뚜렷하게 대조가 되었다.

Calandra, Brantley-Dias, Lee와 Fox(2009)는 초보 교사들에게 수업 이후 분석에서 두 가지 서로 다른 방법에 참여할 것을 요청하였다. 통제집단의 참가자들은 교사 교육자로부터 자신의 수업을 마친 후에 그 수업에서 두 가지 결정적인 중요한 사건에 대하여 써 보라고 하는 실험에 대하여 설명을 듣고 이를 실시하였다(역주: 통제집단은 수업 중 비디오 촬영 없이). 실험집단 참가자들은 이들의 수업을 비디오 자료로 기록하였고 이를 검토하였다. 그리고 두 가지 결정적인 중요한 사건을 제시하기 위하여 비디오 자료를 편집하였다. 비디오 편집이 완료된 이후에, 실험집단도 역시 두 가지 결정적인 중요한 사건에 대하여 쓰라는 요구를 받았다. 실험집단에 속한 초보 교사들은 훨씬 더 긴 반성을 도출하였고, 훨씬 더 많이 학생의 행동들과 자신의 수업을 연결시켰고, 훨씬 더 많이 "수업에 대한 자신의 생각에서 일어난 변화"(p. 81)에 대하여 기술하였다.

비디오 자료를 활용하는 교사의 자기평정은 상당히 간단한 과정이다. 교사들은 대표적인 수업을 비디오로 녹화하고, 자신의 여유 시간에 〈부록 A〉에 제시된 41개 요소에 대하여 자신의 수업에 점수를 부여하도록 한다. 우리는 교사들이 비디오 자료를 보면서 점수를 부여할 때, 영역 1의 다양한 측면에서 자신의 수업을 여러 번 살펴볼 것을 권고한다. 예를 들면, 첫 번째 볼 때 교사는 일상적인 절차(일상 부분)의 사용에 초점을 둔다. 두 번째 볼 때는 교사는 수업에서 이용된 내용 학습 부분(content lesson segment)을 확인해 볼 수 있고, 이와 같은 부분의 범주에 비교하여 수업행동을 분석해 볼 수 있다. 세 번째 볼 때는 교사는 즉석 처리 전략의 사용에 대하여 조사할 수 있다. 아마도 비디오 부분에서 관찰할 수 없는 영역 1의 요소들도 있을 것이다.

예를 들어, 만약 녹화된 수업이 새로운 지식을 포함하는 내용 부분에 초점을 둔다면, 교사는 자신이 지식을 연습하고 심화시키는 전략과 행동들을 사용하는 것이나 가설을 생성(설정)하거나 검증하면서 지식을 적용하는 것을 관찰할 수 없을 것이다. 왜냐하면 교사는 이와 같이 관찰되지 않은 요소들에 대하여 단순히 일반적인 행동에 대한 인식을 기반으로 점수를 매기게 되기 때문이다.

2) 순 시

순시(Walkthroughs)는 Carolyn Downey와 동료의 저서인 『3분의 교실 순시: 한 번에 한 교사씩 학교장학 실천 변화(*The Three-Minute Classroom Walk-through: Changing School Supervisory Practice One Teacher at a Time*)』를 통하여 널리 알려지게 되었다(Downey, Steffy, English, Frase, & Posten, 2004). 이 책의 저자들은 다음과 같이 교실순시의 철학적 특징을 밝혔다.

> 교실순시에 대한 Downey의 접근은…… 암암리에 벌어지는 성차별 속에서 교장과 교사 사이의 상하관계 헤게모니를 거부하고, 이런 상황을 전문직적 실천의 동료의식의 협력적이고 평등한 모형으로 바꾸려는 것이다. 이것은 실천의 전문직적 대화를 포함하는 성인 대 성인의 학문적 토의모형에 중심을 둔다(p. ix).

교실순시 접근에 대한 정의는 다음의 내용을 포함한다.

- 단기 관찰, 초점관찰이지만 비공식적인 관찰
- 교사의 반성이 가능한 영역
- 필요할 때에는 후속 활동을 하지만 방문할 때마다 매번 이루어지는 것은 아님.
- 조사나 판단을 위한 체크리스트는 없다. 체크리스트는 교사에게 공식적인 관찰이라는 신호를 주고, 또 감시로 보이게 된다(Downey et al., 2004, pp. 3-4).

교실순시를 실시하는 필요성을 인용하는 이유에는 여러 가지가 있다. 교사에 대한 잦은 관찰로 교사의 불안이 줄어듦에 따라 점점 더 공식적인 관찰이 효과적일 수 있고, 장학자와 수업코치들이 교실에 더 많이 있을수록, 이들이 학교운영에 대하여 더 많이 알 수 있게 되며, 교실순시가 빈번하게 이루어지면 학교 내 수업 실천의 패턴을 알 수 있게 된다.

〈부록 A〉에 제시된 관찰표를 사용하는 순시(또는 다른 종류의 관찰)를 유도할 때, 관찰자가 주로 초점을 맞추려고 하는 특정한 형태의 부분에 대하여 확인하는 것이 반드시 필요하다. 결국 순시하고 있는 관찰자에 의하여 계속해서 요구되는 질문은 '지금 내가 관찰하고 있는 것이 올바른가?'다. 이와 같은 의문에 대한 후속 질문은 다음과 같다.

- 이것은 일상적인 것을 포함하는 부분(segment)인가? 만약 그렇다면 어떤 형태의 일상적인 부분인가?
- 이것은 내용을 포함하는 부분인가? 만약 그렇다면 이것은 어떤 형태의 내용 부분인가?
- 이것은 즉석 처리 활동을 포함하는 부분인가? 만약 그렇다면 어떤 형태의 활동인가?

실지로 보여 주기 위하여 정해진 날짜에 순시를 실행하는 동안에 관찰자는 교실에 들어가서 처음에 다루어지는 내용을 적어둘지 모른다. '내가 지금 관찰하고 있는 것이 무엇인가?'라는 질문에 대한 관찰자의 대답은 바로 교사가 내용 학습 부분(content lesson segment)에 집중하는 것이다. 관찰자는 훨씬 더 효과적으로 지식이 일어나는 것을 심화시키고 실천하게 만드는 것을 포함하는 내용 부분을 적어 둘 것이다. 우리가 제2장에서 살펴본 것처럼 이와 같은 형태의 부분은 아래의 교사 행동과 학생 행동들을 포함한다.

- 내용 검토하기(예: 교사는 이전에 소개한 내용과 관련된 것을 간략하게 검토

한다)

- 지식을 연습하고 심화하도록 학생을 조직하기(예: 교사는 학생들로 하여금 정보를 검토하거나 또는 기능을 연습하도록 계획된 집단으로 학생을 조직한다)
- 숙제를 활용하기(예: 교사는 학생들이 독립적으로 실천하거나 정보를 보다 정교화하도록 숙제를 활용한다)
- 유사성과 차이점을 검토하기(예: 교사는 비유와 은유를 비교하고, 분류하고, 만들어 내는 데에 학생들을 몰두시킨다)
- 추론에 오류가 있는지 검토하기(예: 교사는 학생들에게 비공식적인 오류, 선동, 편견이 개입되어 있는지 검토하도록 요구한다)
- 기능, 전략, 과정을 실천하기(예: 교사는 전체 연습, 분담된 연습을 활용한다)
- 지식을 수정하기(예: 교사는 이전의 정보를 명확하게 하고 다시 추가하기 위하여 공책에 적은 내용들을 수정하도록 학생들에게 요구한다)

이와 같은 전략에서 교사가 학생들에게 자신의 학습 공책에 있는 내용들을 검토하라고 한 것(내용 부분)을 관찰자는 노트에 기록하게 될지도 모른다. 부차적인 초점으로 관찰자는 교사가 학생들에게 단원의 목표에 대하여 일깨워 주게 하는 것도 기록할지 모른다. 이것은 대부분 수업의 체계적인 부분일 수 있는 반복되는 일상적인 행위(일상 부분)들 가운데 하나다. 끝으로 관찰자는 교사가 학생들에게 특별한 규칙이나 절차를 지키라고 하는 말에 주목할지도 모른다. 이것은 교사가 이와 같은 것을 즉석에서 처리하도록 준비해야 할 행동(즉석 처리 부분)들 가운데 하나다. 따라서 비록 순시가 3분에서 5분 정도 지속된다 하더라도 행정가는 내용 부분, 일상 부분, 즉석 처리 부분이라는 세 가지 형태의 학습 부분들에서 행동들을 관찰할 수 있다. 내용 부분에서 학생들은 자신의 지식을 실천하고 심화시키고, 일상 부분에서 학생들은 수업 목표를 상기시키고, 즉석 처리 부분에서 학생들은 규칙과 절차를 따르라는 말을 듣게 되기 때문이다.

영역 1에 대한 관찰 계획에 익숙해지면 어떤 관찰자들은 〈부록 B〉에 제시된 것과 같은 단축 양식으로부터 시작하는 것을 선호한다. 우리는 〈부록 A〉에 제시된 원 양식에 대조가 되는 간단한 짧은 양식으로 이것을 알아보고자 한다. 〈표 4-4〉는 일상적인 사건들을 포함하는 학습 부분의 요소에 대하여 알려준다.

단축 양식은 어떤 교사 증거 또는 학생 증거를 포함하지 않는다는 것에 주목하기로 한다. 이것은 단순히 41가지 요소들의 각각에 대하여 열거하고 기술하고 기록해야 할 공간을 제공하고 I(혁신 수준), A(적용 수준), D(개발 수준), B(시작 수준), NU(미사용 수준)와 같은 등급을 할당할 뿐이다.

많은 교육구와 학교들과 함께 일하면서 우리는 어떤 관찰자들은 간단한 단축 양식보다 훨씬 더 짧은 양식을 선호한다는 것을 발견하였다. 이들은 〈부록 C〉에 제시된 스냅 양식(snapshot)으로 시작한다. 〈표 4-5〉는 일상적인 사건을 다루는 스냅 양식의 구분을 보여 준다.

〈표 4-4〉 일상적인 요소들: 단축 양식

질문 1: 학습목표를 설정하고 이를 중심으로 의사소통하고, 학생의 진보를 추적하고, 성공을 축하하기 위하여 나는 무엇을 할 것인가?							
1. 명확한 학습목표와 목표 측정척도를 제시하기(예: 교사는 구체적 학습목표를 제공하거나 상기시킨다)	기록						
			I (4)	A (3)	D (2)	B (1)	NU (0)
2. 학생의 진보 추적하기(예: 형성평가를 활용하여 교사는 학생들의 학습목표에 대한 개인 진보와 집단 진보 정도를 도표로 기록하도록 돕는다)	기록						
			I (4)	A (3)	D (2)	B (1)	NU (0)

<table>
<tr><td rowspan="2">3. 학생의 성공 축하하기(예: 교사는 학생들의 지식의 습득뿐만 아니라 학습목표에 대한 자신의 현재 위치를 인정하고 축하하도록 돕는다)</td><td rowspan="2">기록</td><td></td><td></td><td></td><td></td><td></td><td></td></tr>
<tr><td></td><td>I
(4)</td><td>A
(3)</td><td>D
(2)</td><td>B
(1)</td><td>NU
(0)</td></tr>
<tr><td colspan="8">질문 6: 교실의 일상성을 정하고 유지하기 위하여 나는 무엇을 할 것인가?</td></tr>
<tr><td rowspan="2">4. 수업 일상성 정하기(예: 교사는 학생들에게 규칙 또는 절차를 상기시키거나, 새로운 규칙과 절차를 수립한다)</td><td rowspan="2">기록</td><td></td><td></td><td></td><td></td><td></td><td></td></tr>
<tr><td></td><td>I
(4)</td><td>A
(3)</td><td>D
(2)</td><td>B
(1)</td><td>NU
(0)</td></tr>
<tr><td rowspan="2">5. 학습을 위한 교실의 물리적인 배치를 조직하기(예: 교사는 학습 향상을 위한 수업자료, 학생들의 이동 형태, 진열을 조직한다)</td><td rowspan="2">기록</td><td></td><td></td><td></td><td></td><td></td><td></td></tr>
<tr><td></td><td>I
(4)</td><td>A
(3)</td><td>D
(2)</td><td>B
(1)</td><td>NU
(0)</td></tr>
</table>

출처: © 2011 Robert J. Marzano

〈표 4-5〉 일상적 요소들: 스냅 양식

모든 수업에서 관찰될 수 있는 일상적 사건을 포함하는 학습 부분

- 학습목표를 설정하고 이를 중심으로 의사소통하고, 학생의 진보를 추적하고, 성공을 축하하기 위하여 교사는 무엇을 하고 있는가?

- 수업 규칙과 절차를 수립하거나 유지하기 위하여 교사는 무엇을 하고 있는가?

출처: © 2011 Robert J. Marzano

특별한 요소의 목록 없이 스냅 양식으로 단지 일상성과 관련 있는 질문이 필요하다. 관찰자는 순시를 통하여 일어난 일에 대한 내용을 간단하게 기록한다.

순시를 할 때 한 가지 유용한 약속 사항은 관찰하며 살펴보기를 실행한 후에 관찰자들이 즉석에서 관찰 양식을 간단하게 살펴보게 하는 것이다. 예를 들면, 3분에서 5분 정도 관찰하며 순시를 하는 동안에 교사를 관찰한 후에, 특별한 전략과 행동들을 기록하는 동안에, 〈부록 A〉에 있지만 순시를 하는 동안에 의도적으로 관찰하지 못한 41가지 요소들을 관찰자가 간편하게 살펴볼 수 있다. 이와 같은 활동은 수업 중에 발생하였지만 기록되지 않은 전략이나 행동을 관찰자에게 일깨워 준다. 예를 들면, 양식을 검토하는 동안에 관찰자는 비록 이와 같은 행동들이 순시를 하면서 기록되지는 않았지만 학생들과 긍정적인 관계를 구축하는 교사의 행동을 기억하게 된다.

순시에서 얻어진 자료는 두 가지 목적으로 이용될 수 있다. 하나는 개별 교사에 대한 피드백의 제공이다. 피드백을 제공하기 위하여, 순시 과정에서 관찰 대상이 된 교사들은 관찰자의 관찰을 통하여 발견된 자신의 전략과 행동이 무엇이었는지 확인할 수 있는 보고서를 받을 것이다. 관찰된 전략과 행동이 없다고 해서 반드시 관찰 대상인 교사에 대한 부정적인 어떤 면을 넌지시 나타내는 것은 아니라는 점을 명심할 필요가 있다. 이것은 순시가 이루어지는 시간 동안 정해진 전략 또는 행동은 해당되지 않는 사례가 될 것이다. 순시에 대하여 이와 같은 상황은 특별히 사실이라고 할 수 있다. 왜냐하면 순시는 3분에서 5분이라는 아주 짧은 시간 동안에 이루어진 것이기 때문에, 영역 1에 해당하는 41가지 요소들을 모두 관찰하기는 불가능하기 때문이다.

아마도 순시에서 가장 어려운 측면은 영역 1에 해당하는 41가지 개별 요소를 위하여 개발된 척도에 따라서 등급을 매기는 것이다. 이와 같은 척도는 미사용 수준(0)부터 혁신 수준(4)까지 5개 값을 가지고 있다. 이와 같은 척도들은 교사들에게 피드백을 제공하기 위하여 이용된 적이 없다. 사실 우리의 경험에 의하면 특히 순시가 이루어질 때, 많은 교사는 점수에 의한 등급매기기보다는 이야기로 제시되는 피드백을 더 좋아한다. 따지고 보면 할당된 점수로 성급하게 등급을 매기는 것은 상당히 불공정하고 역효과를 낳는다. City, Elmore, Fiarman과 Teitel(2009)은 교사의 성과에 대한 성급한 판단의 위험성에 대하여 언급하였다.

> 불행하게도 순시의 실시가 다양한 방법으로 교사에 대한 장학과 평가로 혼동되면서 변질되었다. 순시의 목적이 어떤 경우에는 교실에서 교사의 수업 실천에서 결함을 확인하고 이와 같은 결함을 보여 주는 교사를 '향상시키는' 용도로 이용되었다. 많은 사례에서 향상의 필요에 대한 판단은 교실에서 교사가 하는 일과 직접적인 관련이 없거나 부족한 것으로 생각되는 간단한 체크리스트에 의하여 결정된다. 행정가들 집단은 클립보드와 체크리스트를 들고 교실을 불시에 방문하고, 복도에서 간단히 회의를 한 후에 향상이 필요한 부분에 대한 간단한 메시지를 여러 개 전달한다. 이와 같은 종류의 실행은 '수업 순회'(instructional rounds)의 목적에 상반되고, 전문성과도 심각하게 상반된다(p. 4).

순시가 이루어지는 동안에 성급하게 점수로 등급을 매기는 것과 관련된 문제들을 피하기 위하여, 우리는 순시하며 관찰하기에서 관찰자들이 주로 이야기 형식의 피드백을 제시하기를 제안한다. 예를 들면, 관찰자는 교사가 사용하는 특별한 전체 개요 설명하기 전략에 대하여 기록할 수 있다. 부가적으로 관찰자는 교사가 그 전략을 완수하는 것을 기록할 수 있다. 그러나 실질적으로 그 전략을 가지고는 학생들이 자신의 이전 지식을 현재 학습하고 있는 주제와 연결하려는 학생 활동에 도움이 되는지 여부를 살펴보도록 점검하지 못한다. 그래서 아마도 관찰자는 이와 같은 요소의 척도에 해당하는 개발 수준(2)에 해당하는 점수를 부여하게 될 것이다. 교사에게 자신의 점수가 2점 또는 개발 수준에 해당한다고 단순하게 알려주기보다는, 오히려 문서 또는 이메일로 "나는 학생들이 책을 읽기 전에 선생님이 학생들에게 책에 나오는 내용에 대한 전체적인 개요를 설명하는 것을 보았습니다. 선생님께서는 이와 같은 활동이 학생들이 주제에 대한 자신의 사전 지식을 어떻게 활성화시킨다고 생각하십니까?"라고 언급하는 것이 좋을 것이다.

만약 순시하며 관찰하기에서 수량화된 등급이 매겨진다면, 우리는 교사들이 관찰된 요소에 대하여 교사들 자신이 등급을 매긴 것을 달라고 요청할 것을 권고한다. 순시 활동 이후에 관찰자는 수량화된 등급을 제공할 수 있고, 반면에 교사는 제시된 요소에 대하여 자신이 매긴 수량화된 또 다른 등급을 제시할 수 있다. 예를 들면, 특별한 요소에 대하여 관찰자는 시작 수준(1)에 해당하는 등급을 부여할 수 있다. 반면에 교사는 개발 수준(2)에 해당하는 등급을 자신에게 부여할 수 있다. 그런 다음에 교사에게 자신의 자율적인 등급부여에 대한 정당성을 제시해 보라고 할 수 있다. 이와 같은 경우에 교사는 자신이 이와 같은 특별한 수업에서 필요한 질문 전략을 적용하려고 노력한 것을 설명할 수 있다. 이것이 바로 교사가 전략의 측면에서 생략된 것을 표현하는 이유다. 만약 교사가 이와 같은 전략을 적용하려고 노력하지 않았다면, 어떤 요소들도 생략되지 않을 것이다.

순시하며 관찰하기의 두 번째이면서 훨씬 더 정확한 사용은 학교에 근무하는 전체 교사들을 위한 종합적인 자료를 제공하는 것이다. 이런 경우에는 순시의 목적이 개별 교사들에게 피드백을 제공하는 것이 아니라, 교사 집단에서 전체적으로 사용되는 수업 형태들을 확인하기 위한 것이다. 이와 같은 사항은 〈표 4-6〉에서 자세하게 설명되는데, 영역 1의 41가지 요소 전체를 관찰한 사건의 빈도를 보여 준다. 이와 같은 경우에는 다중의 순시가 특정 학교에서 실행되었는데, 〈표 4-6〉에서 보여 주는 자료의 빈도가 산출되었다. 괄호 안에 굵은 글씨체로 표시된 숫자는 특정한 요소가 관찰된 횟수를 나타낸다. 가장 빈번하게 관찰되는 요소는 규칙과 절차가 제대로 이루어지지 않는 결과에 대한 것이다. 이와 같은 행동에는 두세 가지 관찰이 있다. 부가적으로 학생에 대하여 수업 반성하기, 추론에서 오류 검토하기, 학생들을 가설 설정과 검증을 요구하는 과제에 몰두시키기와 같은 세 가지 전략에 대한 관찰은 이루어지지 않았다.

〈표 4-6〉 실천이 강조되는 잠재적인 문제들이 포함된 순시하며 관찰하기에서 나온 종합적인 자료

일상 부분

질문 1: 학습목표를 설정하고 이를 중심으로 의사소통하고, 학생의 진보를 추적하고, 성공을 축하하기 위하여 나는 무엇을 할 것인가?

1. 명확한 학습목표와 학습목표 측정척도 제시하기 (6)
2. 학생의 진보 추적하기 (7)
3. 학생의 성공 축하하기 (4)

질문 6: 교실의 일상성을 정하고 유지하기 위하여 나는 무엇을 할 것인가?

4. 수업의 일상성 정하기 (12)
5. 학습을 위한 교실의 물리적인 배치를 조직하기 (13)

내용 부분

질문 2: 학생들이 새로운 지식을 가지고 효과적으로 상호작용 하도록 돕기 위하여 나는 무엇을 할 것인가?

1. 중요한 정보 확인하기 (5)
2. 새로운 지식을 가지고 상호작용을 하도록 학생들을 조직하기 (12)
3. 새로운 내용 사전 검토하기 (15)
4. 내용을 '씹어 소화시킬 수 있는 크기'로 나누기 (7)
5. 새로운 정보를 집단 처리하기 (12)
6. 새로운 정보를 정교하게 하기 (11)
7. 지식을 기록하고 표현하기 (11)

*8. 학습 반성하기 (0)

질문 3: 새로운 지식에 대한 이해를 연습하고 더욱 심화하도록 학생을 돕기 위하여 나는 무엇을 할 것인가?

9. 내용 검토하기 (9)
10. 지식을 연습하고 심화하도록 학생들을 조직하기 (10)
11. 숙제 활용하기 (6)
12. 유사점과 차이점을 검토하기 (6)
*13. 추론의 오류를 검토하기 (0)
14. 기능, 전략, 과정을 실천하기 (4)
15. 지식 수정하기 (2)

질문 4: 학생들이 새로운 지식에 대한 가설을 설정하고 검증하도록 돕기 위하여 나는 무엇을 할 것인가?

16. 인지적으로 복잡한 과제를 해결할 수 있도록 학생들을 조직하기 (5)
*17. 가설 설정과 검증을 포함한 인지적으로 복잡한 과제에 학생들을 학습에 몰두시키기 (0)
18. 자원과 지침을 제공하기 (8)

즉석 처리 부분

질문 5: 학생들을 몰두시키기 위하여 나는 무엇을 할 것인가?

1. 학생들이 몰두하지 않을 때 주의를 주고 이에 대응하기 (10)
2. 학습 게임 활용하기 (5)
3. 질문에 대한 응답 비율 관리하기 (9)
4. 신체 활동을 활용하기 (3)
5. 활기 있게 수업 속도 유지하기 (5)
6. 집중성과 열정 보여 주기 (8)
7. 우호적인 논쟁하기 (2)
8. 학생들끼리 말할 수 있는 기회 제공하기 (1)
9. 특이하거나 강한 흥미를 불러일으키는 정보를 제공하기 (3)

질문 7: 수업 규칙과 절차를 준수하거나 준수하지 않는 것을 인식하고 인정하기 위하여 나는 무엇을 할 것인가?

10. '알아채기' 보여 주기 (5)
11. 결과를 적용하기 (23)
12. 규칙과 절차에 대한 집착 인정하기 (12)

질문 8: 학생들과 효과적인 관계를 수립하고 유지하기 위하여 나는 무엇을 할 것인가?

13. 학생의 흥미와 배경 이해하기 (3)
14. 학생들에 대한 애정어린 행동하기 (6)
15. 객관성과 통제 나타내기 (5)

질문 9: 모든 학생에게 높은 기대를 하고 있다는 것을 전달하기 위하여 나는 무엇을 할 것인가?

16. 낮은 기대 수준의 학생들에 대하여도 가치를 높게 하고 존중하기 (3)
17. 낮은 기대 수준의 학생들에게 질문을 하도록 요구하기 (5)
18. 낮은 기대 수준의 학생들과 함께 부정확한 답을 알아보기 (3)

이와 같은 형태의 자료는 발생가능한 일반적인 수업의 쟁점이나 문제에 대한 가설이 인정된다. City와 동료들은(2009) 관찰 자료는 교육자들이 '교육체제 모든 수준에 걸쳐(역주: 학교, 교육청, 교육부) 실천과 관련된 일반적인 문제에 초점을 맞추도록' 허용해야 한다고 한다(p. 5). 〈표 4-6〉에 나타난 것과 같은 자료는 이와 같은 결정을 허용한다. 예를 들면, 〈표 4-6〉에 제시된 자료를 보면 해당 학교의 행정가들과 교사들은 학생들이 규칙과 절차를 따르지 않아서 생기는 결과로 인한 무척 많은 사건들 때문에 학교에서 이와 같은 사건의 행동이 쟁점이 된다고 볼 수 있다. 사건이 학교에서 관찰되지 않으려면 세 가지 전략들에 보다 더 많이 주목해야 한다고 이 연구자들은 결론을 내렸다.

3) 종합 관찰

종합 관찰은 연장된 수업시간에 이루어지는데, 전통적으로는 대부분의 많은 시간에 이루어지고 이상적으로는 모든 수업 시간에 이루어져야 한다. 관찰은 미리 알리지 않고 예고 없이 이루어질 수 있으나, 관찰자와 관찰받을 교사와 함께 계획된다면 훨씬 더 효과적이다. 전통적으로 종합 관찰은 관찰자와 교사들이 무엇을 관찰의 초점으로 삼을 것인가 확인하는 사전협의를 포함하게 된다. 예를 들면, 이것은 관찰이 이루어지는 동안에 학생들이 지식을 연습하고 심화하려는 수업(질문 3)에서 교사가 수행하게 될 것을 결정해야 할 것이다. 교사는 공통점과 차이점을 포함하는 활동을—이것은 이와 같은 형태 학습 부분의 일반적인 요소 중의 하나인데—자신이 어떻게 할 것인지에 대한 구체적인 피드백을 요구하게 될 것이다. 게다가 교사는 자신이 학습목표에 대하여 학생들과 의사소통하고 학생들이 자신의 진보 향상을 달성하도록 얼마나 도와주고 있는지 그 정도에 대한 피드백을 요구할 것이다. 이러한 두 종류의 피드백은 수업의 일상 부분에서 일반적으로 나타나는 질문 1과 관련된 측면이다. 끝으로 교사는 자신이 학생들의 학습 몰두 여부에 대하여 의식하고 또 필요한 경우에는 이를 어느 정도 조정해 주기에 대한 피드백을 요청할 것이다. 이는 질문 5에 해당하는 즉석 처리 학습 부분의 형태로 분류된다. 요약하자면 사전협의는 종합 관찰에 대하여 무엇에 초점을 두어야 할 것인지에 대한 단계를 설정하기 위한 의도를 가지고 있다(역주: 이런 것이 '초점관찰'이고 '초점피드백'의 한 예라고 할 수 있는데 역자가 강조하는 주제가 있는 수업과 장학의 한 형태다. 주제가 있는 연구하는 수업을 하고 이 주제에 초점을 맞춰 초점관찰하고 자료를 수집하여 교사가 주제로 삼는 데 필요한 초점피드백을 해 줘야 교사는 자신의 수업 기술 향상에 도움이 되고, 이것이 결국 학생 성취로 연결될 수 있는 것이다. 수업 전반을 모두 보는 무초점 관찰을 하고 수업 전반을 평하는 장학 협의로는 장학의 효과를 보기 어렵다. 주제가 없는 교사에게 주제를 찾게 하는 것을 장학의 출발점에서 꼭 필요한 장학이라고 보는 것이다. 보다 수준 높은 장학은 주제가 있는 수업연구-초점관찰-초점피드백-초점실천의 형식이 되어야 한다).

실제로 종합 관찰을 할 때 관찰자는 순시를 할 때보다 훨씬 더 주의집중에 초점을 맞추어야 한다는 점이다. 왜냐하면 관찰자와 교사가 앞으로 이루어질 수업에 대하여 협의하였기 때문에 매우 중요한 관찰 계획의 여러 부분들에 대해서는 이미 확인하였고, 자료 수집은 훨씬 더 효과적이다. 사후협의가 이루어지는 동안에, 교사와 관찰자는 관찰한 수업에 대하여 협의하기 위하여 다시 만나는 것이다. 이와 같은 회의가 이루어지는 동안에 〈부록 A〉에 제시된 척도가 강력한 도구로 사용될 수 있다. 관찰할 구체적인 요소에 대하여 교사가 자신의 등급을 평가하도록 요청하는 회의가 시작될 수도 있다. 그런 후에 관찰자는 동일한 요소에 대하여 자신이 기록한 이야기 형식의 논평과 교사에 대한 등급 평가에 대하여 서로 공유할 수 있을 것이다. 복합적인 자료를 사용하면서, 교사와 관찰자는 관찰된 요소에 대한 교사의 등급 평가에 대하여 합의할 수 있는 활동을 하게 될 것이다.

4) 수업 단서 주기

우리가 지금 언급하고 있는 수업 단서 주기는 종합 관찰의 특별한 응용으로 생각할 수 있다. 수업 단서 주기는 영역 1과 하나 또는 훨씬 더 많은 요소와 관련 있는 심각한 문제를 가지고 있어서 비효과적으로 수업을 하는 교사들에게 사용된다. 전통적으로 이와 같은 문제는 학습에의 몰두를 다루는 질문 5와 수업 규칙과 절차의 부족을 다루는 질문 7에서 찾아볼 수 있다. 이것은 모두 즉석에서 일이나는 학습 부분의 형태들이다. 게다가 이것은 모두 일반적으로 수업관리로 언급되는 핵심 요소다(Marzano et al., 2003). 이와 같은 두 가지 요소(역주: 학생의 학습 몰두, 수업 규칙과 절차 지키기)를 위한 전략들이 이루어지지 못하는 까닭은 교사의 수업 통제 능력이 부족하기 때문이다.

수업 단서 주기는 종합 관찰이 이루어지는 것과 비슷한 사전협의와 함께 시작된다. 사전협의를 할 때 수업 단서 주기를 할 시점에 초점을 맞출 필요가 있는데 그때 구체적인 전략 또는 행동을 확인해야 한다. 이를 자세히 설명하기 위하여 교사와 장학자가 수업 단서 주기의 초점이 되는 전략으로서

'알아채기'를 사용할 때를 확인하는 것을 생각할 수 있다. 〈부록 A〉에 제시된 것처럼, '알아채기'는 다음과 같은 행동들을 포함한다.

- 교사는 교실 사방 모두를 장악하기
- 교사는 모든 학생과 눈맞춤을 하면서 교실 전체를 살피기
- 교사는 수업 방해의 가능성이 있는 근원을 알아채고 이것을 즉시 처리하기
- 교사는 우발적으로 일어날 수 있는 상황을 적극적으로 처리하기

'알아채기'를 시행할 수 있는 신호를 교사에게 주기 위하여 사용될 수 있는 단서 주기를 장학자와 교사는 함께 계획한다. 예를 들면, 관찰자는 손가락 하나를 들어 올려서 교사가 교실 공간을 더 많이 움직여야 한다는 신호를 교사에게 줄 수 있다. 관찰자는 손가락 두 개를 들어 올려서 교사가 학생들과 훨씬 더 많이 두 눈을 맞추어야 한다는 신호를 줄 수 있다.

관찰이 이루어지는 동안 관찰자는 학생들이 단서를 알아채지 못하도록 교실 뒤쪽에 서 있게 된다. 사전협의가 이루어지는 동안에 합의된 체계에 따라서 특별한 전략과 행동에 대한 단서를 주기 위하여 관찰자는 다양한 숫자의 손가락을 들어올린다. 종합 관찰과 마찬가지로 교사와 관찰자는 관찰한 수업에 대하여 협의하기 위한 사후협의에서 다시 만난다.

5) 학생 설문조사

교사에게 피드백을 주기 위하여 사용할 수 있는 자료의 마지막 형태가 학생의 설문조사 자료다. 제6장에서 우리는 어떻게 학생 설문조사 자료가 학생의 성취와 학습에의 몰두에 대한 측정으로 이용될 수 있는지 살펴볼 것이다. 제4장에서는 학생 설문조사 자료가 수업전략과 행동에 대하여 교사에

게 피드백을 제공하기 위하여 어떻게 이용될 수 있는지 살펴보려고 한다.

이를 자세하게 설명하기 위하여, 〈표 4-7〉에 설문조사 질문의 예시를 살펴볼 필요가 있다. 여기에 나오는 질문들은 일상성 행동을 범주화하는 질문 1에 대하여 학생으로부터 나온 직접적인 피드백을 교사들에게 제공한다. 설문조사는 학습목표에 대하여 의사소통하기, 학생의 진보를 확인하기, 성공을 축하하기와 같은 전략을 교사가 얼마나 잘 사용하고 있는지 진술하는 것에 대하여 학생들의 동의 여부를 요청하고 있다. 물론 학생들로부터 타당한 정보를 획득하기 위하여, 학생들의 응답은 익명으로 처리해야 한다. 수업 단원의 마지막에서 교사는 학생들에게 〈표 4-7〉과 같이 설문조사를 하도록 하고, 그런 후에 그 결과를 피드백의 형식으로 사용하게 된다.

〈표 4-7〉 질문 1에 해당하는 학생 설문 예시 자료

	나는 완전히 동의한다 (4)	(3)	(2)	나는 완전히 동의하지 않는다 (1)
이번 수업의 학습목표는 나에게 분명하다.				
이번 수업에서 선생님은 나에게 나의 수행에 대한 피드백을 끊임없이 하고 있다.				
나는 이번 수업에서 나의 수행의 향상에 도움이 되도록 선생님이 나에게 해 주는 피드백을 이용할 수 있다.				
이번 수업에서 나는 학습목표에 대한 나의 진보를 기록하고 이를 반영하라는 말을 듣는다.				
이번 수업에서 선생님은 학생들이 잘하고 있을 때 관심을 기울인다.				

출처: © 2011 Robert J. Marzano

3. 초점실천의 과정

이 장에서 설명한 것과 같은 풍부한 피드백 자료들을 가지고 교사들은 초점실천(역주: 초점실천이라고도 할 수 있고 초점연습이라고 해도 좋을 것이다)에 전념할 수 있다. 이 용어가 함의하고 있는 것처럼 초점실천은 영역 1의 특정한 요소들의 향상에 목표를 두고 있다. 특히 교사의 자기 인식(자기평정), 순시하며 관찰하기, 종합 관찰, 단서 받으며 수업하기를 포함하는 협의, 그리고 학생 설문조사에 의한 피드백에 기초하여, 교사는 실천에 초점을 맞춰 특별한 수업전략과 행동들을 선택할 수 있다. 예를 들면, 3개월 동안 교사는 초점실천의 과제로 '알아채기'라는 전략을 선택할 수 있다. 선택된 수업이 이루어지는 동안에 교사는 이와 같은 전략과 관계있는 자신의 역량과 능력을 개발하려는 목적으로 '알아채기'에 관한 특별한 기법을 시험해 볼 것이다.

만약 전략이 교사에게 완전히 새로운 것이라면, 교사는 적어도 발전의 세 단계를 통하여 향상될 것이라고 기대할 수 있다(Marzano, 1992). 첫 번째 단계는 **인지적 단계**(cognitive phase)라고 할 수 있다. 첫 번째 단계에서 교사는 전략을 이해하려고 시도하겠지만, 이 단계에서는 이것을 어떤 유용성이나 효과성의 측면에서 사용하는 것은 아니다. 〈부록 A〉에 있는 척도와 비교하여 인지적인 단계의 점수 가치는 **미사용 수준**(0)에 해당한다. 이와 같은 수준에서 교사는 단순히 이것에 대하여 읽거나 다른 사람들이 이것을 사용하는 것을 관찰하면서 이것을 이해하려고 노력하고 있기 때문에 실제로 전략을 사용함에 있어서 편안함을 느낄 수 없을 것이다. 기능 개발의 두 번째 단계는 **형성 단계**(shaping phase)다. 이 단계에서 교사는 전략을 경험하게 되고, 이것의 다른 형태를 시도하게 된다. 두 번째 단계의 점수 가치는 **시작 수준**(1)과 **개발 수준**(2)에 부합된다. 교사가 전략을 수행하기에서 의미 있는 오류와 생략과 관련 있는 수행에서 오류의 근절로 이동하는데, 이는 시작 수준에 해당한다. 그러나 아직까지도 이것을 실행하는 전략에 대하여 의식적으로 생각해야만 하는데, 이는 개발 수준에 해당한다고 볼 수 있다. 세 번째 단계는 **자율 단계**(autonomous phase)로 부를 수 있다. 세 번째 단계에서 교사는 거의 의식하지 않고 전략을 수행할 수 있고, 전략을 수행하는 동안에 다른 사안에도 주의를 기울일 수 있다. 이 단계의 점수 가치는 **적용 수준**(3)과 **혁신 수준**(4)에 해당한다. 적용 수준에서 교사는 전략을 능숙하게 수행할 수 있고, 동시에 학생에 대한 이것의 효과를 점검할 수 있다. 혁신 수준에서 교사는 특별한 상황이나 특별한 학생들에게 요구되는 것을 충족시킬 수 있을 정도로 즉각 적용할 수 있다.

초점실천은 이와 같은 세 단계를 거치면서 체계적인 발전을 하고, 해당 점수 가치도 향상된다는 것을 의미한다. 교사는 전략 또는 전략의 일부를 시도한 후에 〈부록 A〉에 있는 척도를 사용하여 몇 가지 선택된 수업에서 자신의 현재 상태를 반성한다. 예를 들면, 1주일 동안 '알아채기'에 대한 전략을 시도한 후에, 교사는 자신이 **미사용 수준**에서 **시작 수준**으로 발전하였다는 것에 주목하게 될 것이다. 그런 다음 교사는 자신이 훨씬 더 성장하기 위하여 무엇을 어떻게 할 것인지에 대하여 계획할 것이다. 그리고 교사는 이미 자신의 사고를 자극하는 선략을 동달한 다른 교사에게 자신이 뭐라고 말할 것인지 결정할 것이다. 이와 같은 목표에 도달하기 위하여 교사가 [그림 4-1]에 제시한 것처럼 자신의 진보 상황을 그래프로 나타낸다면 많은 도움이 될 것이다.

[그림 4-1]에서 3개월 동안에 교사에 대하여 5회의 점수를 기록하였다. 첫 번째 점수가 1(시작 수준)인데, 교사는 자신이 시도하려는 전략에 대하여 충분히 알게 된다. 그러나 교사의 전략 실행에는 오류와 생략이 포함되어 있다. 해당 교사의 최종 점수는 3(적용 수준)인데, 교사가 전략을 능숙하게 수행하였고, 학생들에 대한 효과를 점검할 수 있다는 것을 보여 준다. 6

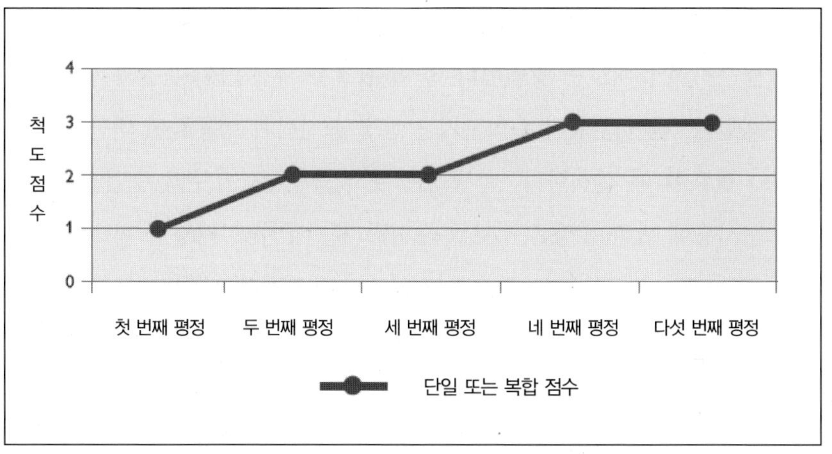

[그림 4-1] 한 교사에 대하여 3개월 동안 5회 평정한 기록

출처: "iObservation.com," © 2010 Learning Sciences International.

장에서 설명하겠지만 이와 같은 다중 점수들은 관찰자들의 점수뿐만 아니라 교사가 자신을 스스로 점검한 점수를 결합하여 쓸 수도 있다. 자신의 진보와 향상을 차트로 나타내고, 전략과 관련 있는 성장에 대한 개인적인 반성을 기록하는 것은 초점실천의 핵심이 된다.

4. 제4장 요약

제4장에서 영역 1의 전문성 개발을 위한 요소라고 할 수 있는 초점피드백과 초점실천에 대하여 살펴보았다. 교사들에게 수업에 대한 피드백으로 제공하는 체크리스트 접근법의 함정과 결점에 대하여 논의하면서 영역 1의 41가지 요소들에 대한 성과 수준을 나타내는 척도들을 제시하였다. 여기서 교사에게 피드백을 제공하는 다섯 가지 방법을 소개하였다. 교사의 자기평

정(self-rating)이 가장 눈에 띄지 않는 피드백의 형식이다. 순시는 교실을 잠깐 방문하여 훑어보는 방법이다. 종합 관찰은 사전협의, 관찰과 사후협의를 포함한다. 단서를 주며 수업하기는 특별한 전략과 행동들에 대한 초점피드백이 필요할 때 실시한다. 학생 설문조사는 학생들로부터 수업전략들과 행동의 사용에 관한 올바를 정보를 수집하려는 것이다. 다양한 형태의 피드백을 선택하면서 교사들은 특별한 수업전략과 행동들에 대한 자신의 발전을 차트로 나타내는 초점실천에 집중할 수 있다.

제5장

수업관찰과 전문협의회

제5장

수업관찰과 전문협의회

앞 장에서 언급한 것처럼 새로운 전략이나 행동에 대하여 배우는 것은 여러 단계를 거치면서 발전해 나간다. 발달 단계를 거치면서 효과적으로 발전해 나가기 위하여 교사들은 반드시 수업을 관찰해 보고 전문성에 대하여 협의할 수 있는 기회를 가져야 한다. 다시 말하면 교사들은 자신이 가지고 있는 것과 다른 지식의 원천을 제공받을 필요가 있다. 불행하게도 미국의 현재 K-12 교육 체제에서 이런 필요와 요구를 충분히 충족시킬 수 있도록 계획하지 못하고 있다. 오히려 미국 K-12 교육에서 전통적으로 직장 생활에서 교사들을 끊임없이 고립시켜 왔다. 많은 연구자들이 이론적으로 여러 해 동안 이와 같은 현상을 지적해 왔다. Lieberman과 Rosenholtz(1987)가 언급한 것을 예로 들면 다음과 같다.

> 학교에 근무하는 대부분의 사람은 자기 자신에게 의존하거나 자기 자신의 경험을 통한 학습에 의존하도록 배웠다. 그래서 이들이 배우는 것은 개인 특유의 것이다. 너무나 많은 학교 현장에서 고립과 격리 현상이 일어난다. 이러한 상황은 교사의 성장과 학교의 향상을 촉진하지 못한다(p. 94).

Sagor(1992)는 교사의 고립을 극적으로 표현하는 Roland Barth의 작품을 인용한다.

> 교사들은 서로 다른 세계에서 근무하고 있다. Roland Barth는 미국 교사 집단을 평행선 놀이에 몰두하는 미취학 아동들의 집단에 비유한다. 교사들은 다른 교사들과 함께 한 학교 건물에서 근무하고 있고, 동일한 자료를 사용하고, 동일한 일정에 따라 일하고 있음에도 불구하고 30분 정도 점심시간을 제외하고는 서로 마주보거나 만나기도 어렵고, 또 비공식적 규범들로 인하여 어떤 전문직적 관련 대화조차 금지당하고 있다. 만약 가르치는 교직이 확실하고 한정된 지식기반의 전문직이라면, 이와 같은 동료의식적 자극의 부족은 확실히 좋지 않다. 그러나 가르치는 일의 문제는 항상 변하고, 절대적인 해결책은 대부분 찾아내기 어렵다. 성공적인 가르침은 경험을 통하여 연마된 예술과 기술이 혼합되어야 한다. 가르치는 일과 같은 전문직에서 전문성 있는 동료들과 의미 있는 대화를 나누는 것이 부족하면 처참한 결과를 초래한다(p. 2).

흥미롭게도 협력 및 다른 전문 직업에서 전략의 교환과 아이디어의 교환은 해당 직업에서 필요한 기능을 향상시키는 확실한 방법으로 가치 있게 여겨진다. Gawande(2009)는 의료 전문직에서 동료 사이에 이루어지는 대화와 공유된 연습의 중요성을 연대순으로 기록하였다. Gawande는 의사들이 자신의 경험을 공유할 때, 보다 많이 생각을 하게 되고, 불필요한 검사는 줄인다는 데 주목하였다. Gawande에 의하면 의료 전문직에서 효과적인 의료 행위를 관찰하고 논의하는 기회를 많이 갖게 되면 비용은 훨씬 줄어들고 환자 돌봄의 질은 훨씬 좋아지게 된다는 것이다.

Surowiecki(2004)는 『군중의 지혜(*In The Wisdom of Crowds*)』에서 592명의 과학자들과 이들의 협력적인 활동들에 대한 1966개 연구에 대하여 보고하였다. 그는 연구를 통하여 출판물을 가장 많이 산출하는 과학자들이 단연코 가장 협력적이고, 다음으로 생산성이 높은 과학자들 4명 중에 3명이 그다음으로 협력적이라는 것을 발견하였다, 41명의 노벨상 수상자에 대한 또 다른 연구에서 Surowiecki는 수상자들이 다른 과학자들보다 훨씬 더 협력적이라고 언급하였다. 그의 연구는 모든 사람이 유명한 과학자들과 함께 연구하기를 원하기 때문에 해당 과학자들은 협력하는 것이 훨씬 더 쉽다는 사실을 인정한다. "유명한 과학자들은 (자신들이 그 분야에 최고이기 때문에) 다른 사람과의 협력으로부터 이익을 얻을 수 있는 것이 아무 것도 없다고 여러분은 추측할지 모르지만 이 유명한 과학자들일수록 다른 사람들과 함께 열심히 연구한다는 사실을 보면 현대 과학에서 협동의 효과성이 검증된 것이다."(p. 163)

Jackson과 Bruegmann(2009)의 연구에서 다른 교사들로부터 교사들이 학습하는 것에 대한 흥미 있는 관점을 발견할 수 있다. 1995년부터 2006년까지 노스캐롤라이나(North Carolina) 주에 거주하는 3~5학년 학생들에 대한 데이터를 활용하여 이들은 유능한 동료 교사들과 함께 근무하는 교사들이 가르치는 학생들의 성취에 대한 효과를 통계적으로 추정할 수 있었다고 한다. 이들의 연구 결과는 다음과 같다.

> 표준 편차(one standard deviation)에서 한 단계 높은 효과성을 보여 주는 동료 교사들과 3년 이상 같이 근무한 누적 효과(cumulative effect)는 수학에서 표준 편차가 0.078이고, 읽기에서 표준 편차가 0.072다. 교사들은 평균적으로 대략 3명의 동료 교사들과 지내기 때문에, 이와 같은 결과는 한 교사 효과 크기의 3분의 1이 된다. 따라서 동료 교사의 수준이 매우 중요하다는 것을 알 수 있다. 마침내 우리는 지난 2년간 같이 지낸 동료 교사의 질이 개별 교사 설명력의 약 5분의 1만큼 설명해 준다(explains away)는 것을 발견하였다. 이와 같은 결과는

> 개별 교사 효과의 꽤 많은 부분이 교사들이 동료들과 함께 지내면서 배운 결과에 의하여 학습된다는 것을 나타낸다. 비록 우리가 동료 교사들과 관련된 학습을 명확히 입증할 수 없다 할지라도, 우리는 이와 같은 부분적인 증거들이 가장 자연스럽게 동료 교사들과 관련된 학습에 대한 이해(동료 교사들에 의한 직접적인 학습 또는 동료 교사들에 의하여 유도된 학습)를 제공한다고 믿는다(pp. 22-23).

제5장에서 우리는 교사들이 효과적인 수업을 관찰하고 협의할 수 있는 다음과 같은 다섯 가지 방법을 소개하려고 한다.

- **'수업 순회'**(instructional rounds)
- **전문가 코치**(expert coaches)
- **전문 비디오 녹화**(expert videos)
- **교사 리드 전문직 발달**(teacher-led professional development)
- **가상 공동체**(virtual communities)

1. 수업 순회

'수업 순회'는 미국 K-12교육에서 인기를 끌고 있다. City와 그의 동료들의 저서 『수업 순회(*instructional rounds*)』(2009)에서 '수업 순회'의 역사와 본질을 다음과 같이 기술하고 있다.

> '수업 순회' 과정은 주기적으로 의과대학교에서 사용하고 있고, 내과 의사들의 진단과 치료 능력을 개발시키기 위하여 병원에서 가르치고 있는 의료 회진 모형이 적용되고 확대된 것이다. 의료 회진은 몇 가지 형태

> 가 있지만, 가장 일반적으로 사용되는 형태는 병원의 인턴, 레지던트와 감독(지도)을 맡은 의사 또는 담당 의사로 구성된 집단이 환자를 방문하고, 관찰한 후에 진단을 위한 증상에 대하여 협의하는 것이다. 그리고 증상에 대한 철저한 분석을 하고, 가능한 치료 방법에 대하여 협의한다. 의료 회진의 과정은 내과 의사들이 자신의 지식과 능력을 개발시키는 중요한 한 방법이다. 그리고 보다 중요한 것은 이것이 의사라는 전문직을 형성하고 능력의 방식을 발전시키는 중요한 방법이라는 점이다(p. 3).

City와 동료들은 우리가 진심으로 함께 나누어야 할 '수업 순회'에 대한 주의 사항을 언급하고 있다.

> 이들의 '수업 순회'는 학생의 점수를 향상시킬 수 없을 것이고, 교육구가 NCLB(No Child Left Behind) 법률 제정을 충족시킬 만큼 매년 충분한 발전이 이루어지도록 하는 데에 도움을 줄 수 없을 것이다. 만약 '수업 순회'가 교수와 학습에서 변화를 이끌어 가려면, 이것은 장학자들, 교장들과 교사들에게 시행되는 또 다른 계획 또는 다른 활동이나 프로그램이 될 수 없다. '수업 순회'의 영향력은 단지 '수업 순회'가 시작되면 언제 교육구의 실제적인 업무로 포함되는지 깨닫게 하는 것이다. 만약 '수업 순회'가 고립과 자율의 규범을 타파하는 협력적 탐구 기반의 문화를 발전시킨다면, 그리고 또 만약 이 '수업 순회'가 교수의 개념을 하나의 수업예술, 수업기예 또는 하나의 수업 형태로 승화시키는 '교육 실천' 형성에 이르게까지 한다면 이 '수업 순회'는 분명히 교수와 학습을 완전히 바꾸어 놓게 될 것이다(p. xi).

우리의 모형에서 '수업 순회'는 교사들이 효과적인 수업을 관찰하고 협의하기 위한 중요한 기본적인 방법 중 하나다. '수업 순회'에 대한 우리의 처방은 City와 동료들(2009)의 것과 상당히 다르다는 것에 주목할 필요가 있다. City와 그의 동료들은 행정가들이 수행하는 순회에 초점을 맞추었다면, 우리는 교사들이 수행하는 순회에 초점을 두고 있기 때문이다.

'수업 순회'가 이루어지는 동안에 소규모 교사집단은 동료 교사들을 비교적 잠깐 관찰한다. 이와 같은 관찰 시간은 전통적인 순시(walkthrough) 시간보다 더 길지만(예: 몇 분은 더 길지만) 그러나 대개 하나의 수업 시간보다는 짧다. '수업 순회'에 참여하게 되면 교사집단은 낮 시간의 일부 또는 하루 종일 관찰할 만큼 수업에 대한 실질적인 관찰을 하게 된다. 예를 들면, 어떤 교사집단은 전체 오전 동안 세 번의 순회를 하고 오후에는 자신들이 관찰 경험한 것을 가지고 협의할 것이다. 또 다른 방법은 관찰을 마치자마자 곧바로 자신이 경험한 것에 대하여 협의할 수도 있다.

1) '수업 순회'의 기능

'수업 순회'에서 관찰 받는 교사가 피드백 받기를 원하느냐 안 하느냐는 하나의 선택 사항이기는 하지만 일반적으로는 관찰 받은 교사에게 피드백이 제공되지 않는 경우가 많다. 우리 모형에서 '수업 순회'의 주된 목적은 '수업 순회'를 하는 교사들이 자신이 방문한 교실에서 관찰한 교사의 수업 실천(역주: 관찰한 수업)과 자신의 수업 실천(역주: 관찰자의 수업)을 비교하는 데에 있다. '수업 순회'에 참여한 교사들에게 크게 도움이 되는 것은 '수업 순회' 과정 마지막에 이루어지는 협의회이고, 이어서 이루어지는 관찰자 교사들의 자기반성이다.

우리는 적어도 1년에 한 번은 모든 교사가 '수업 순회'에 참여할 기회를 가져야 한다고 주장한다. 이상적으로 한 학기에 한 번 '수업 순회'에 참여할 수 있다면 좋을 것이다. '수업 순회'는 기본적으로 동료 교사들이 우수 교사로 존경하고 전문가로 인정해 주는 리더티처(leader teacher)에 의하여 촉진된다. 일반적으로 수업 코치(Instructional coaches)는 이와 같은 '수업 순회' 일의 특성에 적합하다. 행정가들 역시 '수업 순회'를 이끌어 가야 하지만 이들의 목적이 관찰 대상인 교사를 평가하는 것이 아니라는 것을 명확하게 인식해야 한다.

기본적으로 본인이 원하는 경우에 관찰 대상 교사로 선정해야 한다. 이상적으로 말하면 교육구에 근무하는 경력이 많은 우수 교사들 중에서 선정되는 것이 바람직하다. 이와 같은 교사들은 자신의 학급에서 모든 학생의 학업 성취를 높이는 능력을 가진 것으로 증명이 된 교사들이다. 이와 같이 유명한 교사들은 누구라도 자신의 교실을 '수업 순회'를 위한 장소로 제공할 것이다.

'수업 순회'를 수행하는 집단은 대부분 리더티처를 제외한 3명에서 5명 이내의 소규모로 이루어진다. '수업 순회'가 예정된 날에 관찰 대상이 되는 교사들은 자신의 학급 학생들에게 몇 명의 다른 교사들이 자신의 교실을 방문할 것이라는 것을 알린다. 관찰 대상인 교사들은 자신의 학생들에게 학생들이 서로 배우는 것처럼 학교를 방문하는 교사들이 서로 배우려고 노력할 것이라고 설명하게 될 것이다.

'수업 순회' 관찰 교사들은 교실에 들어올 때 밖에서 가볍게 교실 문을 두드리고 수업의 흐름을 방해하지 않는 교실의 특정 부분으로 조용히 이동한다. 그곳에서 이들은 수업에서 무엇이 일어나는지 관찰하고, 자신이 본 것을 기록한다. 관찰이 끝날 무렵에 관찰 교사 팀은 자신들에게 관찰한 기회를 준 교사와 학생들에게 감사의 인사를 하고 교실 밖으로 나간다(역주: 아마 독자들은 처음에 '수업 순회'가 수업자를 피동적인 장학 대상자로 오해하였을 것이다. 여기까지 읽고 나서야 관찰 받는 교사가 거꾸로 대개 시범 교사 격이고 관찰하는 교사가 배우려는 교사라는 것을 알게 될 것이다. 교육실습의 수업참관과 비슷한 셈이다. 수업을 보여 주는 교사가 쇼를 하기 위한 수업이 아니고 평상시 실제 자신이 하고 있는 대로 하는 수업이어야 한다는 점을 강조한다. 우리나라의 시범수업을 관찰하고 방문자들이 배우게 되는 것과 같다. 의학 교육에서 수련의들이 선배 의사의 의료행위를 보고 배우는 장면을 연상하면 좋을 것이다. 그래도 의료 교육이 교사 교육보다 철저하고 앞서 있다).

2) '수업 순회' 브리핑

'수업 순회'가 끝난 후 관찰에 참가한 팀의 구성원들은 자신들의 경험 결과를 보고하기 위하여 다시 모인다. 그리고 같은 시간에 각자가 관찰한 것을 가지고 협의한다. 결과 보고는 관찰을 한 교사들이 각자 자신이 논평하기 위하여 필기한 것을 돌아가면서 말하는 방식(round robin format)으로 이루어진다. '수업 순회'의 대표자가 이와 같은 과정을 이끌어 간다. 대표자는 모든 사람에게 협의의 목적이 관찰 대상인 교사를 평가하는 것이 아니라는 점을 일깨워 주면서 시작한다. 관찰한 것을 함께 나누는 방법에 대한 규칙들은 결과 보고회 이전에 수립되어야 한다. 다음과 같은 규칙이 유용하다.

- 결과 보고회 도중에 이루어진 논평은 다른 어떤 사람들과 공유해서는 안 된다.
- 관찰 받은 교사들이 표면적으로 피드백을 요청하지 않는 이상 이들에게 어떤 제안을 하지 않는다.
- 수업 시간에 관찰한 어떤 것도 다른 사람들과 나눠서는 안 된다.
- 관찰 받은 교사에게 기꺼이 수업을 공개해 준 것에 대하여 감사해야 한다.

관찰에 참여한 교사들은 이들이 특정 교실에서 본 것에 대하여 차례로 논평을 한다. 이때 '추가하기(pluses)' 그리고 '쌓아가기(deltas)' 방식을 이용하는 것이 좋다. 관찰에 참여한 교사는 자신이 교실에서 관찰한 긍정적인 것이 아닌 것부터 시작한다. 관찰에 참여한 다음 교사는 자신이 관찰한 교사의 전략에 대한 몇 가지 질문을 할 수도 있다. 마지막으로 관찰에 참가한 교사는 자신이 관찰한 한 가지 이상 많은 기술과 자신의 수업전략을 비교하고 대조한다.

이와 같은 과정은 관찰한 한 학급씩 해 나간다. 어떤 특정한 관찰의 경우에는 관찰한 교사가 자신의 분석을 자신의 팀과 공유하지 않는 선택을 할 수도 있다. 결과 보고하기는 모든 관찰에 참여한 교사들이 '수업 순회'의 결과 이들이 자신의 수업에서 다르게 할 수 있는 것 한 가지씩 찾아보는 것을 마지막으로 회의를 종료한다.

2. 전문가 코치

전문가 코치는 수십 년 동안 교사 발달 프로그램에서 일정 부분의 역할을 담당해 왔다. ASCD의 『교육 리더십(*Educational Leadership*)』 학술지 1982년 10월호 발간 이래 Bruce Joyce와 Beverly Showers의 최근 연구는 「교수 코치(The Coaching of Teaching)」라는 제목으로 학술지 한 권 대부분을 차지하며 교직 전문직에 깊이 스며들었다. 같은 제목의 Joyce와 Showers(1982)의 논문은 "반복적으로 민감하게" 활용하는 교사의 "적극적 레퍼토리" 속에 새로운 교수 기술로 충분하게 자리 잡을 수 있는 것(p. 5)이라고 자기들의 연구를 요약하였다. 이와 같은 맥락에서 이들의 코치란 용어는 상당히 교육적이다. "새로운 모형을 교사들의 사용 가능한 레퍼토리에 포함시켜 쓸 수 있을 정도로 배우려 할 때 교사 상호 간에 서로 코치하고, 서로 동료애를 제공하고, 적절한 반응 방법을 학생들에게 가르치는 것을 교사가 서로 배우도록 도움을 주고, 수업 과정에서 최적의 모형 사용법을 알아내도록 도와주고, 서로 아이디어와 피드백을 제공하는 교육적인 일이다."

(p. 5) 이와 같은 서술과 Joyce와 Showers의 논문은 전체적으로 코치는 바로 **동료 코치**(peer coaching)로 가장 잘 이해될 수 있고, 이상적으로는 정식 교사로 근무하기 이전 훈련 중에 구성된 '코칭 팀'과 함께 코치하는 것이 가장 좋은 것으로 이해된다(p. 6).

『교육 리더십(*Educational Leadership*)』 학술지의 같은 호에서 편집자인 Ron Brandt는 교사 효과성 증진 관점에 관하여 David Berliner를 인터뷰 하였다. Brandt이 "교장과 교육구 장학자들은 자신의 교원들이 수업 중에 서로 코치하도록 노력하는 것에 초점을 두는 것이 중요하다고 당신은 주장하고 있는 것입니까?"라고 질문하였을 때, Berliner는 "그렇습니다. 나는 이들이 말만 잘하는 사람이기보다는 교사들이 변화하도록 도움을 주는 누군가를 교실에 데리고 와야 한다고 생각합니다."라고 명확하게 답변하였다(Berliner, 1982, p. 14).

동료 코치에 대한 Joyce와 Showers의 영향력 있는 논문이 발표되고 거의 30년이 지나는 동안에 코칭, 컨설팅과 멘토링 사이에 유용한 구분이 이루어지게 되었다. Garmston과 Wellman(1999)에 의하면 코칭은 다른 사람들이 목표를 향하여 나아갈 때 그들의 노력을 촉진하는 것이다. 컨설팅은 한 사람의 전문성을 다른 사람들이 이용할 수 있는 그런 정도의 전문성을 갖는 것이 포함된다. 한 동료가 기술적인 지식을 제공할 수 있거나, 특별한 수업전략을 활용하도록 지지해 주거나, 수업전략의 보다 더 효과적인 적용을 안내하는 과정에서 봉사하는 것이 컨설팅 역할에 해당한다. 마지막으로 **멘토링**은 흔히 훨씬 더 경험이 많은 동료가 초임 동료를 안내하기 위한 목적으로 일대일의 관계성을 형성하는 것으로 이해된다(Levinson, 1977, Glickman, 1985, p. 48에서 재인용). 비록 코치, 컨설팅, 멘토링 셋 사이의 구분이 좀 모호하기는 하지만 멘토링은 코치나 컨설팅에 비하여 대개 그 범위라는 측면에서 전문적 기술이 덜 필요하고, 목적의 측면에서는 훨씬 더 포괄적이다. 그러나 어떤 용어를 사용하든지 젊은 교사가 자신보다 더 우수한 동료와 함께 '평가에서 자유로운 관계성'을 가질 때, 경험이 적은 교사가 뛰어난 기능과 높은 효과성을 가진 교사로 성장할 수 있는 기회가 높아진다는 것에 Sarason(1996)은 주목하였다(p. 211).

경영 관리 영역의 문헌에서 수십 년에 걸쳐 코칭, 컨설팅, 멘토링에 대하여 이와 비슷한 논의가 이어져 왔다. 예를 들면, 『영향력: 변화의 힘(*Influencer: The Power to Change Anything*)』의 저자는 다음과 같이 기술하였다.

> 아마도 필수적인 행동에 영향력을 행사하는 수단으로서 사회적 지원을 요구하는 가장 명백한 조건은 오직 외부의 시각에 의하여 제공받을 수 있는 피드백의 필요에 의하여 발생한다. 자신의 힘으로 테니스를 배우려고 노력하였던 어떤 사람은 코치의 도움을 받으면서 비슷한 정도의 연습하는 시간을 보냈지만 빨리 배운 다른 사람과 정면으로 부딪힌다. 전문가로부터 실시간 피드백을 받으며 빨리 배운 사람은 혼자서 배운 사람을 아무 때나 이길 수 있다. 여러분은 대부분의 사람이 자신의 삶에서 핵심적인 영역에 도움을 주는 코치에 의존할 것이라고 생각하겠지만, 그러나 극히 소수만이 스포츠 경기장 밖에서 피드백을 요청한다(Patterson, Grenny, Maxfield, McMillan, & Switzler, 2008, p. 188).

앞에서 정의한 것처럼 코칭은 동료들에 의하여 이루어져 왔고, 컨설팅과 멘토링은 전문가로 여겨지는 교육자에 의하여 이루어져 왔다. 우리의 모형에서 코칭은 컨설팅과 멘토링의 용어가 사용되는 것에 훨씬 더 가깝다. 우리는 코칭이 동료들이 아닌 전문가인 교사에 의하여 이루어져야 한다고 생각하기 때문이다. 이것은 코치를 받는 교사들이 특별한 수업전략과 행동들에 대한 전문적인 조언을 받고 싶어 하기 때문이다. 동료 교사들은 적절한 수준의 피드백을 제공할 수 없기 때문이다. 그렇다면 코치들은 전통적으로 멘토들이 보유하고 있는 자격증을 가져야 한다. 그럼에도 불구하고 멘토들의 역할이 성격상 훨씬 더 일반적이기 때문에 우리의 교육체제에서 코칭은 특정한 기술적인 피드백을 요구한다. 우리들의 접근에서 전문적인 코치들의 역할은 코치들이 자신들의 전문지식을 다른 교사들에게 전수하려고 노력하는 자문적인 방향성도 가지고 있다.

전문성을 갖춘 코치들은 교육구 수준에서 검증되어야 한다. 제7장에서 우리는 이와 같은 선택을 위하여 사용 가능한 코치의 구체적인 기준에 대하여 고찰할 것이다. 이와 같은 전문가들은 교육구 내에서 '수업 순회' 이끌기, 교수에 도움을 주는 협의회 이끌기, 전문적인 발달을 위한 워크숍 진행하기를 담당하고, 전문적인 비디오 녹화의 주제가 되는 것을 포함하는 다양한 기능을 담당하게 된다. 기초적인 수준에서 이와 같은 기능이 진행되고 있다. 예를 들면, Semadeni(2010)는 교사들이 정해진 기간 동안 배우기를 원하는 특정한 수업전략에 초점을 맞추는 미국 와이오밍 주의 학교 연합체(coalition of schools)에 대하여 기술하고 있다. 어떤 교사들은 특정 전략에 대한 '교사 전문가(teacher expert)'가 된다. 모형의 일부로서 많은 교사는 특정한 전략에 대한 교사 전문가가 되고, 전략을 배우고 싶어 하는 자신의 학교에 근무하는 다른 교사들의 멘토로서 행동한다(p. 68).

3. 전문 비디오 녹화

제4장에서 우리는 교사가 자신의 수업 실천을 점검하기 위한 도구로 비디오 녹화의 활용에 대하여 살펴보았다. 이제 우리는 여기서 수업전략과 행동의 전문적인 사용을 보여 주는 방법으로서 비디오 클립의 활용에 대하여 논의하고자 한다. 교육구는 예를 들면, 영역 1의 41가지 요소와 같은 전문적인 수행에 관한 비디오 클립들을 제공하여야 한다. 물론 이와 같은 비디오 클립의 많은 부분들이 교육구에 소속된 전문적인 코치들에 해당하는 전문교사

들에 의하여 제공된다. 비디오 클립의 목적은 Ambady와 Rosenthal(1992, 1993)이 전문 지식을 특징으로 하여 행동의 "얇은 조각(thin slices)"으로 언급한 것을 교사들이 관찰하도록 허용하는 것이다. Ambady와 Rosenthal은 전문적인 행동이란 비교적 짧은 사건들에 의하여 자주 결정되는 것으로 설명하고 있다. 분명하게 말하자면 수업 질문 7에 해당하는 규칙과 절차의 준수 또는 불이행을 다루고 즉석 처리 학습 부분에서 발생하는 개방적인 전략을 다시 고려한다. 우리가 살펴본 것처럼 일반적인 행동들은 다음과 같은 전략들과 관련이 있다.

- 교실의 전체를 장악하기
- 교실 전체를 살피고 모든 학생과 눈맞추기
- 혼란의 잠재적인 근원을 인식하고 혼란을 즉각적으로 처리하기
- 선동적인 상황을 사전에 처리하기

확실히 교사가 이와 같은 행동을 간단하게 수행한다면, 교사의 개방적인 전략은 증대될 것이다. 그럼에도 불구하고 이와 같은 행동에 관한 전문적 위치는 행동의 얇은 조각에서 나타나는 기능이다. 이와 같은 기능은 교사들이 교실 전체를 차지하는 동안에 교사들이 자리 잡은 위치와 신체의 근접성을 이용하여 교실이나 학생들 태도를 살펴보는 동안의 얼굴 표정과 같은 것이다.

전문적 비디오는 이와 같이 효과적인 전략을 훨씬 더 효과적으로 변화시키는 짧지만 중요한 행동들을 포착할 것이다. 시간을 거듭하면서 교육구는 전략과 행동의 활용에 대한 다양한 사례를 영역 1에서 얻을 수 있다. 이와 같은 비디오 수집물은 교육구에서 근무하는 모든 교사가 이용 가능한 자료가 될 것이다. 이와 같은 비디오 수집물이 이미 존재한다. 예를 들면, 'iObservation system(Learning Sciences International, 2009)'에서 영

역 1의 41가지 개별 요소에 대한 다양한 사례의 비디오 수집물은 각각의 전략과 연결된 행동의 얇은 조각에 대한 해설을 제공하고 있다.

4. 교사 주도 전문직 발달

아마도 미국 K-12 교육에서 교사 연수일(professional development days) 기간 동안 '컨설턴트'를 모셔오는 것을 교사의 전문적 발달의 가장 일반적인 모형이라고 말한다면 거의 틀림없다(역주: 미국에서는 대개 새 학년도 시작 1주일 전 쯤에 교육구 내 전 교원이 모여 이러한 연수를 하면서 새 학년 준비를 하는 것이 일반적이다. 이제는 학년 중간에도 연수일을 정하여 연수에 힘쓰는 경향이 있다). 이와 같은 컨설턴트는 일반적으로 짐작컨대 교직원 구성원들이 관심 있을 만한 어떤 주제에 대한 정보를 전해 주면서 전체 학교 교직원들을 대상으로 강연을 하거나 심지어는 전체 교육구의 교직원들에게 강연을 한다. 비록 이와 같은 행위가 어떤 상황에서는 유용할지 모르지만, 전문직 발달 규범은 워크숍과 세미나를 실시하는 학교나 교육구 내 교사에게 있어야 한다는 것을 제안한다. 다시 말하지만 이와 같은 초빙 교사는 교육구 내부의 전문 코치에 해당하는 사람이어야 한다. 교사 연수가 진행되는 동안 이와 같은 전문교사라야 자신이 이미 인식하고 있는 수업 기능에 대한 워크숍을 실시할 수 있을 것이다. 그래야 교육구 내에 근무하는 다른 교사가 자신의 전문직 성장과 발달 계획과 가장 밀접하게 관련 있는 워크숍에 참석하게 되는 것이다. 예를 들면, 정해진 교사 연수 기간 동안에 워크숍은 앞에서 우리가 살펴보았던 다음과 같은 주제를 다루게 될 것이다.

- '알아채기' 전략
- 전체적인 개요 설명 전략

- 요약하기와 노트 정리 전략
- 학생의 진보 추적 전략
- 모든 학생에게 높은 기대를 한다고 알리는 전략

교육구 관내에 근무하는 교사들은 자신의 필요와 관심에 가장 적합한 전문직 발달 경험을 제공하는 메뉴 중에서 선택할 것이다. 교사들이 아이디어를 공유하는 또 다른 방법은 갤러리 돌아보기(gallery walks)를 통하여 가능하다. 갤러리 돌아보기란 용어는 미술관을 여기저기 다니며 예술 작품 관람을 하는 후원자의 지원 행동에서 유래한다. 각각의 예술 작품들은 서로 다른 주제에 초점을 맞추고, 서로 다른 기술적인 전략을 구사하는 전문적인 작품을 대표한다. 갤러리 순회와 동일한 과정을 교사들이 활용하는 것이다. 예를 들면, 월간 교직원 회의를 위하여 자원한 교사들이 자신의 교실에서 적용했던 특별한 전략에 의하여 만들어진 학급 학생들의 창작물을 전시할 것이다. 교사들이 도서관에 있는 탁자에 작품을 전시하게 되면, 갤러리 돌아보기는 도서관에서 열리게 된다. 교사들이 도서관을 돌아다니면서 서로 다른 창작물이 전시된 탁자에 멈추어 서면 창작물들을 전시한 교사들은 해당 작품에 대하여 설명할 것이다.

갤러리 돌아보기와 비슷한 것이 바로 교사 과학 박람회(teacher science fair)다. Reeves(2008)는 교사 과학 박람회를 다음과 같이 기술하였다. "미국에 있는 점점 더 많은 학교가 이와 같은 접근 방법을 활용한다. 가장 일반적인 모형은 간단한 패널 3장에 전시하는 방법인데 학생이 성취한 결과를 왼쪽 패널에 전시하고, 교사와 리더십 행동에 관한 것을 가운데 패널에 전시하고, 자료에 의한 결론과 추론을 오른쪽 패널에 전시하는 것이다."(p. 72) 갤러리 돌아보기와 마찬가지로 교사들은 세 장의 패널에 전시된 작품을 자세히 보고, 작품을 전시한 교사들에게 궁금한 것을 질문한다.

5. 가상 공동체

최근 몇 년 동안 미국에서 전문직학습공동체(professional learning communities: PLCs)의 수립이 지배적인 교육 개혁 전략이 되어 왔다. Rick DuFour와 그의 동료들(DuFour, DuFour, & Eaker, 2008; DuFour & Eaker, 1998; DuFour, Eaker, & DuFour, 2005)에 의하면 전문직학습공동체의 본질은 연구와 계획적인 실천과 지속적인 향상에 대한 헌신을 통하여 측정 가능한 향상 목표에 도달하려고 노력하는 협력적인 문화다. DuFour와 동료들은 만약 전문직학습공동체가 성공하기를 바란다면 학교와 교육구의 지도자들은 반드시 교사들이 협력하기 위한 수단과 구조를 함께 제공하여야 한다고 언급하였다.

교사들을 공동체로 조직하는 것과 협력을 위한 시간을 내는 어려움은 학교마다 끊임없이 발생한다. 최근의 웹 관련 기술의 폭발적인 발달과 함께 학교들은 서서히 같은 학교 내에 조직된 전문직학습공동체에서 다양한 집단의 교사들을 망라하는 글로벌 가상 공동체로 변모하고 있다. 교사들이 어떤 장소에서도 편리한 시간에 쉽게 접속할 수 있기 때문에 가상의 공동체들이 활성화되고 있다. Charalambos, Michalinos와 Chamberlain(2004) 그리고 Kleinman(2001)은 실천 중심의 가상 공동체들이 전문적인 규범과 실천을 가능하게 하고, 수립하고, 전파하는 데에 있어서 중요한 요소가 될 수 있다고 제안하였다.

실천 중심의 가상 공동체는 전통적으로 협의 포럼 또는 토론방(discussion threads)으로 언급되는 비동시성의 의사소통 수단을 사용한다. 이와 같은 수단을 사용하게 되면, 교사들은 반드시 같은 시간에 참석할 필요가 없다. 이렇게 되면 공동체 집단에 소속된 교사들은 아이디어, 메시지와 질문들을 게시할 수 있고, 해당 집단의 모든 참여자는 이와 같은 메시지들을 읽을 수 있다. 이것은 발전적인 대화를 가능하게 하고, 오랜 기간 공동체를 발전하게 한다. 전화 통화, 즉석 메시지 보내기, 인터넷 채팅처럼 동일한 시간에 이루어지는 의사소통 형태는 의사소통에 동시에 참여하는 것을 포함한다. Jaffe, Moir, Swanson과 Wheeler(2006)에 의하면 비동시적 담화는 본질적으로 자기 반성적이다. 따라서 동시성 담화보다 심도 있는 학습에 훨씬 더 유용하다.

기술공학은 서로 얼굴을 대면하는 전문직학습공동체를 보완하고 확정하기 위하여 학교 내 소속된 교사들을 교육구 또는 주나 국가 또는 글로벌 단위로 조직하는 강력한 기회를 제공할 수 있다. 국제학습과학(Learning Sciences International: LSI)이 이와 같은 영역에서 한 가지 사례가 될 수 있는데, 이 단체는 iObservation으로 불리는 시스템을 통하여 광범위한 가상 도구의 집합체를 개발하였다. LSI 시스템에서 교사들은 사적인 가상 컨퍼런스에 동료들이나 장학자와 함께 참여할 수 있다. 또는 같은 학교 또는 같은 교육구에 근무하는 다른 교사들, 코치들, 행정가들과 함께 다양한 형태와 다양한 수준의 협의에 참여할 수 있다. 〈표 5-1〉에 나타난 것처럼 가상 컨퍼런스는 교사들, 코치들, 행정가들에게 수업과 학습에 대한 이들의 관찰과 통찰력에 대한 피드백을 제공해 준다.

가상 공동체 내부에서 이루어지는 협의 모습은 다양한 교사 집단들이 의사소통하고, 협력하고, 반성하고, 집단 협의와 수업 계획 게시 및 학생 작품 또는 교실 수업의 다른 산출물 검토를 통하여 이들의 실천을 향상하는 장소를 제공한다.

〈표 5-1〉 가상 컨퍼런스

내용을 '소화 가능한 작은 크기로 나누기'에 초점 두기 　　　　검색

교사와의 콘퍼런스(협의회)

Melissa Vargas
다음 주 월요일 오후 4시가 좋아요! 저는 먼저 가서 협의를 위하여 도서관에 있는 특별한 자료들을 연결해 놓을게요. 도서관에는 유용한 비디오 자료와 도구들이 많아요. 그러나 저는 제가 이러한 전략을 적용하느라 힘들었을 때 저에게 가장 유익한 자료를 선정했어요. 다음 주에 봐요.

2010/7/12 화요일 9:12

Kelly Carter
좋아요! 다음 주 월요일 오후 4시에 직접 만나서 회의를 위한 작업을 할까요?
선생님의 PGP에서, 선생님은 이러한 전략에 초점을 맞추는 데 도움을 받았던 자료 도서관(Resource Library)에서 몇 가지 자료에 대하여 언급했어요. 괜찮다면 다른 사람들이 보고 도움을 얻을 수 있도록 협의 포스트에 이와 같은 자료를 링크해 주실 수 있나요?
저는 선생님이 학생들과 함께 성취한 결과들에 대하여 훨씬 더 자세히 듣기를 기대하고 있답니다.

2010/7/12 화요일 9:11

출처: "iObservation.com," © 2010 Learning Sciences International.

6. 제5장 요약

우리는 이 장에서 교사들을 위한 전문 지식으로 수업을 관찰하고 협의하는 기회를 제공하는 방법에 대하여 살펴보았다. 이와 같은 기회 없이는 교사들은 전문 지식을 발전시키기 위한 주요한 기술의 시행착오 단계에 머물게 된다. 다섯 가지 기술이 제시되었는데 첫째, '수업 순회'는 교사들이 다른 교사들을 관찰하고 이들로부터 배울 수 있게 도움을 준다. 둘째, 전문가 코치들은 교육구에서 학생들의 성취를 높이기 위한 자신의 효과성을 입증한 경험이 많은 우수한 교사들 중에서 선정되어야 한다. 이렇게 선정된 코치들은 교육구 관내에 근무하는 모든 교사를 위한 귀중한 자원인사로서 봉사한

다. 셋째, 전문적 비디오 녹화는 교사들이 영역 1에 해당하는 전략과 행동들을 효과적으로 실천하는 모습을 영상 자료로 촬영하는 것이다. 시간이 흐르면서 교육구는 교사들이 전문적 수행을 위한 사례를 찾기 위한 자료를 제공하는 대규모의 비디오 영상 자료 도서관으로 더욱 발전시킬 수 있다. 넷째, 교사 주도 전문직 발달은 갤러리 돌아보기, 교사 과학 박람회, 특별한 전략과 행동들에 초점을 맞추는 교사가 주도하는 워크숍 형태로 나타난다. 다섯째, 가상 공동체들은 비동시성의 방법으로 전문 지식에 대한 교사 협의를 향상시키는 데에 활용될 수 있다. 이와 같은 기술은 아주 다양한 시간과 장소에서 교사들이 상호 전문직다운 대화를 할 수 있도록 한다.

제6장

명확한 성공 기준과 성공 계획

제6장

명확한 성공 기준과 성공 계획

제1장에서 설명한 것처럼 교사 전문 지식의 개발에 결정적인 중요한 요인 중 하나는 성공을 위한 명확한 기준이다. 성공을 위한 명확한 기준이 없으면 어떤 사람의 기능이 발달되었는지 알아내기 어렵다. 교육 이외의 다른 분야에서는 성공 기준을 명확히 하는 경향이 있다. 체스 경기자가 체스 경기에 참여하지 않는다면, 그 사람은 다양한 체스의 이동 경로에 대한 자신의 연구가 체스 경기 감각을 증진시키는지 여부를 판단할 수 있는 방법이 거의 없다. 골프 선수가 골프 경기에 참가하지 않는다면 다양한 경우를 대비해서 여러 가지 골프채로 연습하는 것이 실제로 성공적인지 판단할 수 있는 방법을 찾기가 어렵다(역주: 장기, 바둑, 태권도의 급수와 단수의 성공 기준을 생각하면 좋을 것이다). 성공을 위한 기준에 따른다면 이와 같은 계획은 전문 지식을 성취하는 데에 반드시 필요하다. 계획은 목표와 그 목표를 달성하는 데에 필요한 자원들이 포함되어야 한다. 자신의 전문 지식 수준을 향상시키려고 노력하는 체스 경기자는 개선하려는 기술에 대한 특별한 목표를 수립하고 승리하기 위한 시합을 설정한다. 골프 선수도 체스 경기자와 마찬가지로 행동한다. 전문직 자격을 추구하는 교사들은 최소한 이처럼 해야 한다.

제6장에서 우리는 성공을 위한 명확한 기준과 효과적인 계획과 관련된 주제를 소개하려고 한다. 우리는 성공을 위한 기준부터 살펴보기 시작할 것이다. 효과적인 교수에 관해서 기준의 두 가지 주요한 범주가 성공을 위하여 활용되어야 한다. 첫째, 수업전략과 행동들이다. 둘째, 수업에서 향상된 학생 성취다. 교사 효과성을 측정하기 위한 척도 연구에서 David(2010)는 기준에 대한 이와 같은 범주들을 활용하는 것이 두 개의 범주를 독립적으로 활용하는 것에 비하여 우수한 결과를 나타낸다는 것을 밝혔다.

1. 수업전략과 행동 기준

영역 1은 수업전략과 행동을 다루고 있다. 제1장의 [그림 1-1]에서 설명한 것처럼 이것은 학생들의 성취와 매우 직접적으로 연결되어 있다. 우리가 제4장에서 살펴본 것처럼 교사들은 교사의 자기평정, 순시, 종합 관찰, 수업 단서 주기, 학생 설문조사를 포함하는 다양한 방법으로 자신들이 사용하는 특정한 전략과 행동들에 대한 피드백을 받을 수 있다.

이와 같은 자료의 여러 가지 원천을 사용하면서, 교사는 1년 동안 활동한 수업전략과 행동들의 작은 묶음을 확인할 수 있다. 우리는 공통적으로 영역 1에서 학습 부분(lesson segments)의 세 가지 주요한 형태인 일상 부분(routine segments), 내용 부분(content segments), 즉석 처리 부분(segments that must be enacted on the spot) 중에서 교사들이 적어도 한 가지 전략이나 행동을 선택하는 것을 권장한다. 우리 모형에서 개선하기 위한 특정한 영역 1의 요소들에 대한 교사의 선택이 중요하다. 이것은 교사들에게 초점을 제공할 뿐만 아니라 그 교사들을 발전 과정의 중심에 놓게 하는 데에 도움이 된다. Semadeni(2010)는 이와 같은 접근 방법에 대하여 논평하면서 "개별 교사들이 교사가 성장하기를 가장 원하는 교수 영역을 선택하는 것을 허용하고, 그 영역에서 최고의 실천을 학습하기 위하여 약속 시간을 제공하는 것과 그런 후에 교수 기법을 증진시킨 교사들에게 보상해 주는 학교의 모습을 상상해 보세요."(p. 66)라고 하였다.

우리의 접근에서 교사의 자기 결정성이 중요한 반면에, 교사들이 1년 동안 활동하게 될 수업전략과 행동들의 선택은 협상을 통하여 결정될 수 있다. 다시 말하면 다양한 원천에 의한 자료를 활용하면서 교사와 장학자는 앞으로 활동하게 될 특정한 전략들을 함께 결정할 수 있다.

1) 진보 추적

일단 초점을 둘 전략과 행동들이 확인되면 교사는 자신의 진보를 체계적으로 탐지할 수 있다. 이에 대한 설명은 [그림 4-1]을 살펴보면 되지만, 토론이 잘 이루어질 수 있도록 이와 비슷한 내용을 [그림 6-1]에서 제공하려고 한다. [그림 6-1]은 3개월 동안에 특정 교사에 대한 5단계 점수를 나타낸다. 제4장에서 언급한 것처럼 이와 같은 점수는 다양한 원천에서 도출될 수 있다. 사실상 [그림 6-1]에 기록된 각각의 점수들은 서로 다른 원천에서 두 가지 이상 점수들을 요약하거나 합산한 점수라고 말할 수 있다. 예를 들면, 두 번째 단계의 점수는 교사의 자기평정과 장학자가 순시하며 관찰한 점수를 합산한 것으로 볼 수 있다. 합산 점수를 입증하기 위하여 어떻게 합산 점수가 도출되었는지 설명할 수 있도록 교사들에게 그들이 수행한 모든 자료를 파일에 담거나 포트폴리오로 제출하도록 요구할 수 있다. 예를 들면, 교사는 두 번째 점수가 자신의 자기평정 2와 종합 관찰에 의한 평정 1의 합산이라는 것을 설명할 수 있다. 교사는 사후협의와 후속 토론 이후에 몇 가지 약간의 개선이 이루어진다면 자신이 2점에 매우 가깝다는 것에 관찰자가 동의하였다는 것을 설명할 것이다. 이와 같은 개선이 이루어진 다음에 이 전략에 대한 합산 점수는 2점에 해당하는 것으로 결정되었다.

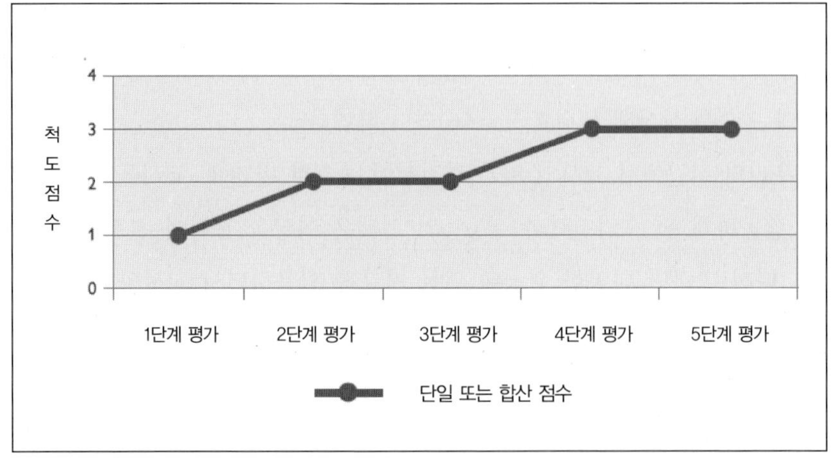

[그림 6-1] 교사에 대한 3개월 동안 이루어진 5단계 평정

출처: "iObservation.com," © 2010 Learning Sciences International.

2. 학생 성취 기준

우리는 이 책을 통하여 학생 성취가 교사의 전문 지식 중에서 최상위 목표라는 사실에 대하여 언급하였다. 달리 설명하면 영역 1에서부터 영역 4에 이르기까지 발전의 향상은 곧 학생 성취 방법이다. 이것은 2001년에 제정된 미국 아동낙오방지법(No Child Left Behind Act)의 초점과 일맥상통한다(Marzano & Waters, 2009 참조). 이것은 또한 차후의 행정가들이 가지고 있는 초점과도 일맥상통한다(Editorial Projects in Education, 2009). 심지어 NCLB가 바뀌거나 다른 것으로 교체되는 때가 오더라도 수십 년 동안 학생 성취가 학교 개혁의 초점이 될 것이라고 말하는 것은 알맞을 것이다.

NCLB가 시작된 이후에 변화한 것이 바로 학생의 성취를 측정하는 데에 사용하는 척도다. 특정한 어떤 장소에서 학생들의 점수를 언급하는 학생

'상태'에 주요한 강조점이 있다. NCLB의 최초 계획에는 모든 학생이 높은 수준의 성취를 이루는 것을 기대했었다. 사실 학교와 교육구들은 단 한 명의 아동도 수립된 성취 기준 이하로 떨어지지 않게 하려는 그 최소한의 기준으로부터 얼마나 벗어나는지를 가지고 평가하였다. Marzano와 Waters (2009)는 이와 같은 접근과 관련된 수많은 함정을 밝혀냈다. 많은 학교와 교육구에서는 상당히 많은 학생이 단기간만 재학하는 경우가 많다. 또 학교와 교육구에 따라 학생들의 인구 구성이 굉장히 다양하다. 그리고 사회적 지위에 의하여 영향을 받는 편향된 평가는 학교와 교육구의 업무를 개선하기 위하여 학교와 교육구에서 사용할 만한 유용한 정보를 제공하지 못하고 있다. 이와 같은 이유에 의하여 많은 평가 전문가는 학생의 성취를 측정하기 위한 부가가치 접근(value-added approach)을 요청하였다(역주: 전통적 평가는 어떤 시험에서 나온 점수를 사용하였으나 '부가가치 평가'는 점수의 향상, 진보 정도, 사회경제적 지위 정도의 가치를 배려한 평가라고 할 수 있다). Barton (2006)은 다음과 같이 언급하였다.

> 만약 우리가 진실로 학생의 향상(때로는 성장 또는 부가가치로 불리는)을 측정하는 책무성 시스템을 가졌다면, 우리는 어떤 해라도 해당 학년에 적합한 향상을 보여 주기에 충분할 만큼 학생들에게 이득이 되었는지 활용할 수 있었다. 2014년까지 설정한 점수에 도달하는 것이 최종 목표가 되지 않아야 한다. 목표는 한 학년 동안 어떤 특정한 과목에서 얼마나 성장하도록 하는가에 대한 기준에 도달하는 것이어야 한다(p. 30).

우리는 바로 이점에서 어떻게 부가가치 접근이 학급 수준의 평가 자료를 최우선적으로 강조할 수 있는지를 고려한다. 학생의 성취를 측정하는 부가가치 접근을 구축하는 첫 번째 단계는 사용될 평가의 형태를 고려하는 것이다.

1) 평가 형태

평가 형태의 다양성은 부가가치적인 성취를 측정하는 데에 이용될 것이다.

주 단위 평가(State assessments)는 높은 가시성을 확보하고 있지만, 평가를 단기간 학습에 민감한 빈약한 수단으로 만들면서 단지 1년에 한 번 운영될 뿐이다. 게다가 주(州) 단위 평가는 주요 교과 영역에만 한정되어 운영된다. 그리고 주 단위 평가는 수업에서 가르치는 것을 반영하지 못할지도 모른다. 교육구가 자체 교육과정을 주 단위 평가와 일치시키지 못한다면, 주 단위 평가가 실제적으로 학생들이 특정 수업에서 배운 것을 측정하는 것을 보장하지 못하게 된다.

과정말 평가(end-of-course assessments)는 많은 교육구에서 개발한 것이다. 이와 같은 평가는 1년에 한 번 시행되고 단기간에 걸친 학습을 다루는 빈약한 평가라는 점에서 주(州) 단위 평가와 유사하다. 그럼에도 불구하고 교육구의 과정말 평가는 주 단위 평가가 갖추지 못했던 수업에서 다루는 내용과 긴밀하게 연결되어 있다는 장점이 있다. 과정말 평가는 전형적으로 교과의 내용을 종합적으로 다루도록 계획한다. 게다가 과정말 평가는 어떤 교과 영역에서나 계획할 수 있다.

표준화(기준) 평가(benchmark assessments)도 교육구 수준에서 계획된 평가의 또 다른 일반적인 형태다. 표준화(기준) 평가들의 훨씬 더 유용한 측면 중의 하나는 당해 학년도의 과정에 대하여 전통적으로 하나의 평가 이상을 이용할 수 있다는 점인데, 표준화(기준) 평가들을 짧은 시간 간격 동안에 학생들의 학습을 개선하기 위한 유용한 도구로 만들기 때문이다. 표준화(기준) 평가는 대부분 수업에서 다루는 내용과 일치한다.

공통 평가(common assessments)는 오히려 구체적인 주제에 초점을 두고 심지어는 표준화(기준) 평가보다 훨씬 더 많다. 그 결과 공통 평가는 비교적 단기간에 걸친 학업에서 학생들의 성장을 측정하는 데에 이용될 수 있다. 그리고 공통 평가들은 전통적으로 수업에서 가르치는 교육과정과 직접적으로 연결되어 있다.

교사 설계 평가(teacher-designed assessments)는 교실에서 가르치는 것과 매우 밀접하게 연관되어 있다. 훨씬 더 많은 교실 평가 자료들이 학생들의 성취를 밝히기 위하여 사용될수록, 교실에서 실제적으로 일어나는 것에 훨씬 더 가까운 성취 자료가 된다. 그러나 교사 설계 평가는 앞에서 언급한 평가들에 비해서 신뢰도가 가장 낮다는 것을 명심하여야 한다. 이와 같은 제한점이 부가가치 성취 자료를 수집하는 데에 교사 설계 평가의 사용 금지를 의미하는 것은 아니다. 실제로 교사 설계 평가는 개별 교사들을 위한 성취 자료의 집합체의 필수적인 부분이 되기 때문이다.

특히 부가가치 성취를 측정하는 방법으로 평가에 반대되는 척도들이 증가하고 있다. Marzano(2010b)는 이와 같은 목적을 위한 척도들의 설계와 이용에 대하여 언급하였다. 요약하자면 척도들은 〈표 6-1〉에서 설명하는 것처럼 포괄적인 형태를 가지고 있다.

〈표 6-1〉 척도의 포괄적인 형태

점수 4.0	훨씬 더 복잡한 내용
점수 3.0	목적이 있는 학습목표
점수 2.0	간단한 내용
점수 1.0	도움을 받아서 점수 2.0과 점수 3.0의 내용에서 부분적으로 성공
점수 0.0	도움을 받았지만 성공하지 못함

출처: © 2011 Robert J. Marzano

척도를 이해하기 위하여 점수 3.0에서 출발하는 것이 가장 좋을 것 같다. 점수 3.0을 받기 위하여 학생은 반드시 목적이 있는 목표에 대한 능력을 입증하여야 한다. 점수 2.0은 간단한 내용에 대한 능력을 나타내고, 점수 4.0은 훨씬 더 복잡한 내용에 대한 능력을 나타낸다. 점수 4.0, 3.0과 2.0은 서로 다른 내용을 포함한다. 반면에 점수 1.0과 0.0은 포함하지 않는다. 점수 1.0은 학생이 독립적으로 점수 2.0이나 3.0의 내용에서 능력을 입증할 수 없다는 것을 나타내지만, 도움을 받는다면 학생이 부분적으로 능력을 입증하는 것이다. 점수 0.0은 도움을 받더라도 학생이 어떤 내용에 대한 능력 또는 기능을 입증하지 못한다는 것을 나타낸다.

〈표 6-2〉은 특정 주제에 대한 완결된 척도를 분명히 보여 주기 위하여 유전적 특성에 대한 학습목표를 사용한다. 점수 3.0의 내용은 목적이 있는 학습목표다. 따라서 교사는 척도를 설계할 때 간단하게 점수 3.0 내용으로써 수업을 위하여 목적이 있는 학습목표를 활용한다. 전체 점수에서 아래에 오는 것이 점수 2.0이다. 단순한 내용이 여기에 해당한다. 점수 3.0보다 높은 점수가 4.0이다. 훨씬 더 복잡한 내용이 여기에 해당한다.

〈표 6-2〉 유전적 특성에 관한 척도

점수 4.0	학생은 유전적 특성들과 비유전적 특성들이 상호 주고받는 영향에 대하여 토론할 수 있을 것이다.
점수 3.0	학생은 실제 생활 장면에서 유전적 특성을 비유전적 특성으로부터 구분할 수 있을 것이다.
점수 2.0	학생은 유전적 특성과 비유전적 특성에 독립적인 사례에 대한 정확한 진술을 인식할 수 있을 것이다.
점수 1.0	도움을 받아서, 점수 2.0과 점수 3.0의 내용에서 부분적으로 성공한다.
점수 0.0	도움을 받았지만, 성공하지 못한다.

출처: © 2011 Robert J. Marzano

점수 1.0과 0.0의 값들은 새로운 내용을 나타내지 못하지만, 능력의 서로 다른 수준을 나타낸다. 점수 1.0은 학생이 독립적으로 활동을 할 때 어떤 내용에서도 능력을 입증하지 못한다는 것을 나타낸다. 그러나 도움을 받는다면, 학생은 점수 2.0과 3.0의 내용에 부분적으로 성공한다. 점수 0.0은 도움을 받더라도 학생이 점수 3.0 또는 2.0의 내용에서 성공하지 못한다는 것을 나타낸다.

척도들이 사용될 때, 시간을 거치면서 이루어진 향상은 손쉽게 파악된다. 척도에서 점수들은 시행된 평가의 형태에 상관없이 학생들의 지식 수준에 대하여 동일한 의미를 가지고 있기 때문이다. 이것은 이제까지 묘사된 평가의 다른 형태에 관한 사례는 아니다(완벽한 토론을 위하여, Marzano, 2010b를 참조한다).

부가가치적인 측정에 활용될 수 있는 자료의 최종 형태는 개별 학생들이 자신의 성취에 대한 자기보고서다. 비록 이것이 비교적 빈약한 자료의 형태로 보일지라도, 오히려 그와 반대로 근거를 가지고 있다. 학생의 성취에 관한 138가지 변인의 관계에 대한 메타 분석은 전통적인 평가에 의한 측정으로서 성취와 관련된 가장 높은 상관관계를 가지고 있다(Hattie, 2009).

만약 교육구 또는 학교가 제6장에서 설명하는 평가의 모든 형태에 대한 접근을 한다면, 부가가치적인 성취에 대한 수많은 지표를 생성할 수 있을 것이다. 따라서 우리는 세 가지 이와 같은 지표를 고려한다. 먼저 지식 증가(knowledge gain)에 대하여 살펴보겠다.

2) 지식 증가

부가가치적인 학생 성취의 가장 간편한 지수 중의 하나는 지식 증가다. Tucker와 Stronge(2005)는 국가의 다양한 지역의 교사평가 시스템에서 증가한 점수 이용에 대하여 연대순으로 기록하였다. 증가 점수는 단순히 일정한 시간 간격의 끝과 어떤 시점의 시작에 학생들 점수 사이의 차이다. 예를 들면, 교사는 사전 평가를 실시하면서 수업의 단원을 시작할 것이고, 사후 평가를 시행하면서 단원을 마무리할 것이다. 개별 학생들의 증가 점수는 자신의 사후 평가 점수와 사전 평가 점수 사이에서 서로 다를 것이다. 사전 평가와 사후 평가는 동일한 평가 또는 유사한 평가일 수 있다(예를 들면, 동일한 수준의 난이도에서 동일한 주제를 측정하는 평가).

앞에서 언급한 모든 평가가 지식 증가를 산출하는 데에 사용될 수는 없다. 주 단위 평가(state assessments)와 과정말 평가(end-of-course assessments)는 단지 1년에 한 번만 시행되기 때문에 이와 같은 평가들은 그 자체로 점수를 얻는 것과 관련이 없다. 비록 표준화(기준) 평가들이 1년에 한 번 이상 시행되지만, 표준화(기준) 평가들은 전통적으로 단기간에 걸쳐서 지식 증가를 찾아내기에는 충분히 많다고 말할 수 없다. 충분하게 많다면 공통 평가는 지식 증가를 위한 유용한 도구다. 공통 평가는 상당히 특정한 주제들에 관해서 계획될 수 있는데, 특정한 수업의 단원 내에서 학습을 평가하는 것이 가능하다. 척도들은 또한 상당히 특정한 주제들을 다루는 데에 이용될 수 있다. 최종적으로 교사 설계 평가들은 지식 증가를 측정하는 데에 쉽게 이용될 수 있다.

3) 잔여 점수

잔여 점수는 부가가치적인 성취를 위한 강력한 측정 기준이다. 잔여 점수는 학생의 예상 점수와 학생에 대한 실제 관찰 점수 사이의 차이를 뜻한다. 잔여 점수의 가장 큰 장점은 주 단위 평가와 과정말 평가처럼 1년에 한 번만 시행되는 평가를 활용할 수 있다는 점이다.

잔여 점수를 산출하기 위하여, 학생 성취에 대한 주요한 측정과 함께 수업의 단원, 분기, 학기, 1년 같은 시간 간격의 마지막에 학생 성취에 대한 측정이 요구된다. 성취에 대한 사전 측정(premeasure)은 사후 측정(post-measure)과 똑같을 필요는 없다. 예를 들면, 공통 평가는 사전 측정으로 사용될 수 있고, 과정말 평가는 사후 측정으로 사용될 수 있다. 두 가지 측정 사이에서 이루어지는 통계적인 상관관계에 근거하여, 개별 학생에 대한 예상 점수가 산출된다. 개별 학생에 대한 예상 점수는 학생의 주요한 위치에서 부여된 학생에 대한 기대 점수를 나타낸다. 잔여 점수는 어떤 특정 기간 학생의 실제 또는 관찰된 점수와 학생의 기대되는 점수 사이의 차이를 뜻한다. 긍정적인 잔여 점수(positive residual score)는 학생이 기대한 것보다 훨씬 더 잘하고 있다는 것을 나타낸다. 부정적인 잔여 점수(negative residual score)는 학생이 기대보다 훨씬 나쁘게 하고 있다는 것을 나타낸다. 결과적으로 잔여 점수는 교실 수업 효과의 암묵적인 측정(tacit measure)으로 해석될 수 있다. 만약에 학생의 잔여 점수가 긍정적이라면 수업이 우수하다고 추론하는 것이 합리적일 것이다. 만약 학생의 잔여 점수가 부정적이라면 교실 수업이 매우 효과적이지 못하였다고 가정하는 것이 합리적일 것이다.

[그림 6-2]를 이용하여 잔여 점수의 사용을 설명할 수 있다. [그림 6-2]는 특정 교사의 수업을 받는 서로 다른 학생에 대한 9가지 잔여 점수들을 나타낸다. 그림에 제시된 가로선 위에 있는 잔여 점수들은 학생들이 자신이 예상한 것보다 높은 점수를 얻었다는 것을 나타낸다. 가로선 아래에 위치하는 잔여 점수들은 학생들이 자신이 예상한 점수보다 낮은 점수를 얻었다는 것을 나타낸다. [그림 6-2]에서 7명의 학생들은 자신의 예상보다 높은 점수를 받았고, 2명의 학생들은 자신이 예상한 것보다 낮은 점수를 받았다.

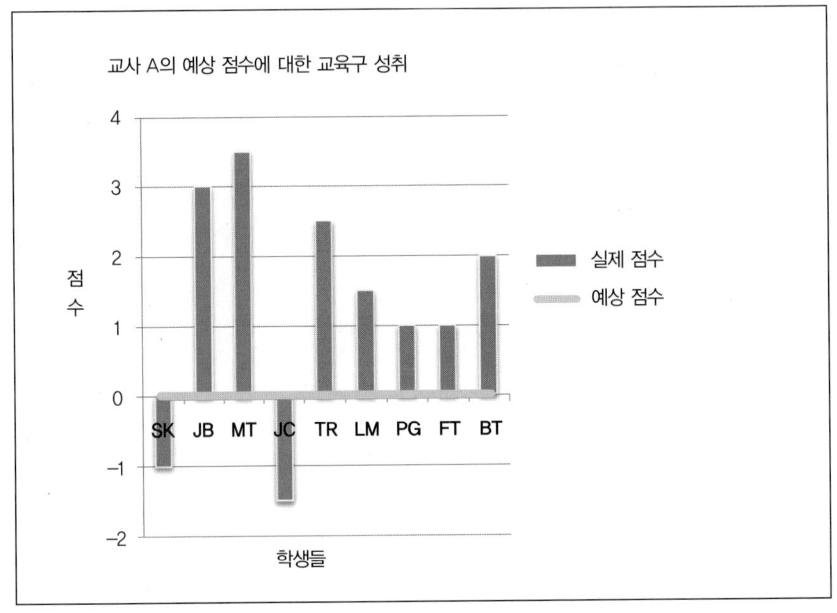

[그림 6-2] 잔여 점수

출처: "iObservation.com," © 2010 by Learning Sciences International.

4) 지식 증가에 대한 학생의 자기보고

교육구에서 사용할 수 있는 마지막 부가가치 지표는 학생이 얼마나 학습하였는지를 보여 주는 학생의 자기보고다. 이것은 다음과 같이 리커트 척도 형태의 문항에 의하여 얻을 수 있다.

여러분은 수업에서 얼마나 많은 것을 학습하였습니까?

0	1	2	3	4
아무 것도 학습하지 않음				아주 많이 학습함

학생의 지식 증가에 대한 자기보고의 장점은 확보하기가 상당히 쉽다는 점이다. 앞에 제시한 리커트 항목들은 학습 단원의 마지막이나 분기 또는 한 학기마다 시행될 수 있다.

5) 부가가치 지표의 함정

사용되는 부가가치 지표와 이와 같은 지표들을 생성하기 위하여 사용되는 평가와 상관없이 이들이 모두 학생의 성취에 대한 교수 효과를 측정하기 위한 부정확한 시도라는 것을 기억하는 것은 중요하다. David(2010)는 부가가치적 측정이 교사의 수행에 대하여 허위 정보를 만들어낼 수 있는 조건을 나타내는 수많은 연구를 인용하였다. 그녀는 다음과 같이 설명하였다.

> 교사에 의하여 이루어진 성장과 다른 요인들에 의한 성장이 얼마나 이루어졌는지 구분하기 위하여 개별 교사에 대하여 판단하는 것은 정교한 분석을 요구한다. 예를 들면, 결석을 자주 하는 학생들은 교사의 자질과 상관없이 낮은 점수를 받는 경향이 있다. 그래서 학생들이 며칠이나 출석하였는지 확인하는 것이 필수적이다(p. 81).

궁극적으로 David는 교사 효과성에 대한 선택 사항을 체계적으로 나타내는 데에 활용하기 위하여 복합적인 다중 측정(multiple measures)이 사용되어야 한다고 결론을 내린다. "잘못되고 해로운 판단들로부터 교사들을 보호하기 위하여, 표준화된 평가 점수 증가에 제한되지 않는 것을 포함하여, 우리에게 학생 결과의 다양성만큼 좋은 가르침의 실천에 대한 증거를 활용하는 복합적인 다중 측정들이 필요하다는 합의가 이루어지고 있다."(p. 82)

6) 자료 보여주기

부가가치적인 자료를 이용 가능하게 하면서, 교육구는 전형적인 수행의 형태를 확인할 수 있다. 예를 들면, 시간이 흐르면서 교육구는 증가 점수(gain scores), 잔여 점수(residual scores)와 학생의 자기보고 점수의 분포를 발전시킬 수 있다. Marzano 연구소에서 교사들이 100점 척도를 사용하는 사전 평가와 사후 평가를 이용한 학급에서 493점 이상의 평균증가점수(average gain scores)를 수집하였다. 이와 같은 증가 점수의 분포는 〈표 6-3〉에 제시하였다.

〈표 6-3〉 493개 교실에 대한 증가 점수의 분포

백분위수	평균증가점수
1	0.0
5	1.2
10	4.9
15	8.8
20	11.7
25	15.4
30	17.8
35	20.0
40	22.6
45	24.2
50	25.9
55	28.5
60	31.7
65	34.9
70	37.7
75	41.1

80	43.8
85	48.4
90	56.7
95	68.2
99	89.6

〈표 6-3〉에서 예를 들면, 50번째 백분위수에 해당하는 중앙증가점수(median gain score)는 25.9다. 40번째 백분위수의 평균점수는 22.6이다. 60번째 백분위수의 평균증가점수는 31.7과 같다. 교육구 내부에서 공동 평가들(common assessments) 또는 표준화(기준) 평가들(benchmark assessments)을 사용하는 이와 같은 분포는 개별 교사들에 대한 평균증가점수를 비교하는 데에 이용될 수 있다. 중앙증가점수는 중심 집중 경향(central tendency)의 측정에 이용될 수 있을 것이다. 매년 학생에 대한 상대적인 지식 증가의 지표로서 개별 교사들의 평균증가점수가 교육구 분포 내에서 표시될 수 있을 것이다. 38점이라는 평균증가점수에 해당하는 교사는 중간보다(역주: 백분위수 50, 평균증가점수 25.9) 높은 20 백분위수 점수에 해당할 것이다(역주: 백분위수 70, 평균증가점수 37.7). 18점이라는 평균증가점수에 해당하는 교사는 중간보다 낮은 20 백분위수 점수에 해당할 것이다(역주: 백분위수 30, 평균증가점수 17.8). 교육구 분포 자료의 동일한 형태가 잔여 점수와 학생의 자기보고 지식 증가에서 수집될 수 있다.

부가가치적인 자료를 나타내는 다른 방법은 인종 집단들(ethnic groups)과 사회경제적인 집단들(socioeconomic groups) 사이의 차이점을 조사하는 것이다. 예를 들면, [그림 6-3]은 한 명의 동일한 교사의 학급에서 무상 급식이나 급식 보조를 받는 학생들(Free and Reduced Lunch Students: FRL)과 그렇지 않은 학생들(Other Students: OTH)을 나누었을 때 학생들에 대한 평균증가점수를 나타낸다.

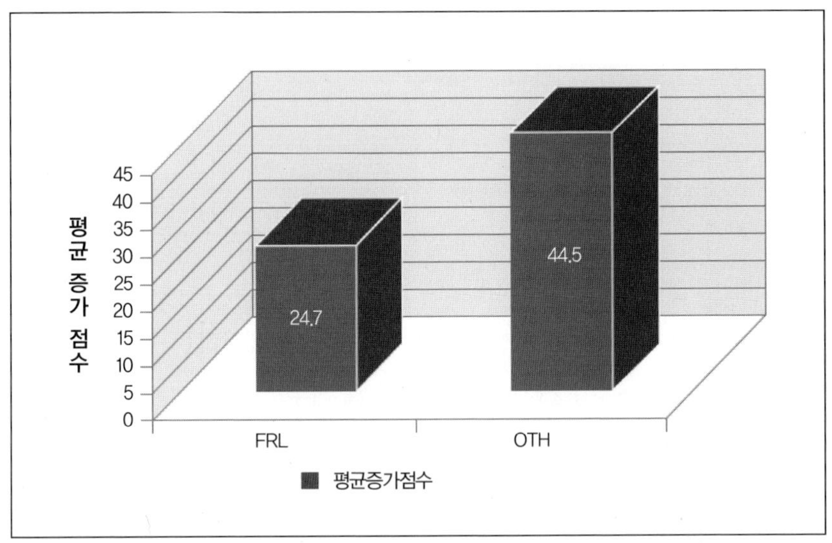

[그림 6-3] A 교사 학급에서 무상 급식 및 급식 보조 제공에 대한 학생들(FRL)과 다른 학생들(OTH)에 대한 평균증가점수

출처: "iObservation.com," © 2010 Learning Sciences International.

이와 같은 경우에 무상 급식과 급식 보조 제공(FRL)을 받는 범주에 포함되는 학생들의 증가 점수는 그렇지 않은 범주에 속하는 학생들(OTH)의 증가 점수에 비해서 훨씬 더 낮다. 이와 같은 비교는 개별 교사들에 대한 수업의 효과성을 결정하는 데에 강력한 측정 기준(metric)이 될 수 있다. 만약에 무상 급식 및 급식 보조를 받도록 분류되는 학생들의 증가점수가 다른 학생들의 점수보다 훨씬 더 낮다면, 이것은 이와 같은 특정한 학급에서 수업의 차별적 효과 또는 불공평한 효과를 나타낼 수 있다. 동일한 비교가 잔여 점수들과 학생 자기보고 점수들에서도 사용될 수 있다. 또한 비교는 사회경제적인 지위와 대조적으로 서로 다른 인종 집단들에서도 나타날 수 있다.

3. 전문직 성장과 발달 계획

영역 1에 해당하는 수업전략과 행동들과 부가가치적인 학생 성취를 위한 성공 기준과 함께 교사들은 전문직 성장 계획과 발달 계획을 수립할 수 있다. 이와 같은 계획들은 목표를 설정하고 이와 같은 목표를 달성하기 위한 전략을 연계하려고 할 때 교사들을 위한 공식적인 방법이다. McGreal (1983)은 자신의 저서인 『성공적인 교사평가(*Successful Teacher Evaluation*)』에서 목표 설정과 교사평가 계획의 중요성을 간략하게 설명하였다. 그는 만약 평가 과정이 교사들의 전문지식을 개발하도록 돕기 위한 것이라면 교사들이 전문가인 동시에 학습자로서 존중받아야 한다고 설명하였다. McGreal은 교사평가의 도구로 Bolton(1973)의 **목표설정모형**(goal-setting model)의 이용을 강조하였다. 우선 필요한 영역을 확인한다. 다음으로 필요성을 다루기 위한 목표를 수립한다. 마지막으로 필요성을 다루기 위한 행동을 정한다. 더불어 시간이 지난 후에 결과를 결정한다. 만약 결과가 만족스럽다면 이와 같은 행동을 원래 계획대로 지속한다. 만약 결과가 만족스럽지 못하다면 수정을 하고 과정을 다시 설계한다. 우리는 전문직 발달 계획도 이와 동일한 기본적인 공식을 따를 것을 제안한다.

공식적인 전문직 발달 계획(professional development plans: PDPs)은 많은 주에서 요구하고 있다. 예를 들면, 위스콘신 주교육부(Wisconsin Department of Public Instruction)는 PDPs를 다음과 같이 설명하고 있다(Mahaffey, Lind & Derse, 2005 참조).

> PDP를 개발하는 것은 개별 자격 인증에 달려 있다. PDP를 작성하기 위한 계획 과정은 반드시 위스콘신 주의 교육자들에게 폭넓게 통보해야 하고, 심도 있게 수용되도록 하여야 한다. 그리고 위스콘신 주의 학교와

> 지역 교육구가 계속해서 모든 학생에게 동기를 부여하고 참여시키고, 학생의 학습을 향상시키는 결과를 만들어 내는 장소가 되도록 행동을 수행하여야 한다.
>
> PDP는 여러분, PDP 팀과 주교육감 가운데에서 여러분의 자격증을 개선하기 위한 장치로 기여한다. 그 계획은 위스콘신 주 교육자 기준에 근거하여 여러분의 향상된 기량과 전문직 발달을 보여 주어야 한다.
>
> 이와 같은 과정은 여러분에게 문서로 작성된 PDP를 통하여 여러분 자신의 전문직 성장을 안내하는 기회를 허용하고, 이와 같은 성장이 어떻게 학생의 학습에 영향을 주는지 나타내 준다(p. 2).

1) 최우선 목표와 차선 목표

우리는 전문직 성장과 발달 계획에 포함된 목표가 〈표 6-4〉처럼 최우선 목표와 차선 목표라는 두 가지 기본 형태로 생각되어야 한다고 제안한다. 〈표 6-4〉에서 제시된 것처럼 영역 1에 해당하는 학생의 성취와 수업전략과 행동에 연결되어 있는 목표들은 전문직 성장과 발달 계획에 포함된 최우선 목표로 간주된다. 영역 2, 영역 3, 영역 4의 요소들은 최우선 목표의 도구가 되는 차선 목표라고 설명할 수 있다. 따라서 종합적으로 전문직 성장 계획과 발달 계획은 반드시 부가가치적인 성취 목표와 영역 1에 초점을 두어야 한다. 그러나 이것은 영역 2, 영역 3, 영역 4에서 도출된 차선 목표도 반드시 포함하여야 한다. 구체적으로 설명하자면, 특정한 교사는 정해진 기간에 다음과 같은 부가가치적인 성취 목표를 확인할 것이다.

〈표 6-4〉 최우선 목표와 차선 목표

초점	목표 형태
학생의 부가가치적인 성취	최우선 목표
영역 1: 수업전략과 행동	최우선 목표
영역 2: 수업계획과 준비	차선 목표
영역 3: 수업 반성	차선 목표
영역 4: 동료의식과 전문직주의	차선 목표

- 3분기 나의 과학 수업에서 평균증가점수는 60번째 백분위수에 도달하거나 교육구의 기준보다 높을 것이다.
- 3분기 과학 수업에서 평균 학생 자기보고 지식증가점수는 60번째 백분위수가 되거나 그보다 높을 것이다.

영역 1에 비교하면서, 교사는 1년 동안 다음과 같은 최우선 목표를 확인할 것이다.

일상 부분

- 나는 3점에 해당하는 적용 수준이나 그보다 높은 수준까지 학습목표에 대한 학생들의 향상이 이루어지도록 나의 기량을 증진할 것이다.

내용 부분

- 나는 3점에 해당하는 적용 수준이나 그보다 높은 수준까지 학생들이 내용을 사전 검토하도록 나의 기량을 증진시킬 것이다.

즉석 처리 부분

- 나는 2점에 해당하는 개발 수준이나 그보다 높은 수준까지 학습 게임

을 활용하여 학생들의 참여를 높이도록 나의 기량을 증진시킬 것이다.

학습 부분(lesson segments)의 세 가지 주요 범주에서 교사가 단일 목표를 계속해서 확인하고 있는 것을 주목할 필요가 있다. 우리는 이것이 매년 모든 교사를 위한 최소한의 기대치라고 믿는다. 다시 말하면 매년 모든 교사는 적어도 학습 부분들의 모든 주요한 범주에서 적어도 한 가지 전략 이상으로 자신의 기량을 향상시키도록 노력하여야 한다는 것을 의미한다. 교사는 〈부록 A〉에 제시된 척도를 사용하여 이와 같은 세 가지 요소 각각에 대한 특정한 목표들을 수립하여야 한다는 것에 주목할 필요가 있다.

특정한 최우선 목표들에 대한 확인이 끝나면 교사는 다음으로 최우선 목표들을 달성하는 데에 필요하다고 생각되는 차선 목표를 확인하게 될 것이다. 우리가 매년 모든 교사에게 영역 2, 영역 3, 영역 4에 해당하는 모든 분야를 다루도록 노력하라고 권장하는 것이 아니라는 점을 강조하는 것은 중요하다. 초점을 두는 특정한 분야가 당해 연도에 영역 1에서 선택되는 것처럼 초점을 두는 특정 분야들을 영역 2, 영역 3, 영역 4에서 선택한다. 매년 교사가 학생의 성취와 영역 1에 관하여 자신의 최우선 목표들의 성공적인 달성과 직접적으로 관련 있다고 믿는 영역 2, 영역 3과 영역 4에서 하나 이상의 요소를 선택하는 것은 이상적인 일이다. 우리는 영역 2에서부터 토론을 시작한다.

제3장에서 자세하게 설명한 것처럼, 영역 2에 해당하는 수업계획과 준비는 다음과 같이 특정한 요소에 대한 세 가지 범주가 있다.

- 학습 과(lessons)와 단원(units) 수업계획과 준비
  - 학습할 과(課) 내의 정보에 대한 효과적인 발판(effective scaffolding)을 구축하기 위한 수업계획과 준비
  - 내용의 깊은 이해와 전이에 따라 나아가는 단원 내 과(課)의 수업계획

과 준비

- 수립된 내용 표준(content standards)에 알맞게 주의하도록 수업계획 과 준비

• 수업자료와 기술공학의 활용을 위한 계획과 준비

- 앞으로 배울 단원과 과(課)에서 이용 가능한 자료(학습 교구들, 비디오 테이프들) 활용을 위한 계획과 준비
- 상호작용적 전자 칠판, 응답 시스템(response systems), 컴퓨터와 같은 이용 가능한 기술공학 활용 계획과 준비

• 특별한 요구가 있는 학생을 위한 계획과 준비

- 영어를 제2외국어로 하는 학생(ELL)의 요구를 위한 계획과 준비
- 특수교육 학생들의 요구를 위한 계획과 준비
- 학습 지원이 부족한 가정환경의 학생들의 요구를 위한 계획과 준비

영역 1에 속하는 41가지 요소들을 위한 사례처럼, 영역 2에 포함된 각각의 요소들은 교사가 자신의 현재 수행 수준과 미래 수행을 위한 목표 설정을 확인하는 것이 용이하게 하는 특별한 척도를 가지고 있다. 이와 같은 척도들은 〈부록 D〉에서 확인할 수 있다. 〈표 6-5〉는 "학습 내용들에 포함된 정보에 대한 효과적인 발판 만들기에 필요한 수업계획과 준비"라는 요소에 필요한 척도를 보여 준다. 그리고 이것은 학습 내용과 단원들을 계획하고 준비하는 일반적인 범주에 속한다. 영역 1에 속하는 41가지 요소들을 위한 척도와 마찬가지로, 이와 같은 척도는 다섯 수준을 가지고 있다. 척도의 값은 미사용 수준(0), 시작 수준(1), 개발 수준(2), 적용 수준(3), 그리고 혁신 수준(4)이다. 미사용 수준은 교사가 정보에 대한 발판 만들기를 시도하지 않는 것을 의미한다. 시작 수준은 교사가 정보에 대한 발판 만들기를 시도하지만 실제로 이와 같은 시도를 완결하지 않거나 지속적으로 이루지 못하는 것을 의미한다. 개발 수준은 교사가 정보에 대한 발판 만들기를 하지만

요소들 사이의 관계가 명확하지 않는 것을 의미한다. 적용 수준은 이전에 알고 있는 여러 개의 정보를 바탕으로 새로운 개별 정보들을 명확하게 형성하는 방식으로 교사가 내용을 조직하는 것을 의미한다. 혁신 수준은 교사가 다른 사람들이 자신들의 학습 내용에 포함된 정보에 대하여 발판 만들기를 하도록 도울 수 있는 지도자로 인식되는 것을 의미한다. 당해 연도가 지난 후에 교사는 학습내용들에서 적용하기 또는 그 이상 수준이 되도록 효과적인 발판 만들기에 필요한 계획을 수립할 수 있을 만큼 자신의 역량을 향상시키는 차선 목표를 수립하게 된다.

〈표 6-5〉 **학습내용들에 포함된 정보에 대한 효과적인 발판 만들기에 필요한 수업계획과 준비를 위한 척도**

혁신 수준(4)	적용 수준(3)	개발 수준(2)	시작 수준(1)	미사용 수준(0)
교사는 다른 사람들이 이와 같은 활동을 하는 것을 도와주는 지도자로 인식된다.	학습 내용들 범위 내에서, 교사는 이전에 알고 있는 정보를 바탕으로 새로운 개별 정보를 형성하는 방식으로 내용을 조직한다.	교사는 정보에 대한 발판을 만들지만, 요소들 사이에 관계가 분명하지 않다.	교사는 이와 같은 활동을 수행하기 위한 시도를 하지만, 실제로 이와 같은 시도들이 완결되지 않거나 지속되지 못한다.	교사는 이와 같은 활동을 수행하기 위한 어떠한 시도도 하지 않는다.

영역 3은 수업에 대한 반성을 다룬다. 다시 말하면 각각의 범주에 포함된 각각의 요소는 〈부록 E〉에 제시된 척도와 관련이 있다. 당해 연도가 지나면 교사는 개발 수준과 그 보다 높은 수준까지 이와 같은 요소에서 자신의 역량을 향상시키는 차선 목표를 설정할 수 있을 것이다. 영역 4는 동료의식과 전문직주의를 다루고 있다. 영역 4를 위한 척도는 〈부록 F〉에 제시되어 있다. 당해 연도가 지나면 교사는 개발 수준과 그 이상의 수준에 해당하는 활

동에서 자신의 기량을 향상시키는 목표 설정을 할 수 있을 것이다.

우리가 제시하는 모형을 따른다면 매년 개별 교사들은 전문직 성장과 발달 계획을 발전시키고 실천할 수 있을 것이다. 전문직 성장과 발달 계획은 교사에 대한 연간 평가의 공식적인 자료로 활용될 것이다. 앞에서 언급한 것처럼 전문직 성장과 발달 계획을 발전시키는 과정은 특정한 최우선 목표들, 다시 말해서 부가가치적인 성취와 영역 1에 해당하는 목표들을 확인하는 것이 필요하다. 이와 함께 영역 2(수업계획과 준비), 영역 3(수업 반성), 영역 4(동료의식과 전문직주의)를 위한 차선 목표들 또는 도구적 목표들이 수반된다. McGreal(1983)과 Iwanicki(1981)가 이와 같은 계획은 여러 단계에서 평가되어야 한다고 설명하고 있다. 따라서 첫 번째로 고려할 사항은 계획 그 자체의 질이다. 두 번째로 고려할 사항은 그 학년도에 계속해서 교사가 그 계획을 활용하는 범위다. 해당 계획은 한 해 동안 개인적인 성장과 발달에 관한 교사의 활동을 위한 청사진이 되어야 한다. 마지막으로 고려할 사항은 계획에서 확인되는 목표들이 실제로 이루어지는 정도다. 이것은 한 해의 마지막에 모든 교사가 모이는 총괄평가 회의를 수반하게 될 것이다.

4. 제6장 요약

제6장에서 우리는 성공과 성공을 위한 계획에 필요한 명확한 기준에 대하여 살펴보았다. 성공을 위한 기준은 두 가지 분야에서 수립되어야 한다. 그 첫 번째가 영역 1에 해당하는 수업전략과 행동이다. 매년 교사들은 자신들의 발전을 알아보기 위하여 〈부록 A〉에 제시된 척도들을 개선하고 활용하면서 영역 1에 해당하는 특정한 전략과 행동을 선택해야 한다. 기준들이 수립되어야 하는 두 번째 분야는 학생의 부가가치적인 성취다. 부가가치적인 성취를 위한 세 가지 일반적 지표들에 대하여 논의하였다. 이것은 바로 증가

점수, 잔여 점수 그리고 지식 증가에 대한 학생의 자기보고다. 영역 1과 부가가치적인 성취를 위하여 수립된 기준과 병행하여, 교사들은 전문직 성장과 발달 계획을 발전시킬 수 있다. 목표의 두 가지 형태들은 전문직 성장과 발달 계획에 대하여 정확하게 설명할 수 있어야 한다. 최우선 목표들은 학생의 부가가치적인 성취와 영역 1을 위하여 수립되어야 한다. 차선 목표들은 영역 2, 영역 3과 영역 4를 위하여 수립되어야 한다. 차선 목표는 최우선 목표를 달성하기 위한 수단으로 간주된다.

제7장

전문성 향상 인정

제7장

전문성 향상 인정

만일 교육구 또는 학교가 교사 발달을 위해서 체계적인 접근 방법을 제공하려 한다면 교사 전문성을 인정하는 것은 교육구 또는 학교가 고심해야 하는 마지막 요소다. 교사를 인정해 주는 일에 관한 토론 내용에는 말할 것도 없이 교사평가에 대한 주제가 포함되어야 한다.

1. 미국의 교사평가

지난 수년 동안 교사평가는 그 자체의 엄격함과 실행가능성 때문에 비판을 상당히 많이 받아 왔다. 상세하게 설명하기 위해서 2010년 3월 6일에 뉴스위크에 게재된 다음의 내용을 살펴보고자 한다.

> 동시에 교원노조는 이전보다 훨씬 더 강력해졌다. 미국 대부분의 주에서 임용 후 2년 또는 3년 후에 교사들은 정년보장을 받게 된다. 이제 교사들을 해고하는 것은 거의 불가능해진다. 2008년 뉴욕 시에서 정년보

> 장을 받은 교사 3만 명 가운데에 3명만이 대의명분을 위하여 면직되었다. 통계자료에 의하면 놀랍게도 다른 도시들도 이와 비슷한 실정이다. 2005년부터 2008년 사이(가장 최근에 이용 가능한 자료에 의하면) 시카고 시에서 수행 능력이 빈약한 교사들이 해직되는 비율은 0.1퍼센트이었다. 오하이오 주의 애크론 시는 0퍼센트이었고, 톨레도 시는 0.01퍼센트이었다. 덴버 시도 0퍼센트이었다. 사회적으로 중요한 어떤 다른 직업에서도 근로자들은 책무성으로부터 자유롭지 못하다. 교원노조라고 해서 책임감이 당연하게 부여되는 것은 아니다. 많은 교장이 빈약한 수행능력을 보이는 교사들을 제거하려는 노력조차도 하지 않고 있다(그렇지 않으면 교장들은 '뜨거운 감자'로 생각되는 그들을 다른 학교로 보내는 정도다). 여러 해가 지나면서 미국에 근무하는 모든 교사들의 99퍼센트가 자신의 학교 체제(교육구)로부터 "만족스럽다"는 평가를 받을 수 있는 등급이 되었고, 교사를 해고하려면 교원노조와 값비싼 법정 다툼을 벌이지 않으면 안 된다(www.newsweek.com/id/234590).

교사평가 시스템에 대한 비슷한 비판이 많은 유명한 보고서에 의해서 꾸준히 제기되어 왔다. 이와 같은 보고서들 중 하나가 Toch와 Rothman (2008)의 '판단을 위한 질주(Rush to Judgment)'다. 이 문제가 제2장에서 간단하게 언급되었다. Toch와 Rothman은 시카고 시의 학교 시스템(교육구)에 대한 연구에서 2003년에서 2006년 사이 69개 학교들은 교육적으로 실패한 것으로 분류되었음에도 불구하고 600개 학교들 중 87퍼센트의 학교에서 단 한 사람도 '만족스럽지 못함'으로 교사 평정(teacher rating)을 받은 사람이 없다는 것을 발견하였다. 아마도 훨씬 더 놀라운 것은 해당 기간에 이루어진 모든 교사평가에서 단지 0.3퍼센트만 '만족스럽지 못함'으로 나타났다는 사실이다. 이와 대조적으로 시카고 시의 25,000명의 교사들 중에서 93퍼센트가 '훌륭함' 또는 '우수함'에 해당하는 등급을 받았다.

이뿐만 아니라 교사에 대한 실질적인 피드백이 거의 이루지지 않는 미국의 K-12 교육 체제의 모습을 드러낸다는 것이다. Toch와 Rothman(2008)의 보고서에 의하면 미국 50개 대규모 교육구의 평가 정책에 대한 연구 결과 비정년보장 교사 평가 비율이 〈표 7-1〉에 나타나 있다.

〈표 7-1〉 50개 대규모 교육구의 정년보장 교사와 비정년보장 교사에 대한 평가 빈도

비정년보장(untenured) 교사	
1년 2회 실시	20%
1년 1회 실시	52%
2년 1회 실시	2%
정해져 있지 않음	26%
정년보장(tenured) 교사	
1년 1회 실시	34%
2년 1회 실시	12%
3년 1회 실시	14%
5년 1회 실시	12%
정해져 있지 않음	28%

〈표 7-1〉에 보고된 결과들은 특히 전문성에 대한 연구와 비교하면 무척 놀랍다. 앞에서 언급한 것처럼 전문가가 되기 위해서는 10년 법칙에 의하여 적어도 10년 동안은 집중적인 초점실천과 연습 그리고 초점피드백을 집중적으로 받아야 한다. 〈표 7-1〉의 결과들을 보면 미국의 50개 대규모 교육구에서 전문성에 관한 그 어떤 집중적 실천 노력이나 피드백도 제공하지 않는다는 것을 알 수 있다. 가장 많은 피드백이 요구되는 비정년보장 교사들에 대하여 깊이 생각해 볼 필요가 있다. 50개 대규모 교육구 중 어떤 교

육구도 비정년보장 교사들에게 1년에 2회 이상 피드백을 제공하지 않고 있고, 단지 20퍼센트만이 1년에 2회 피드백을 제공하고 있다. 정년보장 교사에게는 한 교육구도 1년에 1회 이상의 피드백을 제공하지 않고 있고, 단지 34퍼센트만이 1년에 단지 1회만 피드백을 제공하고 있다. 전문가가 되기 위해서 최소 10년이라는 기간이 요구된다는 점을 생각해 볼 때 교사들이 교수적 전문성 향상을 원한다면 각 교육구는 수업을 담당하는 교사들에게 피드백 기회의 양을 대폭적으로 늘리지 않으면 안 된다.

Toch와 Rothman(2008)은 교사 자격(teacher credential)과 같은 고정적인 지표(static indicators)는 학생들이 특정 교사의 수업에서 배우는 정도를 나타내는 좋은 예측변수(predictor)가 되지 못한다고 설명한다.

> 그러나 최근의 연구에서는 교사 면허증과 같은 자격증들이 효과적인 교사임을 보장하지 못한다는 것을 밝혀내고 있다. 예를 들면, 하버드 대학교의 Thomas Kane과 다트머스 대학교의 Douglas Staiger는 9,400명 LA 교사에 대한 2005년 연구보고서에서 자격을 가진 교사들과 자격이 부족한 교사들이 가르친 학생들의 성취 결과에서 의미 있는 차이점을 발견하지 못하였다. 어떤 경우에는 무면허 교사들이 자격증이 있는 교사들보다 상당히 더 높은 성취 결과를 내기도 하였다(p. 2).

제2장에서 언급한 Weisberg와 동료들(2009)의 연구인 '**부품취급 효과**(The Widget Effect)'는 교사평가에 대한 비슷한 결과를 제공하였다. 제2장에서 설명한 것처럼 '부품취급 효과'는 K-12 교육 시스템이 교사를 교환 가능하고 학생 성취에 중요하지 않은 시스템의 한 부분인 "교환하여 쓸 수 있는 기계의 부품"쯤으로 다루는 경향이 있다는 가정과 관련 있는 비정상적인 이름에서 유래하였다. 저자들은 현재 실시되고 있는 주와 교육구의 정책들을 미국 각 지역의 12개 교육구에서 실천하고 있는지 조사하였다. 그들의

대단히 중요한 결론은 다음과 같이 요약될 수 있다. "학생의 성취를 높이기 위해서 학교에서 가장 중요한 요소인 교사 효과성에 대해서는 측정하지도 않고, 또 기록도 하지 않는다. 또는 어떤 의미 있는 방법으로 의사결정을 하기 위한 정보를 제공하는 데에 이용되지도 않는다."(p. 3) 이와 같은 주장을 입증하기 위하여 그들은 자신이 연구했던 12개 교육구로부터 몇 가지 주목할 만한 설명을 이끌어내고 있다.

교사들에게 피드백이 제공되는 방식에서 한 가지 차이점은 교사들을 평가하기 위해서 '탁월함, 매우 좋음, 만족함, 개선이 필요함, 만족하지 못함'과 같은 다범주의 척도(a scale with multiple categories)를 사용하는 것과 다르게 2 범주 척도(binary scale)를 분명하게 사용하고 있는지의 여부다. 예를 들면, '만족함' 또는 '만족하지 못함'의 두 범주로 교사를 평가하는 방식을 말한다. '부품취급 효과'의 저자들은 특별히 2 범주 척도의 접근법을 사용하는 시스템에 대해서 비판적이다. "2 범주 척도 평정을 사용하는 교육구에서 정년보장을 받은 모든 교사들의 99퍼센트 이상이 '만족함'에 해당하는 평가를 받는다. '만족하지 못함'에 해당하는 평가를 받는 수는 극히 일부에 지나지 않는다. 이와 같은 교육구에서 2 범주 등급에서 적용할 수 있는 차이점이란 거의 없다. 실제로 '만족함'만 계속 받기 때문이다."(p. 11)

다범주 평가를 하더라도 결과는 비슷하게 나온다. 〈표 7-2〉는 두 개의 중서부 주에 있는 두 개의 도시 지역 교육구에서 채택한 두 다범주 척도 시스템이 적용될 때 정년보장 교사들의 비율을 자세하게 보여 주고 있다.

34,889명의 정년보장 교사들이 있는 첫 번째 교육구에서 68.75퍼센트가 가장 높은 등급을 받았다. 1,062명의 정년보장 교사들이 있는 두 번째 교육구도 60.1퍼센트가 가장 높은 등급을 받았다. 특별히 혼란스러운 것은 최하 등급을 받은 교사들의 백분율과 최고 등급을 받은 교사들의 백분율이다. 첫 번째 교육구에서 0.4퍼센트가 최하 등급을 받은 반면에, 68.75퍼센트는 최고 등급을 받았다. 두 번째 교육구에서 최하 등급을 받는 정년보

〈표 7-2〉 도시 교육구에서 실시하는 정년보장 교사들과 비정년보장 교사들에 대한 평가 빈도

첫 번째 교육구: 34,889명의 정년보장 교사들		
등급	백분율	누가 백분율
탁월함	68.75%	68.75%
우수함	24.96%	93.65%
만족함	6.1%	99.75%
만족하지 못함	0.4%	100.15%
두 번째 교육구: 1,062명의 정년보장 교사들		
등급	백분율	누가 백분율
뛰어남	60.1%	60.1%
매우 좋음	31.3%	91.4%
만족함	8.0%	99.4%
개선이 필요함	0.7%	100.1%
만족하지 못함	0.0%	100.1%

주: 반올림에 의하여 100퍼센트를 초과하는 누가 백분율이 나옴.

장 교사들은 단 한 명도 없지만, 최고 등급을 받은 교사는 60퍼센트에 해당한다. 이것은 통계적 관점에서 보면 아무런 의미가 없다. Ericsson과 Charness(1994)는 어떤 시점에서도 전통적으로 가르치는 일과 같은 복잡한 영역에서 일하는 사람들의 단지 2퍼센트 정도가 전문가의 수준에 도달한다고 언급한 바 있다. 만약에 〈표 7-2〉에서 제시하는 것처럼 두 개 교육구의 최고 등급이 전문가의 위치를 나타내는 것이라면, 또는 전문가의 위치에 가깝다는 것을 나타낸다면, 두 개의 교육구과 교사들의 등급 분포와 마찬가지로 이와 유사한 다른 교육구들에서도 탁월한 성취를 이룬 것으로 기대하게 될 것이다. 왜냐하면 이러한 교육구에 근무하는 교사들의 대부분이

교육적인 기량면에서 최상위 수준에 분포하고 있고, 또 그들이 가르치는 학생들 대부분이 탁월한 성취를 보여 줄 것으로 기대될 것이기 때문이다. 불행하게도 실제는 그렇지 않다. Toch와 Rothman(2008), Weisberg와 동료들(2009)의 연구 결과에 의하면 대부분의 교사가 우수하게 평가받는 교육구들은 여러 해 동안 학생들의 성취 수준이 상당히 낮은 것으로 밝혀졌다. 대부분의 교육구는 아니더라도, 분명한 사실은 많은 교육구에서 평가시스템이 불량하다는 점이다. 이것은 교사들 자신에게도 명백하다. Weisberg와 동료들이 연구한 교육구에 근무하는 교사들이 털어놓고 하는 이야기에서 잘 나타나고 있다.

"수행 능력이 부족한 교사들이 그렇지 않은 교사들과 같은 수준으로 평가되고 있습니다. 이와 같은 사실 때문에 훌륭하게 수행하고 있는 우리 같은 교사들을 매우 화나게 만들고 있습니다."(교사, p. 10)

"내가 근무하는 교육구에서 신규 교사들이 받을 수 있는 지원이 매우 부족해서 그들은 때때로 실패하게 됩니다. 그럼에도 불구하고 아무도 관심을 가지지 않고, 신규 교사들은 자신의 부족한 상태에 대한 제대로 된 평가도 한번 받아보지도 못하고 신규 시절을 마치게 됩니다."(교사, p. 15)

"나는 정직한 교사들을 수준 이하의 교사 집단과 함께 섞어 묶어 놓으면 평판이 나빠지게 되어 훌륭한 교사들을 힘들게 만든다고 생각합니다. 이보다 훨씬 더 심각한 것은 우리 학교 교장선생님이 이와 관련하여 아무런 조치도 하지 않는다는 것입니다."(교사, p. 16)

"그렇게 하는 것은 행정가들이 하는 가장 쉬운 방법입니다. 왜냐하면 반발을 최소화할 수 있기 때문입니다. 그들은 효과성이 낮은 교사들을 지도하거나 개선시키기 위한 시간이 없고, 심지어는 그런 권위조차도 없습니다. 좋은 교사들은 자기가 해야 할 일을 훌륭하게 완수하는 것에 대한 아무런 보상도 받지 못한 채 방치되고 있습니다. 반면에 나쁜 교사들은 손쉽게 보상을 받고 있습니다."(교사, p. 19)

"나는 교사평가를 할 만한 적절한 훈련을 받았다고 생각하지 않습니다. 많은 평가 도구가 있습니다. 그러나 아무도 그 도구들에 대해서 심도 있게 검토하지도 않습니다. 우리는 평가 과정에 대해서 훈련을 받지 않았습니다. 교장이 된 첫 해에 교장은 평가를 실시하고 평가 과정을 진행합니다. 왜냐하면 반드시 평가를 해야 하기 때문입니다."(교장, p. 21)

"많은 교사가 '탁월함'이란 등급을 받는 데에 익숙해져 있습니다. 그리고 그보다 낮은 등급을 받으려고 하지 않습니다. 그것은 또한 행정가들에게도 쉬운 방법처럼 보입니다. 교사들과 대립하는 것보다는 낫기 때문입니다."(교사, p. 22)

"가르치는 일에 자신의 모든 열과 정을 쏟아 붓는 교사들이 있습니다. 자신이 가르치는 모든 학생이 그런 선생님이 노력하는 것만큼 계속 향상되지 못한다는 것을 알게 되는 것은 가슴 아픈 일입니다. 이와 같은 원인들이 우리의 학교 문화에서 억울함과 좌절감을 유발합니다."(교사, p. 24)

"평가 과정은 단순히 항목에 따라 척도 위에 숫자로 표시하여 평가하는 것이 아니라 교사 발전이 최우선 목적이 되어야 합니다. 요즘에 나타나는 것처럼, 교사에 대한 즉각적인 어떤 건설적인 형태의 피드백도 없습니다. 융통성도 없고 때로는 의미 없는 항목에다 점수가 매겨집니다. 논의의 여지도 없이 점수만 부여하는 빈약한 교수 방법의 전형이 되었습니

다."(교사, p. 14)

끝으로 교사평가의 개혁을 가로막고 있다고 공통적으로 생각하고 있는 교원 노조들조차도 훨씬 더 엄격하고 공정한 평가 시스템의 혜택을 받을 것이라고 인정하고 있다. Weisberg와 그의 동료들(2009)의 연구의 한 대상이었던 Pueblo 교원단체협회가 제공한 성명의 일부를 인용하고자 한다.

> "나는 모든 의사결정권자가 교사, 행정가, 그리고 학교의 효과성 평가를 위하여 훨씬 더 신뢰할 수 있고, 의미 있고, 생산적인 시스템으로 만들기 위해서 함께 모여야 한다고 믿는다. 교사들은 자신이 선택한 교직을 가치 있게 여기고, 자신에게 자극을 주고 교직과 가르치는 일에 대하여 전반적으로 지식이 풍부한 동료들과 함께 일하려고 하는 전문직 종사자들이다. 가르칠 학생들의 요구를 충족시켜 주기 위해서 교사들을 전문가로 육성하고 교사들의 전문성 개발을 지원하려는 시스템에서 함께 일하는 교사들과 행정가들은 수업의 질을 향상시키고, 모두에게 이익이 되는 효과적인 교육과정을 개발한다."[Pueblo Education Association, (CO) p. 40]

2. 교사평가의 발전 과정

미국에서 교사평가는 평가 과정에 관해서 상당한 타성을 가지고 있는 거대한 단일 조직(monolith)이라는 특징을 가지고 있다. 이와 같은 타성은 교사평가의 실제를 고치려는 실천 노력 증대의 결여에 원인이 있다. 결국 합리적으로 판단할 때, 교사평가는 가까운 미래에도 급격하게 바뀌기는 어렵다고 예상할 수 있다. 이와 같은 사실에도 불구하고, 21세기 초 10년 동안정적 상태에서 교사평가를 지배하는 타성을 약화시키는 증거들을 발견할 수 있다.

2000년에 교사발전프로그램(Teacher Advancement Program: TAP)이 Lowell Milken이라는 기업인에 의해서 시작되었다. TAP 모형은 보상 프로그램을 위한 수행으로 상당한 주목을 받았다. 그러나 그와 같은 요소는 단지 접근 방법의 한 측면을 대표한다고 할 수 있다. TAP 프로그램은 학교가 좋은 교수(good teaching)의 특징의 보편적인 한 세트를 확인하고, 동료 멘토교사들과 수석교사들(master teachers)을 활용하여 교사들의 기량을 개선하도록 동료들과 함께 일하도록 한다(Sawchuk, 2009). 이 프로그램은 네 가지 주요 요소에 기반을 두고 있다. 첫 번째 요소는 교사들이 '신규교사'로부터 경력을 시작하여 전문직 발달 노력을 이끌어 가는 '멘토교사'를 거쳐, 계속 교사 팀을 가르치고, 시범 수업을 하고, 다른 교사들의 수업을 관찰하는 '수석교사(Master)'가 되도록 단계적으로 발전해 나가는 경력사다리(a career ladder)를 제공한다. 두 번째 요소는 '수석교사'들로 하여금 학생 활동과 효과적인 수업 실천에 집중하는 교사협력팀을 이끌어 가게 하여 지속적인 교직 발달과 코칭을 꾀하는 것이다. 세 번째 요소는 교사들이 다양한 영역에서 교사들의 수업을 자세하게 설명하는 연속적인 척도에 기반을 둔 발전적이고 총괄적인 피드백(developmcntal and summative feedback)을 받으면서 수업에 중점을 두는 책무성 시스템이다. 마지막 요소는 교사들이 자신이 담당하는 학생들의 성취, 학교 전체의 성취, 그리고 교사평가에 의해서 부가 보상을 받을 수 있도록 하는 성과근거 보상모형이다. TAP 모형의 많은 요소는 이 책에서 권장하고 있는 것을 상당 부분 반영하고 있다.

교사평가와 관련하여 상황의 변화와 관련된 다른 지표는 미국 전문교직표준국가위원회(the National Board of Professional Teaching Standards; NBPTS)의 분명한 성공에서 찾아볼 수 있다. 제1장에서 언급한 것처럼, NBPTS는 20세기 후반에 Albert Shanker(역주: 미국교사조합 AFT 의장)와 뉴욕에 있는 카네기재단의 세심한 노력에 의하여 새롭게 만들어졌다. 교사들이 해당 과정을 마치는 데에 비용을 지불해야 한다는 사실에도 불구하고, 현재 약 82,000명의 교사들이 NBPTS에서 '국가자격증'을 받은 것으로 추산된다. NBPTS의 인증 과정이 복잡하고 오랜 시간이 걸린다는 것도 눈여겨 볼만하다.

NBPTS의 국가자격인증 과정은 NBPTS가 보증하는 교사들의 특징에 대하여 '지식, 기능, 성향과 신념을 요약하는' 다음과 같은 다섯 가지 가정 또는 제안에 기반한다(www.nbpts.org).

- 교사들은 다른 많은 것 중에서도 "학생들이 이해할 수 있도록 지식을 가르치고" "학생들을 공정하게 대하고" 그리고 학생들이 어떻게 발전하고 학습하는지 심층적으로 이해하는 능력을 갖춰 학생들과 자신의 학습에 헌신해야 한다.
- 교사들은 교과에 대하여 가장 적합한 수업전략 역량뿐만 아니라 "자신이 가르치는 교과에 대하여 숙달하고 있다."는 것을 증명하여야 한다.
- 교사들은 학생들로 하여금 지속적으로 "동기를 가지고, 참여하면서, 집중하도록" 이끄는 것을 포함하여, "학생들의 학습을 관리하고 돌보는 책임을 진다." 세 번째 제안에는 이와 함께 학생 학습의 개별평가와 집단평가에서 능력을 갖췄다고 말할 수 있어야 한다.
- 교사들은 지속적인 발전의 기초로서 자신의 교직 실천에서 체계적이고 비판적으로 반성하고 노력한다.
- 교사들은 "학생의 학습을 향상시키기 위하여 다른 사람들과 협력한다."

NBPTS의 국가자격인증을 받으려는 교사는 학생 작품, 학생들과 상호작용을 녹화한 비디오 자료, 교실 밖에서 학생들의 학습에 영향을 주었던 업적에 대한 증거를 포함한 수업 사례에 대한 설명서를 포함한 교실에서 실천한 것에 대한 포트폴리오를 의무적으로 제출하여야 한다. 포트폴리오 구성 과정에 참여하려는 교사들은 환급이 되지 않는 500달러의 비용을 부담하여야 한다. 포트폴리오가 완성되고 제출되면, NBPTS 과정에 참여하는 교사들은 여섯 가지 서답형 문항(constructed-response)의 실습에 대한 온라인 평가를 받는다. 최종 자격인증은 포토폴리오와 온라인 평가에서 모두 성공적인 점수를 받을 때 부여되는데, 이때 추가적으로 2,000달러의 비용이 발생하는데 이를 부담한다. 일단 NBPTS 자격인증을 받으면 10년간 유효하다(Sawchuk, 2010). NBPTS의 과정의 대부분이 우리의 저서의 권고를 반영하고 있다.

3. 교사평가의 새로운 관점

이 책의 맨 앞에서 우리는 교사 장학과 평가의 기본적 목적은 교사의 효과성을 향상시키기 위한 것이라고 하였다. 앞의 다른 장에서는 장학에 초점을 맞춰 다룬 반면 제7장에서는 주로 평가라는 주제에 초점을 두었다. 우리는 의도적으로 교사평가와 관련된 주제에 대한 우리의 논의를 사실상 단순하고 표면적인 수준에서 다루고 있다. 우리는 교사자격증, 정년보장, 성과급에 관한 주제가 중요한 쟁점이고, 이 책에서 다루었던 특징의 일부분으로 설명될 수 있지만 이것들에 대해서는 언급하지 않았다. 이와 같은 주제들에 대하여 유용한 정보를 주는 논의는 Cochran-Smith와 Power(2010), Grossman과 Loeb(2010), 그리고 Johnson과 Papay(2010)의 논문을 참조하기를 바란다.

기본적으로 이전 장들에서는 교사 역량의 특정한 영역 내에서 특정한 기량의 성장을 위한 기반으로 이용되는 피드백을 교사들이 끊임없이 다양한 형태로 받을 수 있는 시스템에 대해서 언급하였다. 교사들은 또한 증가 점수와 잔여 점수와 같은 부가가치적인 학생 성취에 관한 다중의 지표를 받는다. 제6장에서 논의한 것처럼 별도로 독립적으로 고안된 측정기준들은 교사들에 대한 잘못된 결과를 도출할 수 있다. 그럼에도 불구하고 총체적으로 고려해 보면, 영역 1에 해당하는 교수학(pedagogy)에서 교사의 성장에 대한 측정과 학생의 부가가치적인 성취는 교사평가에 대한 훨씬 더 엄격한 접근과 풍부한 정보를 제공하는 접근이 가능한 기반을 제공할 수 있다. David(2010)가 제시한 것처럼 최소한 하나의 연구는 대부분 교사들이 다양한 수준의 접근을 지지한다는 것을 보여 준다(Coggshall, Ott, Lasagna, 2010). Toch와 Rothman(2008)도 유사한 교사들의 정서에 대해서 설명하고 있다.

> 다중 평가자에 의한 표준과 점수표, 다중 수업관찰, 그리고 학생 작품과 교사의 성찰 반성의 역할을 포함하는 종합평가들은 그것이 학생의 성취를 어느 정도 예측할 수 있느냐와 상관없이, 그리고 또 다소 부족한 교사나 혹은 많이 부족한 교사를 찾아내 제거할 수 있느냐 하는 문제와는 상관없이 종합평가는 종합평가대로 가치 있는 것이다. 종합평가들은 현재 단독으로 실시되고 있는 평가들이나 검사 점수보다 수업 개선에 훨씬 더 많이 기여한다. 그리고 종합평가들은 학교에서 전문성을 중시하는 분위기를 조성하는 데에 기여한다.
>
> 그 결과 종합평가들은 교직에서 교사들을 보충하고 유지하기 위해 어려움을 겪고 있는 공립학교의 교직에 재능 있는 사람들로 하여금 훨씬 더 매력을 느끼게 만들고 있다. 능력 있는 사람들은 자신이 중요하다고 느끼는 환경에서 근무하기를 원하고, 교수활동이 아주 중요한 일이라는 것을 나타내주는 전문직적 개선의 엔진으로 평가 시스템을 활용하는 그런 환경에서 근무하기를 원한다. 이런 상황에서 교사 종합평가 시스템들은 교사들이 중요한 일을 하는 그런 전문직 전문가라는 메시지를 보내준다(p. 13).

교육구가 영역 1에서 교사 전문성과 부가가치적인 성취에 관한 다중의 측정을 실시한다는 가정 아래, 우리는 교사평가의 과정에 관한 한 가지 주요한 권고 사항으로 "**교사평가는 전문성을 지향하여 나아가는 각각 다른 발달 단계에 있다는 것을 인정하여야 한다.**"는 점을 강조하고자 한다.

제7장의 앞부분에서 설명한 것처럼, 어떤 교육구들은 '탁월함, 우수함, 만족함, 그리고 만족하지 못함'과 같이 교사 수행의 다양한 범주들을 채택하는 연간 평가 시스템을 활용한다. 적어도 우리가 규정한 것처럼 이것은 교사 전문성의 서로 다른 단계를 인정하는 것 같지는 않다. 교수 전문성의 단계들은 연간 단위에 할당되지는 않는다. 오히려 그것들은 교사가 전문적인 자격에 이르기 위해서 꾸준히 나아가는 단계들을 나타낸다. 부가가치적인 성취가 항상 부가가치적인 성취 점수들과 영역 1에서의 수행을 반영하는 점수의 부정확함 때문에 신뢰에 금이 간다는 것과 관련이 있기는 하지만, 사실 우리는 교사들에게 그들의 수행에 관한 연간 점수를 특별하게 부여하려는 시도들을 신뢰한다. 그럼에도 불구하고 오랜 시간을 거치면서 명확하게 규정된 전문성의 단계를 따라 진보를 관찰하고 기록하는 것은 가능하다. 〈표 7-3〉은 가능한 단계의 순서를 나타내고 있다.

〈표 7-3〉 교사 발달 단계

단계	성취와 영역 1 기준	책무
시작신분 교사	• 교육구 표준에서 34 백분위 미만인 부가가치적인 성취 점수 • 영역 1의 모든 요소에서 시작 수준 (1)에 해당하는 최소 점수	• 선택된 영역 1의 전략과 행동들에 대한 전문성을 증진시키면서 학생의 부가가치적인 성취 점수를 향상시키기 위하여 지속적으로 노력하기 • 영역 1과 영역 2(수업계획과 준비)에서 효과적인 실천에 대하여 다른 교사들과 상호 작용하기 • 영역 3과 영역 4에서 일하기

전문교사	• 교육구 표준에서 34번째와 84번째 백분위 사이에 있는 부가가치적인 성취 점수 • 영역 1에서 개발 수준(2)의 최소 점수와 적용 수준(3)의 대부분 점수 • 영역 2, 영역 3, 영역 4에서 개발 수준(2)에 해당하는 최소 점수	• 학생의 부가가치적인 성취 점수를 향상시키고, 선택된 영역 1의 전략과 행동들에 대한 전문성을 증진시키기 위하여 지속적으로 노력하기 • 영역 1에서 효과적인 실천에 대하여 다른 교사들과 상호 작용하기 • 영역 2에 대한 상호 작용 이끌어 가기 • 영역 3과 영역 4에서 지속적으로 작업하기
멘토교사	• 교육구 표준에서 85번째와 97번째 백분위 사이에 있는 부가가치적인 성취 점수 • 효과적인 교수를 위한 교사의 개인적인 방식을 대표하는 영역 1의 선택된 요소들에 대한 혁신 수준(4)의 점수와 다른 모든 요소들에 대한 최소 점수 3점 • 영역 2, 영역 3, 영역 4에서 2점에 해당하는 최소 점수, 그리고 3점 이상에 해당하는 대부분의 점수	• 시작신분 교사들과 전문교사들이 영역 1과 2에서 기량을 향상시킬 수 있도록 함께 작업하기 • 전문가 코치로서 역할하기 • '수업 순회'(instructional rounds) 이끌어 가기 • 영역 3에서 지속적으로 작업하기 • 영역 4에서 리더십 역할을 갖추기
수석교사	• 교육구 표준에서 97번째 백분위 이상인 부가가치적인 성취 점수 • 교수를 위한 교사의 개인적인 방식을 대표하는 영역 1의 선택된 요소에서 혁신 수준(4) 점수와 다른 모든 요소들에 대한 최소 점수 3점 • 영역 2, 영역 3, 영역 4에서 최소 점수 3점	• 시작신분 교사들과 전문교사들이 영역 1과 2에서 기량을 향상시킬 수 있도록 함께 작업하기 • '수업 순회' 이끌어 가기 • 전문가 코치로서 역할하기 • 영역 4에서 리더십 역할을 갖추기 • 교사평가를 위한 정책을 수립하고 교사평가에 참여하기 위해서 교육구 행정가들과 함께 작업하기

〈표 7-3〉에서 첫 번째 단계는 '**시작신분 교사**(the Initial Status Teacher)'다 [역주: 교사양성기관에서 나와 처음 가르치는 일을 시작한 교사 신분을 말한다. 대개 the Initial Status Teacher는 비정년보장 교사에 해당되는데 비정년보장 교사와 정년보장 교사만 해도 엄격한 신분 구분이라고 할 수 있다. 우리나라에서는 대

개 2급 정교사, 1급 정교사 정도의 신분 구분이 있으나 미국이나 영국에서는 여러 단계의 신분 구분이 있는 경우가 보편적이다. 영국에서 교사양성기관에서 자격증을 따고 교직에 출발하는 첫 단계가 QTS(Qualified Teacher Status, Q로 표시)다. 즉, 입직지도(induction)를 받는 시보교사의 신분인 ITT(Initial Teacher Training)로 미국의 IST와 같은 단계다. 영국의 2단계가 Core Teacher(C로 표시), 3단계 Post Threshold(P로 표시), 4단계가 Excellent Teacher(E로 표시), 5단계가 Advanced Skills Teacher(AST, A로 표시)인데 2011년에 영국 교육부 장관은 여기에 Master Teacher라는 한 단계 더 높은 단계를 추가하자고 제안한 바 있다. 근무 연수에 의하여 상급 단계로 올라가는 것이 아니라 전문적 속성(Attributes), 지식과 이해(Knowledge & Understanding), 기능(Skills)의 세 영역별로 도달해야 할 수준을 정해 놓고 이를 평가하여 위 단계로 올라가게 하고, 단계별로 보수에 차등을 두고 있다. 마치 대학에 전임강사, 조교수, 부교수, 교수의 단계를 두고 있는 것과 같다. www.tda.gov.uk/standards]. 이와 같은 범주에 속하게 되는 기준은 교육구 표준에서 34번째 백분위 미만에 해당하는 부가가치적인 성취 점수다. 달리 설명하면 여기에 해당하는 교사들의 부가가치적인 성취는 전체 교육구의 정상분포곡선에서 받은 점수의 3분의 1이하에 해당한다. 비록 상대적으로 낮은 점수지만, '시작신분 교사'들은 훨씬 더 경험이 많은 교사들과 비슷하거나 그들보다 우수하게 학생들이 부가가치적인 성취를 하도록 만들 수 있다고 기대하기 어려운 전형적인 초임 교사들이다. 영역 1에 관하여 시작신분의 범주에 속하는 교사들은 영역 1의 모든 전략과 행동들에 대한 시작 수준(1)에 해당하는 최소 점수를 받기 위하여 일을 한다. 두 번째 범주로 나아가기 위해서 첫 번째 범주에 해당하는 교사들은 비록 자신이 이와 같은 전략과 행동들의 실행에서 부분적으로 유능하지 못할지라도, 그들이 영역 1의 모든 요소에 해당하는 전략과 행동들을 정확하게 실행할 수 있다는 것을 반드시 보여 주어야 한다. 달리 말하면 시작신분을 넘어서기 위해서 교사들은 반드시 영역 1의 모든 전략과 행동들에서 최소 점수 2점을 넘어야 한다. 시작신분 교사들의 주요한 책무는 영역 1의 수업전략과 행동들과 관련된 기량을 지속적으로 향상시키려고 노력하는 것이다. 이를 위해서 교사들은 성실하고 현명한 조언과 도움을 구하면서, 영역 1과 영역 2에 대해서 다른 교사들과 함께 상호작용할 것을 기대한다. 교사들은 이와 함께 영역 3에 해당하는 자신의 교수활동을 되돌아보아야 하고, 영역 4에 해당하는 동료의식과 전문직주의를 향상시키는 활동에 참여하여야 한다.

〈표 7-3〉에서 두 번째 단계는 '**전문교사**(Professional Teacher)'의 단계다. 이 범주에서 속하게 되는 기준은 교육구 표준에서 34번째 84번째 백분위 사이에 해당하는 부가가치적인 성취 점수다. 전문교사들은 영역 1의 모든 요소에서 개발 수준(2)의 최소 점수를 받고, 대부분의 점수가 적용 수준(3) 이상을 받는다. 이것은 전문교사들이 영역 1의 모든 41가지 요소들에 대한 수업전략과 행동들을 체계적으로 사용한다고 말하는 것은 아니다. 사실 전문교사들은 아마도 대부분 자신의 교실에서 전형적으로 필요로 하는 수업전략들을 식별하고 있을 것이다. 그럼에도 불구하고 전문교사는 만약에 그렇게 하도록 요청을 받는다면 자신이 영역 1에 해당하는 모든 수업전략과 행동들을 실행할 수 있다는 것을 계속해서 보여 주어야 한다. 이와 같은 기준에 추가하여 전문교사는 영역 2, 영역 3, 영역 4에 해당하는 모든 요소에서 개발 수준(2)에 해당하는 최소 점수를 획득해야 한다. 전문교사들의 책무는 자신의 학생들의 부가가치적인 성취 점수를 향상시키기 위해서 계속해서 노력하고, 선택된 영역 1의 수업전략과 행동들에 대한 자신의 전문성을 높이기 위해서 노력하는 것이다. 시작신분 교사와 마찬가지로, 전문교사는 영역 1의 수업전략에 대하여 다른 교사들과 함께 상호작용한다. 이와 함께 전문교사는 수업계획과 준비에 해당하는 영역 2와 관련된 논의를 이끌어 간다. 전문교사는 영역 3과 영역 4에 해당하는 전문성을 계속해서 발전시킨다. 만약 교사들이 교육구에서 계속해서 근무하고 싶다면, 아마도 모든 교사는 전문교사의 위치에 도달하도록 요구될 것이다.

〈표 7-3〉에서 세 번째 단계는 '**멘토교사**(Mentor Teacher)'의 단계다. 교사들은 교육구에 계속 고용을 유지하기 위해서 이와 같은 위치에 도달해야 할 필요는 없다. 다시 말하면 교사는 전문교사 단계 이상이 되지 않아도 교육구에 종신 고용을 유지할 수 있다. 멘토교사의 범주에 속하게 되는 기준은 교육구 표준에서 85번째 97번째 백분위 사이에 부가가치적인 성취 점수가 해당된다. 영역 1과 관련해서 멘토교사는 3점 이하의 최소 점수를 받지 않고, 영역 1의 선택된 요소들에 대해서 4점에 해당하는 점수를 받는다. 영역 1에서 탁월한 수행을 하는 영역들이 멘토교사들의 특정한 스타일을 구성한다. 멘토교사들은 영역 1에 대한 기량과 함께 영역 2, 영역 3, 영역 4의 모든 요소에서 최소 점수가 2점이어야 하고, 대부분의 점수가 3점 이상이어야 한다. 멘토교사의 책무는 영역 1과 영역 2에서 자신의 기량들을 향상시키려는 시작신분 교사들, 전문교사들과 함께 협동적으로 일하는 것을 포함한다. 제5장에서 설명한 것처럼 멘토교사들은 '수업 순회'를 이끌어 가야 하고, 전문가 코치의 기능을 담당해야 한다. 멘토교사들은 영역 3에 해당하는 자신의 전문성을 부단히 발전시키면서, 동시에 영역 4에 해당하는 리더십 역할과 동료의식 및 전문직주의를 가져야 한다.

〈표 7-3〉에서 마지막 단계는 '**수석교사**(Master Teacher)'의 단계다. 교육구에서 상대적으로 얼마 되지 않는 수의 교사들이 수석교사의 단계에 오를 수 있다. 수석교사의 범주에 속하게 되는 기준은 교육구 표준에서 97번째 백분위 이상인 부가가치적인 성취 점수를 받은 교사가 해당된다. 영역 1과 관련해서 수석교사는 멘토교사와 동일한 기준을 가지고 있다. 따라서 수석교사는 영역 1의 선택된 요소들에 대하여 4점의 점수를 받아야 하고, 다른 모든 요소의 최소 점수가 3점 이상이어야 한다. 영역 2, 영역 3, 영역 4에서 수석교사는 모든 요소에서 최소 점수가 3점이어야 한다. 요약하면 수석교사는 영역 1, 영역 2, 영역 3, 영역 4의 모든 요소에 대하여 3점 이상의 점수를 받아야 한다. 수석교사의 책무는 영역 1, 영역 2에서 시작신분 교사들

과 함께 협동적으로 일하는 것을 포함한다. 이것은 멘토교사의 책무와 유사하다. 그리고 멘토교사처럼 수석교사는 '수업 순회'를 이끌어야 하고, 전문가 코치로서 봉사해야 하고, 영역 4에 해당하는 리더십 역할을 수행해야 한다. 멘토교사와 달리 수석교사는 교사평가와 관련된 정책을 수립하기 위해서 교육구 행정가들과 함께 작업한다. 부가적으로 수석교사는 교사평가 과정에 밀접하게 참여한다.

4. 한 교육구의 시행 과정

충실하게 시행된다면 제7장과 이전 장에서 상세하게 살펴본 제안들은 야심찬 것이고, 교사 피드백과 교사평가에서 패러다임 전환을 대표하는 것이다. 사실 이 책에서 제안한 것들이 충실하게 이행된다면 K-12 교육의 전체 문화에서 패러다임 전환을 대표할 것이다. Marzano와 그의 동료들(2005)은 교육구 또는 학교 내의 패러다임 전환에서 생기는 노고를 상세하게 설명하였다. 이들은 교육구 또는 학교가 구성원들의 요구에 즉각 반응하지 않는다는 어떤 인식, 그리고 교육구 또는 학교가 앞으로 나아가지 않고 오히려 뒷걸음치려고 한다는 인식에 대해서 다루고 있다. 실제로 패러다임 이동이 이루어지는 동안에, 교육구 또는 학교는 변화가 너무나도 극적이어서 몇 명의 충실한 신뢰로운 교육자들을 잃을 수도 있다.

패러다임 이동의 복잡성이 염려가 된다면 우리는 교육구 또는 학교가 우리의 제안들을 성급하게 실행하려고 시도하는 것을 권장하지 않는다. 오히려 이 책에서 권고하는 변화는 점진적인 방식으로 시행될 수도 있을 것이다.

아마도 교육구를 위한 첫걸음은 우리가 영역 1에서 윤곽을 그렸던 교실 수업전략과 행동들이라는 요소들을 채택하는 것이다. 우리는 이것을 공동의 '수업 언어'의 개발이라고 하였다. 우리와 함께 일했던 교육구와 학교들은 『수업예술과 수업과학(*The Art and Science of Teaching*, Marzano, 2007)』이나 『수업예술과 수업과학 핸드북(*A Handbook for the Art and Science of Teaching*, Marzano & Brown, 2009)』 또는 2권의 책 모두를 공부하면서 영역 1에 해당하는 수업전략과 행동들에 익숙해지면서 약 1년이라는 시간을 보냈다. 그해의 연말에 그들은 공식적으로 그들의 수업에 대한 공식적인 언어로서 우리의 모형을 채택하였다. 교사들과 행정가들이 수업에 대하여 상호작용하도록 활용할 공식적인 용어로 채택한 것이다.

두 번째 해가 진행되는 동안 교육구와 학교들은 '수업 순회'에 큰 비중을 두었다. 이것은 처음에 자유의사에 따라서 실시되었다.

제5장의 논의를 떠올려 보자면 '수업 순회'의 목적은 여기에 참여하는 교사들이 다른 교사들의 기량 실천을 관찰하게 하는 것이다. 그래서 '수업 순회' 참여 교사들이 자신의 교실에서 사용하는 수업전략과 행동을 자신이 관찰한 교사들의 것과 비교할 수 있도록 하는 것이다. '수업 순회'의 목적은 관찰 대상이 되는 교사들을 평가하려는 것이 아니었다. 사실상 '수업 순회'를 위한 관찰 대상이 되도록 요청 받는다는 자체가 전통적으로 명예로운 것으로 간주된다. 왜냐하면 그것은 그 교사가 수업전략과 행동들을 능숙하게 적용하는 것으로 인정받는다는 것을 나타내기 때문이다. 두 번째 해가 진행되는 동안 교사들은 〈부록 A〉에 제시된 척도를 사용하면서 영역 1의 41가지 개별 요소에 대한 점수를 획득하도록 요청받았다. 이와 같은 자기평정은 당해 연도 기간 동안 교사에 의하여 비밀에 부쳐진다. 왜냐하면 당해 연도 동안 자기평정의 목적은 교사들이 영역 1에서 자신의 강점과 약점을 파악하는 것이기 때문이다. 이와 같은 방침은 교사가 '수업 순회'에 참여하는 동안에 집중하면서 주의를 기울이는 데에 도움이 된다. 왜냐하면 교사들이 영역 1의 요소들에 훨씬 더 친숙해지도록 돕고, 교사들이 아이디어를 나누고 서로서로 배우는 문화를 수립하는 것이 바로 두 번째 해의 목적이기 때문이다. 따라서 교사의 자기평정 결과가 행정가들 또는 장학자들에게 노출되어

야 할 이유가 거의 없다.

세 번째 해가 되면서 교육구 또는 학교는 장학과 평가의 과정을 훨씬 더 공식적으로 처리하였다. 영역 2, 영역 3, 영역 4가 도입되었다. 교사들은 전문적인 성장과 발달 계획에 대해서 공식적으로 기록하기 시작하였고, 제6장에서 설명한 것처럼 첫 번째 목표와 두 번째 목표를 찾기 시작하였다. 어떤 점에서 첫 번째와 두 번째 목표에 대한 교사의 진보는 평가 과정의 공식적인 부분이 되었다. 그리고 제7장의 처음에 언급한 전문적인 발달의 단계(예를 들면, 시작신분 교사, 전문교사, 멘토교사, 수석교사)가 시행되었다.

5. 기회의 포착

우리는 교사 장학과 평가의 모습이 미국의 K-12 교육에서 급격하게 변화하고 있다고 믿는다. 장학과 평가에 대한 접근이 변화하고 있다는 교육구의 뉴스나 주의 뉴스 없이 한 주를 넘기기 어렵다. 이 책에서 우리는 그와 같은 변화를 인도하는 교육구들이 사용 가능한 틀에 대하여 설명하려는 시도를 하였다. 우리는 이 책을 읽는 교육자들이 우리가 한 일을 응용하기를 권고한다. 사실 모든 교육구의 요구에 꼭 맞는 적합한 틀을 마련할 수는 없다. 비록 우리는 교육구와 학교들이 우리들이 한 일을 자신의 특별한 필요와 요구에 맞춰 응용하기를 권장하고 있지만, 우리는 이 책에서 추천하는 변화들을 시도하려고 할 때 교육구들이 늑장부리기를 권하지는 않는다. 계획된 대로 실질적인 변화를 시도하는 것은 바람직하다. 그러나 교육구에 근무하는 모든 구성원이 변화에 완벽하게 편안해질 때까지 기다리는 것은 게으름을 피우는 것이다. 우리는 지금이 교사 장학과 평가에서 과감한 시도를 하기에 가장 적합한 시기라고 생각한다. 우리는 이 책이 과감한 시도를 위한 약간의 믿을 수 있는 제안을 제공하는 기회가 되길 기대한다. 그리고 아마도 보다 중요한 것은, 과감한 시도를 즉각적으로 시작하는 권한과 책임을 가지고 있는 행정가들에게 동기를 부여하는 데에 도움이 되기를 희망한다.

Effective Supervision: Supporting the Art and Science of Teaching

부록

부록 A 관찰 프로토콜(원 양식)

일상 내용을 포함한 수업 부분(일상 부분)

질문 1: 학습목표를 설정하고 이를 중심으로 의사소통하고, 학생의 진보를 추적하고, 성공을 축하하기 위하여 나는 무엇을 할 것인가?

1. 명확한 학습목표와 학습목표 측정척도 제시하기	
교사는 학습목표에 관련된 수행의 수준을 설명하는 척도 또는 평가기준을 동반하는 명확하게 진술된 학습목표를 제공한다.	노트
교사 증거 • 교사는 모든 학생이 볼 수 있도록 게시한 학습목표를 가지고 있다. • 학습목표는 활동 또는 과제보다는 지식 또는 정보의 명확한 진술로 되어 있다. • 교사는 수업의 전체 과정에서 학습목표를 참조한다. • 교사는 모든 학생이 볼 수 있도록 게시된 학습목표와 관련된 척도 또는 평가기준을 가지고 있다. • 교사는 수업의 전체 과정에서 척도 또는 평가기준을 참조한다.	학생 증거 • 질문을 받으면, 학생들은 수업을 위한 학습목표를 설명할 수 있다. • 질문을 받으면, 학생들은 수업 목표와 관련된 자신의 현재 활동들에 대해서 설명할 수 있다. • 질문을 받으면, 학생들은 척도 또는 평가기준에서 제시하는 수행 수준의 의미를 설명할 수 있다.

척도					
	혁신 수준(4)	적용 수준(3)	개발 수준(2)	시작 수준(1)	미사용 수준(0)
명확한 학습목표와 학습목표 측정척도 제시하기	특별한 학생의 필요와 상황을 위하여 새로운 전략을 적용하고 창조한다.	학생들이 다루어 보았거나 연결시킬 수 있는 범위를 점검한 적이 있는 새로운 지식을 미리 보고 연결시키도록 요구하는 학습 활동에 학생들을 참여시킨다.	학생들이 다루어 본 경험이 있는 새로운 지식을 미리 보고 연결시키도록 요구하는 학습 활동에 학생들을 참여시킨다.	전략을 부적절하게 사용하거나 일부분을 빠뜨린 채로 사용한다.	전략이 필요하지만 나타나지 않았다.

출처: © 2011 Robert J. Marzano

<table>
<tr><th colspan="2">2. 학생 진보 추적하기</th></tr>
<tr><td>교사는 성적을 사정할 때 형성적인 접근을 사용하는 학습목표에 대한 학생의 진보를 촉진한다.</td><td>노트</td></tr>
<tr><td>교사 증거
• 교사는 학생들이 학습목표에 대한 그들의 개별적인 진보가 이루어지도록 돕는다.
• 교사는 학습목표에 대한 학생들의 등급을 자세하게 나타내는 척도 또는 평가기준에 대한 점수를 학생들에게 부여하기 위하여 공식적 수단과 비공식적인 수단을 사용한다.
• 교사는 학습목표에 대한 전체 수업의 진보를 기록한다.</td><td>학생 증거
• 질문을 받으면, 학생들은 척도 또는 평가기준을 사용하는 학습목표에 관한 자신의 등급을 서술할 수 있다.
• 학생들은 체계적으로 학습목표에 대한 자신의 등급을 갱신한다.</td></tr>
</table>

척도					
	혁신 수준(4)	적용 수준(3)	개발 수준(2)	시작 수준(1)	미사용 수준(0)
학생 진보 추적하기	특별한 학생의 필요와 상황을 위하여 새로운 전략을 적용하고 창조한다.	성적 사정에서 형성적인 접근을 사용하는 학생의 진보를 촉진하고, 학생들이 자신의 수행 수준을 이해하는 정도를 점검한다.	성적 사정에서 형성적인 접근을 사용하는 학생의 진보를 촉진한다.	전략을 부적절하게 사용하거나 일부분을 빠뜨린 채로 사용한다.	전략이 필요하지만 나타나지 않았다.

출처: © 2011 Robert J. Marzano

3. 학생의 성공 축하하기	
교사는 학생들에게 그들의 현재 등급에 대한 인식 그리고 학습목표에 관련 있는 지식 획득을 제공한다.	노트
교사 증거 • 교사는 척도 또는 평가기준에서 확실한 점수를 성취한 학생들을 인정한다. • 교사는 학습목표에 관련 있는 자신의 지식과 기능을 높인 학생들을 인정한다. • 교사는 전체 수업의 가장 높은 등급과 진보를 인정하고 축하한다. • 교사는 성공을 축하하기 위한 다양한 방법을 사용한다. - 거수하기 - 성공 인정하기 - 부모에게 알리기 - 박수갈채	학생 증거 • 학생들은 수업에서 자신의 성취에 관한 자부심의 표시를 보여 준다. • 질문을 받으면, 학생들은 자신들이 계속해서 성공을 이루고 싶다고 말한다.

척도

	혁신 수준(4)	적용 수준(3)	개발 수준(2)	시작 수준(1)	미사용 수준(0)
학생의 성공 축하하기	특별한 학생의 필요와 상황을 위하여 새로운 전략을 적용하고 창조한다.	학습목표에 관련된 학생들의 현재 등급과 지식 획득을 인정하고, 학생들이 자신의 등급을 높이기 위하여 동기화되는 정도를 점검한다.	학습목표에 관련된 학생들의 현재 등급과 지식 획득을 인정한다.	전략을 부적절하게 사용하거나 일부분을 빠뜨린 채로 사용한다.	전략이 필요하지만 나타나지 않았다.

질문 6: 교실의 일상성을 정하고 유지하기 위하여 나는 무엇을 할 것인가?

<table>
<tr><th colspan="2">4. 수업의 일상성 정하기</th></tr>
<tr><td>교사는 그들의 효과적인 실행을 보장하는 규칙과 절차에 관한 기대를 검토한다.</td><td>노트</td></tr>
<tr><td>교사 증거
• 교사는 학생들을 교실 규칙 제정에 참여시킨다.
• 교사는 규칙과 절차를 검토하고 진행하기 위하여, 학급 회의를 활용한다.
• 교사는 학생들에게 규칙과 절차들을 상기시킨다.
• 교사는 학생들이 규칙과 절차들을 다시 말하거나 설명하도록 요구한다.
• 교사는 규칙 또는 절차가 사용되어야 할 때 단서나 신호를 제공한다.</td><td>학생 증거
• 학생들은 수업이 이루어지는 동안에 명확하게 규정된 일과를 따른다.
• 질문을 받으면, 학생들은 정해진 규칙과 절차를 설명할 수 있다.
• 질문을 받으면, 학생들은 질서정연한 공간으로 교실을 묘사한다.
• 학생들은 교사에 의한 단서와 신호를 인식한다.
• 학생들은 자신의 행동을 조절한다.</td></tr>
</table>

척도					
	혁신 수준(4)	적용 수준(3)	개발 수준(2)	시작 수준(1)	미사용 수준(0)
수업의 일상성 정하기	특별한 학생의 필요와 상황을 위하여 새로운 전략을 적용하고 창조한다.	규칙과 절차에 대한 기대를 수립 및 검토하고, 학생들이 규칙과 절차를 이해하는 정도를 점검한다.	규칙과 절차에 대한 기대를 정하고 검토한다.	전략을 부적절하게 사용하거나 일부분을 빠뜨린 채로 사용한다.	전략이 필요하지만 나타나지 않았다.

출처: © 2011 Robert J. Marzano

5. 학습을 위한 교실의 물리적인 배치를 조직하기	
교사는 움직임을 촉진하고 학습에 집중하기 위하여 교실의 물리적인 배치를 조직한다.	노트
교사 증거 • 교실의 물리적인 배치는 이동하기에 편리한 패턴을 가지고 있다. • 교실의 물리적인 배치는 학습 자료와 학습 센터에 쉽게 접근할 수 있도록 되어 있다. • 교실은 학생들의 학습을 향상시키는 방법으로 꾸며진다. • 게시판은 현재 학습 내용과 관련 있다. • 학생 작품이 전시된다.	학생 증거 • 학생들은 교실을 편안하게 돌아다닌다. • 학생들은 학습 자료와 학습 센터를 이용한다. • 학생들은 전시되어 있는 그들의 작품을 사례로 활용한다. • 학생들은 게시판에 있는 정보를 활용한다. • 학생들은 수업에 쉽게 집중할 수 있다.

척도

	혁신 수준(4)	적용 수준(3)	개발 수준(2)	시작 수준(1)	미사용 수준(0)
학습을 위한 교실의 물리적인 배치를 조직하기	특별한 학생의 필요와 상황을 위하여 새로운 전략을 적용하고 창조한다.	움직이기 편리하고 수업에 집중하도록 교실의 물리적인 배치를 조직하고, 학생들의 학습 환경에 대한 영향을 점검한다.	움직이기 편리하고 수업에 집중하도록 교실의 물리적인 배치를 조직한다.	전략을 부적절하게 사용하거나 일부분을 빠뜨린 채로 사용한다.	전략이 필요하지만 나타나지 않았다.

출처: © 2011 Robert J. Marzano

내용을 다루는 수업 부분(내용 부분)

질문 2: 학생들이 새로운 지식을 가지고 효과적으로 상호작용 하도록 돕기 위하여 나는 무엇을 할 것인가?

1. 중요한 정보 확인하기	
교사는 학생들이 특별한 주의를 기울여야 하는 중요한 정보에 참여하는 동안에 수업 또는 수업의 부분을 확인한다.	노트
교사 증거 • 교사는 왜 앞으로 공부할 내용이 중요한지 설명하면서 수업을 시작한다. • 교사는 학생들에게 어떤 중요한 정보에 대비하도록 말한다. • 교사는 간접적인 방식으로 앞으로 공부할 정보의 중요성에 대한 단서를 준다. - 목소리의 어조 - 몸 동작 - 반응하는 수준	학생 증거 • 질문을 받으면, 학생들은 수업에 다루어진 정보의 중요성 수준을 묘사할 수 있다. • 질문을 받으면, 학생들은 집중을 할 만큼 학습 내용이 중요한 이유를 설명할 수 있다. • 학생들은 명백하게 자신의 참여 수준을 조절한다.

척도

	혁신 수준(4)	적용 수준(3)	개발 수준(2)	시작 수준(1)	미사용 수준(0)
중요한 정보 확인하기	특별한 학생의 필요와 상황을 위하여 새로운 전략을 적용하고 창조한다.	어떤 학습 내용이 중요하고 중요하지 않는지 학생들에게 신호를 보내고, 학생들이 중요한 정보에 주의를 기울이는 정도를 점검한다.	어떤 학습 내용이 중요하고 중요하지 않는지 학생들에게 신호를 보낸다.	전략을 부적절하게 사용하거나 일부분을 빠뜨린 채로 사용한다.	전략이 필요하지만 나타나지 않았다.

출처: © 2011 Robert J. Marzano

2. 새로운 지식을 가지고 상호작용을 하도록 학생들을 조직하기	
교사는 새로운 정보의 과정을 활발하게 처리하도록 학생들을 소집단으로 조직한다.	노트
교사 증거 • 교사는 학생들을 집단으로 조직하고 집단에서 학생들이 상호작용을 하도록 일상적인 규칙을 정하였다. • 교사는 수업을 위하여 학생들을 즉석으로 조직한다. - 두 명을 한 쌍으로 조직 - 세 명을 한 쌍으로 조직 - 다섯 명 이내의 소집단 조직	학생 증거 • 학생들이 질서있게 집단으로 이동한다. • 학생들은 집단에서 적절한 행동에 대한 기대를 이해하는 것으로 보인다. - 다른 사람들의 의견을 존중한다. - 토론에서 자신의 관점을 추가한다. - 질문을 하고 질문에 대답을 한다.

척도

	혁신 수준(4)	적용 수준(3)	개발 수준(2)	시작 수준(1)	미사용 수준(0)
새로운 지식을 가지고 상호작용을 하도록 학생들을 조직하기	특별한 학생의 필요와 상황을 위하여 새로운 전략을 적용하고 창조한다.	새로운 지식을 활발하게 처리하도록 학생들을 소집단으로 조직하고, 집단의 진행과정을 점검한다.	새로운 지식을 활발하게 처리하도록 학생들을 소집단으로 조직한다.	전략을 부적절하게 사용하거나 일부분을 빠뜨린 채로 사용한다.	전략이 필요하지만 나타나지 않았다.

3. 새로운 내용 사전 검토하기	
교사는 학생들이 이미 알고 있는 것을 배우게 될 새로운 학습 내용에 연결시키고 활발하게 만드는 것을 돕는 활동에 참여시킨다.	노트
교사 증거 • 교사는 읽기 전에 미리 보기 질문을 사용한다. • 교사는 K-W-L 전략이나 이것을 변형한 전략을 사용한다. • 교사는 학생들에게 주제에 대하여 이들이 이미 알고 있는 것이 무엇인지 질문하거나 상기시킨다. • 교사는 선행조직자를 제공한다. - 개요 - 그래픽 조직자 • 교사는 학생들에게 브레인스토밍을 하게 한다. • 교사는 예상 가능한 안내를 한다. • 교사는 동기부여 방법/활동 시작의 방법을 사용한다. - 일화 - 비디오에서 선택한 짧은 영상 • 교사는 앞으로 공부할 내용에 어휘를 연결시키는 낱말 게임(word splash)을 사용한다.	학생 증거 • 질문을 받으면, 학생들은 이전에 학습한 지식과 연관시켜서 설명할 수 있다. • 질문을 받으면, 학생들은 앞으로 공부하게 될 내용을 예상한다. • 질문을 받으면, 학생들은 이들이 배우게 될 것에 대한 목적을 대비할 수 있다. • 학생들은 능동적으로 활동을 시연하는 학습에 몰두한다.

척도

	혁신 수준(4)	적용 수준(3)	개발 수순(2)	시작 수준(1)	미사용 수준(0)
새로운 내용 사전 검토하기	특별한 학생의 필요와 상황을 위하여 새로운 전략을 적용하고 창조한다.	학생들이 미리 보도록 요구하고 이미 배운 것을 새로운 지식에 연결시키는 학습 활동에 학생들을 참여시키고, 학생들이 연결하는 정도를 점검한다.	학생들이 미리 보도록 요구하고 이미 배운 것을 새로운 지식에 연결시키는 학습 활동에 학생들을 참여시킨다.	전략을 부적절하게 사용하거나 일부분을 빠뜨린 채로 사용한다.	전략이 필요하지만 나타나지 않았다.

출처: © 2011 Robert J. Marzano

4. 내용을 '씹어 삼킬 수 있는 크기'로 나누기	
학생의 필요에 근거하여, 교사는 내용을 예를 들면, 씹어 삼킬 수 있는 조각처럼 학생들이 쉽게 처리할 수 있는 정보의 작은 조각들로 나눈다.	노트
교사 증거 • 교사는 언어적인 제시를 하면서 전략적인 요점에서 멈춘다. • 동영상이 재생되는 동안에, 교사는 핵심적인 단계에서 동영상을 멈춘다. • 시범을 보이는 동안에, 교사는 전략적인 요점에서 멈춘다. • 학생들이 정보 또는 이야기를 소리 내어서 읽는 동안에, 교사는 전략적인 요점에서 멈춘다.	학생 증거 • 질문을 받으면, 학생들은 교사가 다양한 요점에서 멈춘 까닭을 설명할 수 있다. • 학생들은 교사가 전략적인 요점에서 멈출 때 그들에게 기대되는 것이 무엇인지 아는 것으로 나타난다.

척도

	혁신 수준(4)	적용 수준(3)	개발 수준(2)	시작 수준(1)	미사용 수준(0)
내용을 '씹어 소화시킬 수 있는 크기'로 나누기	특별한 학생의 필요와 상황을 위하여 새로운 전략을 적용하고 창조한다.	학생의 필요에 근거하여, 투입되는 경험을 작은 크기로 나누고, 어떤 크기가 적절한지 점검한다.	학생의 필요에 근거하여, 투입되는 경험을 작은 크기로 나눈다.	전략을 부적절하게 사용하거나 일부분을 빠뜨린 채로 사용한다.	전략이 필요하지만 나타나지 않았다.

출처: © 2011 Robert J. Marzano

5. 새로운 정보를 집단 처리하기	
내용의 제시를 잘게 나누는 동안에, 교사는 학생들이 새로운 정보를 처리하는 것에 능동적으로 참여하게 한다.	노트
교사 증거 • 교사는 학습 집단의 구성원들에게 새로운 정보를 요약해 준다. • 교사는 공식적인 학습 집단을 처리하는 전략을 이용한다. - 직소우 - 상보적 교수 - 개념 획득	학생 증거 • 질문을 받으면, 학생들은 자신이 학습을 끝낸 것을 설명할 수 있다. • 학생들은 예측한 것을 자발적으로 말한다. • 학생들은 자발적으로 설명에 대하여 질문한다. • 학습 집단들은 능동적으로 학습 내용에 대한여 토론한다. - 학습 집단 구성원들은 정보에 대하여 서로에게 질문하고 대답한다. - 학습 집단 구성원들은 그들이 다음에 기대하는 것에 대하여 예측한다.

척도

	혁신 수준(4)	적용 수준(3)	개발 수준(2)	시작 수준(1)	미사용 수준(0)
새로운 정보를 집단 처리하기	특별한 학생의 필요와 상황을 위하여 새로운 전략을 적용하고 창조한다.	학생들을 요약하기, 예측하기, 질문하기 활동에 참여시키고, 그 활동들이 학생들의 이해를 향상시키는지 점검한다.	학생들을 요약하기, 예측하기, 질문하기 활동에 참여시킨다.	전략을 부적절하게 사용하거나 일부분을 빠뜨린 채로 사용한다.	전략이 필요하지만 나타나지 않았다.

출처: © 2011 Robert J. Marzano

6. 새로운 정보를 정교하게 하기	
교사는 학생들에게 질문을 하거나 명시적으로 배운 것을 넘어서는 정교한 추론을 요구하는 활동에 학생들을 참여시킨다.	노트
교사 증거 • 교사는 학습 내용에 대하여 학생들이 정교한 추론을 하도록 요구하는 명시적인 질문을 한다. • 교사는 학생들이 자신의 추론을 설명하고 방어하도록 요구한다. • 교사는 추론을 요구하는 상황이나 문제들을 제시한다.	학생 증거 • 학생들은 추론적인 질문들을 자발적으로 대답한다. • 학생들은 추론에 대하여 설명하고 '증명'한다.

척도					
	혁신 수준(4)	적용 수준(3)	개발 수준(2)	시작 수준(1)	미사용 수준(0)
새로운 정보를 정교하게 하기	특별한 학생의 필요와 상황을 위하여 새로운 전략을 적용하고 창조한다.	학생들을 추론하는 질문에 대답하도록 참여시키고, 학생들이 배운 것을 명확하게 설명하는 정도를 점검한다.	학생들을 추론하는 질문에 대답하도록 참여시킨다.	전략을 부적절하게 사용하거나 일부분을 빠뜨린 채로 사용한다.	전략이 필요하지만 나타나지 않았다.

출처: © 2011 Robert J. Marzano

7. 지식을 기록하고 표현하기	
교사는 학생들에게 자신이 새로운 학습내용에 대하여 이해한 것을 언어적인 방법으로 기록하는 것과 학습 내용을 비언어적인 방법으로 표현하는 것을 돕는 활동에 참여시킨다.	노트
교사 증거 • 교사는 학생들에게 그들이 학습을 완료한 정보를 요약하도록 요구한다. • 교사는 학생들에게 그들이 학습 내용에서 결정적인 정보를 확인한 것을 필기하도록 요구한다. • 교사는 학생들에게 새로운 학습 내용을 비언어적인 표현으로 창조하도록 요구한다. - 그래픽 조직자 - 그림 - 그림문자 - 플로 차트	학생 증거 • 학생들의 요약과 노트는 매우 중요한 내용을 포함한다. • 학생들의 비언어적인 표현은 매우 중요한 내용을 포함한다. • 질문을 받으면, 학생들은 수업의 주요한 요점을 설명할 수 있다.

척도					
	혁신 수준(4)	적용 수준(3)	개발 수준(2)	시작 수준(1)	미사용 수준(0)
지식을 기록하고 표현하기	특별한 학생의 필요와 상황을 위하여 새로운 전략을 적용하고 창조한다.	학생들을 자신이 새로운 학습 내용에 대하여 이해한 것을 언어적인 방법과 비언어적인 방법으로 기록하는 것을 돕는 활동에 참여시키고, 학생들의 이해가 향상된 정도를 점검한다.	학생들을 자신이 새로운 학습 내용에 대하여 이해한 것을 언어적인 방법과 비언어적인 방법으로 기록하는 것을 돕는 활동에 참여시킨다.	전략을 부적절하게 사용하거나 일부분을 빠뜨린 채로 사용한다.	전략이 필요하지만 나타나지 않았다.

출처: © 2011 Robert J. Marzano

8. 학습 반성하기	
교사는 학생들이 자신의 학습과 학습 과정을 반성하도록 돕는 활동에 참여시킨다.	노트
교사 증거 • 교사는 학생들에게 명확한 것과 혼동되는 것이 무엇인지 명확하게 진술하거나 기록할 것을 요구한다. • 교사는 학생들이 열심히 노력한 방법을 진술하거나 기록하도록 요구한다. • 교사는 학생들이 자신의 학습을 향상시켜야 할 것이 무엇인지 진술하거나 기록하도록 요구한다.	학생 증거 • 질문을 받으면, 학생들은 자신이 명확하게 알고 있는 것과 혼동되는 것이 무엇인지 설명할 수 있다. • 질문을 받으면, 학생들은 열심히 노력한 방법을 묘사할 수 있다. • 질문을 받으면, 학생들은 자신의 학습을 향상시키기 위하여 할 수 있었던 것이 무엇인지 설명할 수 있다.

척도

	혁신 수준(4)	적용 수준(3)	개발 수준(2)	시작 수준(1)	미사용 수준(0)
학습 반성하기	특별한 학생의 필요와 상황을 위하여 새로운 전략을 적용하고 창조한다.	학생들을 자신이 학습과 학습 과정을 반성하는 활동에 참여시키고, 학생들이 자신의 이해와 노력을 스스로 평가하는 정도를 점검한다.	학생들을 자신이 학습과 학습 과정을 반성하는 활동에 참여시킨다.	전략을 부적절하게 사용하거나 일부분을 빠뜨린 채로 사용한다.	전략이 필요하지만 나타나지 않았다.

출처: © 2011 Robert J. Marzano

질문 3: 학생들이 새로운 지식에 대한 이해를 연습하고 더욱 심화하도록 학생을 돕기 위하여 나는 무엇을 할 것인가?

9. 내용 검토하기	
교사는 학생들을 매우 중요한 정보를 강조하는 학생내용을 간략하게 복습하는 활동에 참여시킨다.	노트
교사 증거 • 교사는 학습 내용을 간단하게 복습하면서 수업을 시작한다. • 교사는 정보를 복습하는 특별한 전략들을 사용한다. - 요약 - 기존 정보를 사용하여 해결되어야 하는 문제 - 내용 검토가 필요한 질문들 - 시범 - 실행 평가 또는 연습	학생 증거 • 질문을 받으면, 학생들은 새로운 수업이 기반을 두고 있는 기존 학습 내용을 자세하게 설명할 수 있다. • 학생들은 그들이 이전에 학습한 내용을 회상한 것을 나타내는 수업 활동에 대답한다.

척도					
	혁신 수준(4)	적용 수준(3)	개발 수준(2)	시작 수준(1)	미사용 수준(0)
내용 검토하기	특별한 학생의 필요와 상황을 위하여 새로운 전략을 적용하고 창조한다.	학생들을 매우 중요한 정보를 강조하는 학습 내용을 요약하여 복습하는 활동에 참여시키고, 학생들이 기존 학습 내용을 회상하고 자세하게 설명하는 정도를 점검한다.	학생들을 매우 중요한 정보를 강조하는 학습 내용을 요약하여 복습하는 활동에 참여시킨다.	전략을 부적절하게 사용하거나 일부분을 빠뜨린 채로 사용한다.	전략이 필요하지만 나타나지 않았다.

10. 지식을 연습하고 심화하도록 학생들을 조직하기	
교사는 지식의 실천과 심화를 촉진하는 방법으로 학습 집단을 조직한다.	노트
교사 증거 • 교사는 학생들이 자신의 정보 내용에 대한 지식을 심화시키는 아이디어를 표현할 수 있도록 학습 집단을 조직한다. • 교사는 학생들이 기능, 전략 또는 과정을 실천하는 아이디어를 표현할 수 있도록 학습 진단을 조직한다.	학생 증거 • 질문을 받으면, 학생들은 학습 집단 작업이 그들의 학습을 지원하는 방법을 설명한다. • 학습 집단에서, 학생들은 그들의 정보 내용에 대한 지식을 심화시키거나 또는 기능, 전략 또는 과정을 명확한 방식으로 상호작용한다. -학습 집단 구성원들의 상호 질문 -동료 학생들로부터 피드백 받기

척도					
	혁신 수준(4)	적용 수준(3)	개발 수준(2)	시작 수준(1)	미사용 수준(0)
지식을 연습하고 심화하도록 학생들을 조직하기	특별한 학생의 필요와 상황을 위하여 새로운 전략을 적용하고 창조한다.	학생들의 지식을 실천하고 심화시키기 위하여 학습 집단을 조직하고, 학습 집단작업이 그들의 학습을 향상시키는 정도를 점검한다.	학생들의 지식을 실천하고 심화시키기 위하여 학습 집단을 조직한다.	전략을 부적절하게 사용하거나 일부분을 빠뜨린 채로 사용한다.	전략이 필요하지만 나타나지 않았다.

출처: © 2011 Robert J. Marzano

11. 숙제 활용하기	
필요한 경우에 (통상적인 틀과는 대조적으로), 교사는 학생들의 정보를 제공하는 내용에 대한 지식을 심화시키거나 기능과 전략 또는 과정을 연습시키는 숙제를 계획한다.	노트
교사 증거 • 교사는 숙제에 대한 명확한 목적을 전달한다. • 교사는 학생들에게 보다 많은 시간을 제공하기 위해서 수업에서 시작되는 활동을 확장한다. • 교사는 학생들이 그들의 지식을 독립적으로 연습하고 심화시키는 데에 도움이 되는 숙제를 세밀하게 계획해서 부과한다.	학생 증거 • 질문을 받으면, 학생들은 숙제가 정보를 제공하는 내용에 대한 그들의 이해를 어떻게 심화시킬 것인지 또는 기능과 전략 또는 과정을 연습하는 데에 어떻게 도움이 될 것인지 설명할 수 있다. • 학생들은 그들이 숙제의 목적을 이해하는 데에 도움이 되도록 숙제에 대하여 명확하게 질문한다.

척도					
	혁신 수준(4)	적용 수준(3)	개발 수준(2)	시작 수준(1)	미사용 수준(0)
숙제 활용하기	특별한 학생의 필요와 상황을 위하여 새로운 전략을 적용하고 창조한다.	필요한 경우에 (통상적인 틀과는 대조적으로), 정보에 대한 지식을 심화시키거나 기능, 전략 또는 과정을 연습시키도록 계획된 숙제를 부과하고, 학생들이 숙제를 이해하는 정도를 점검한다.	필요한 경우에 (통상적인 틀과는 대조적으로), 정보에 대한 지식을 심화시키거나 기능, 전략 또는 과정을 연습시키도록 계획된 숙제를 부과한다.	전략을 부적절하게 사용하거나 일부분을 빠뜨린 채로 사용한다.	전략이 필요하지만 나타나지 않았다.

출처: © 2011 Robert J. Marzano

12. 유사점과 차이점을 검토하기	
학습 내용이 정보를 제공할 때, 유사성과 차이점을 조사하면서 교사는 학생들이 그들의 지식을 심화시키도록 돕는다.	노트
교사 증거 • 교사는 학생들에게 유사성과 차이점을 조사하도록 요구하는 활동들에 그들을 참여시킨다. - 비교 활동들 - 분류 활동들 - 유추 활동들 - 은유 활동들 • 교사는 학생들이 그들의 학습 내용에 대한 이해를 심화시키는 것을 돕기 위하여 이와 같은 활동들의 사용을 촉진한다. - 학생들이 그들이 활동을 통해서 학습한 것을 요약하도록 요구하기 - 학생들이 활동이 어떻게 그들의 이해를 증가시켰는지 설명하도록 요구하기	학생 증거 • 학생의 결과물들은 그 활동의 결과로 그들의 지식이 확장되었다는 것을 보여 준다. • 활동에 대한 질문을 받으면, 학생의 답변들은 그들이 자신의 이해를 심화시켰다는 것을 보여 준다. • 질문을 받으면, 학생들은 유사성과 차이점을 설명할 수 있다. • 학생의 결과물들은 그들이 유사성과 차이점을 확인한다는 것을 보여 준다.

척도					
	혁신 수준(4)	적용 수준(3)	개발 수준(2)	시작 수준(1)	미사용 수준(0)
유사점과 차이점을 검토하기	특별한 학생의 필요와 상황을 위하여 새로운 전략을 적용하고 창조한다.	학습 내용이 정보를 제공할 때, 학생들을 그들이 유사성과 차이점을 조사하도록 요구하는 활동들에 참가시키고, 학생들이 그들의 지식을 심화시키고 있는 정도를 점검한다.	학습 내용이 정보를 제공할 때, 학생들을 그들이 유사성과 차이점을 조사하도록 요구하는 활동들에 참가시킨다.	전략을 부적절하게 사용하거나 일부분을 빠뜨린 채로 사용한다.	전략이 필요하지만 나타나지 않았다.

출처: © 2011 Robert J. Marzano

13. 추론의 오류를 검토하기	
학습 내용이 정보를 제공할 때, 교사는 학생들이 자신의 추론 또는 그들에게 제시된 정보의 논리를 조사하면서 학생들의 지식을 심화시키도록 돕는다.	노트
교사 증거 • 교사는 학생들에게 실수 또는 비형식적인 오류에 대한 정보를 조사하도록 요구한다. - 잘못된 논리 - 비난 - 빈약한 참조 - 잘못된 정보 • 교사는 학생들에게 주장을 위하여 제시된 증거의 강점을 조사하도록 요구한다. - 명확한 주장의 진술 - 제시된 주장에 대한 증거 - 주장에 대한 예외를 보여 주는 사례들	학생 증거 • 질문을 받으면, 학생들은 정보에서 실수 또는 비형식적인 오류를 묘사할 수 있다. • 질문을 받으면, 학생들은 주장을 지지하기 위하여 제시된 논증의 전체적인 구조를 설명할 수 있다. • 학생의 결과물들은 그들이 추론에서 오류를 확인할 수 있다는 것을 보여 준다.

척도					
	혁신 수준(4)	적용 수준(3)	개발 수준(2)	시작 수준(1)	미사용 수준(0)
추론의 오류를 검토하기	특별한 학생의 필요와 상황을 위하여 새로운 전략을 적용하고 창조한다.	학습 내용이 정보를 제공할 때, 학생들에게 자신의 추론 또는 자신들에게 제시된 정보의 논리를 조사하도록 요구하는 활동들에 참여시키고, 학생들이 그들의 지식을 심화시키는 정도를 점검한다.	학습 내용이 정보를 제공할 때, 학생들에게 자신의 추론 또는 자신들에게 제시된 정보의 논리를 조사하도록 요구하는 활동들에 참여시킨다.	전략을 부적절하게 사용하거나 일부분을 빠뜨린 채로 사용한다.	전략이 필요하지만 나타나지 않았다.

14. 기능, 전략, 과정을 실천하기	
학습 내용이 기능, 전략 또는 과정을 포함할 때, 교사는 학생들을 그들의 유창성을 발전시키는 활동을 연습하는 데에 참여시킨다.	노트
교사 증거 • 교사는 학생들을 기능, 전략 또는 과정을 실행하는 그들의 현재 능력에 적합한 연습 활동에 빈번하게 참여시킨다. - 만약에 학생들이 기능, 전략 또는 과정을 혼자 힘으로 수행할 수 없다면 안내에 의한 연습 참여 - 만약에 학생들이 기능, 전략 또는 과정을 혼자 힘으로 수행할 수 있다면 독립적인 연습 참여	학생 증거 • 학생들은 기능, 전략 또는 과정을 향상된 자신감으로 수행한다. • 학생들은 기능, 전략 또는 과정을 향상된 능숙함으로 수행한다.

척도					
	혁신 수준(4)	적용 수준(3)	개발 수준(2)	시작 수준(1)	미사용 수준(0)
기능, 전략, 과정을 실천하기	특별한 학생의 필요와 상황을 위하여 새로운 전략을 적용하고 창조한다.	학습 내용이 기능, 전략 또는 과정을 포함할 때, 학생들을 연습 활동에 참여시키고, 연습이 학생의 유창성을 증가시키는 정도를 점검한다.	학습 내용이 기능, 전략 또는 과정을 포함할 때, 학생들을 연습 활동에 참여시킨다.	전략을 부적절하게 사용하거나 일부분을 빠뜨린 채로 사용한다.	전략이 필요하지만 나타나지 않았다.

15. 지식 수정하기	
교사는 학생들을 이전 수업에서 다룬 학습 내용에 대한 기존의 지식을 수정하도록 참여시킨다.	노트
교사 증거 • 교사는 학생들이 자신의 학습 공책에 있는 기존의 항목을 점검하도록 요구한다. • 교사는 전체 학급을 현재 수업이 기존 학습내용에 대한 인식과 이해를 변화시킨 방법에 대한 점검에 참여시킨다. • 교사는 학생들이 그들의 이해가 어떻게 변하였는지 설명하게 한다.	학생 증거 • 학생들은 학습 내용에 대하여 이전에 기억하고 있는 정보를 교정한다. • 질문을 받으면, 학생들은 그들이 학습내용에 대해서 가지고 있던 기존의 실수 또는 잘못된 개념을 설명할 수 있다.

척도

	혁신 수준(4)	적용 수준(3)	개발 수준(2)	시작 수준(1)	미사용 수준(0)
지식 수정하기	특별한 학생의 필요와 상황을 위하여 새로운 전략을 적용하고 창조한다.	학생들을 기존 학습 내용의 수정에 참여시키고, 이와 같은 수정이 학생들의 이해를 심화시키는 정도를 점검한다.	학생들을 기존 학습 내용의 수정에 참여시킨다.	전략을 부적절하게 사용하거나 일부분을 빠뜨린 채로 사용한다.	전략이 필요하지만 나타나지 않았다.

출처: © 2011 Robert J. Marzano

질문 4: 학생들이 새로운 지식에 대한 가설을 설정하고 검증하도록 돕기 위하여 나는 무엇을 할 것인가?

16. 인지적으로 복잡한 과제를 해결 할 수 있도록 학생들을 조직하기	
교사는 학생들이 가설을 설정하고 검증하는 복잡한 과제를 공부하는 것을 촉진하는 방식으로 수업을 조직한다.	노트
교사 증거 • 교사는 가설을 설정하고 검증하는 필요성을 설정한다. • 교사는 가설을 설정하고 검증하기 위하여 학생들을 소집단으로 조직한다.	학생 증거 • 질문을 받으면, 학생들은 학습 내용에 대한 가설을 설정하고 검증하는 것의 중요성에 대해서 자세하게 설명한다. • 질문을 받으면, 학생들은 소집단이 그들의 학습을 어떻게 지원하는지 설명한다. • 학생들은 그들이 가설을 설정하고 시험하는 것에 도움을 주는 소집단 활동을 활용한다.

척도

	혁신 수준(4)	적용 수준(3)	개발 수준(2)	시작 수준(1)	미사용 수준(0)
인지적으로 복잡한 과제를 해결 할 수 있도록 학생들을 조직하기	특별한 학생의 필요와 상황을 위하여 새로운 전략을 적용하고 창조한다.	인지적으로 복잡한 과제를 공부하는 것을 촉진하기 위하여 학생들을 소집단으로 조직하고, 소집단 과정이 가설을 설정하고 검증하는 것을 촉진하는 정도를 점검한다.	인지적으로 복잡한 과제를 공부하는 것을 촉진하기 위하여 학생들을 소집단으로 조직한다.	전략을 부적절하게 사용하거나 일부분을 빠뜨린 채로 사용한다.	전략이 필요하지만 나타나지 않았다.

출처: © 2011 Robert J. Marzano

17. 가설 설정과 검증을 포함한 인지적으로 복잡한 과제에 학생들을 학습에 몰두시키기	
교사는 학생들을 가설을 설정하고 검증을 하는 것을 요구하는 복잡한 과제(예를 들면, 의사결정, 문제해결, 실험탐구, 조사)에 참여시킨다.	노트
교사 증거 • 교사는 학생들에게 가설을 설정하고 검증하는 것을 요구하는 분명한 의사결정, 문제해결, 실험 탐구 또는 조사 과제에 그들을 참여시킨다. • 교사는 학생들에게 가설을 설정하고 검증하는 것을 요구하는 그들 자신의 개별 또는 집단 과제 설정을 촉진한다.	학생 증거 • 학생들은 명확하게 자신에게 가설을 설정하고 검증하도록 요구하는 과제들을 공부하고 있다. • 질문을 받으면, 학생들은 그들이 검증하고 있는 가설들을 설명할 수 있다. • 질문을 받으면, 학생들은 그들의 가설들이 확정되었는지 여부를 설명할 수 있다. • 학생 결과물들은 그들이 의사결정, 문제해결, 실험탐구 또는 조사에 참여할 수 있다는 것을 보여 준다.

척도

	혁신 수준(4)	적용 수준(3)	개발 수준(2)	시작 수준(1)	미사용 수준(0)
가설 설정과 검증을 포함한 인지적으로 복잡한 과제에 학생들을 학습에 몰두시키기	특별한 학생의 필요와 상황을 위하여 새로운 전략을 적용하고 창조한다.	학생들을 인지적으로 복잡한 과제(예 들 들면 의사결정, 문제해결, 실험탐구, 조사)에 참여시키고, 학생들이 가설을 설정하고 검증하는 정도를 점검한다.	학생들을 인지적으로 복잡한 과제(예 들 들면 의사결정, 문제해결, 실험 탐구, 조사)에 참여시킨다.	전략을 부적절하게 사용하거나 일부분을 빠뜨린 채로 사용한다.	전략이 필요하지만 나타나지 않았다.

<table>
<tr><td colspan="2">18. 자원과 지침을 제공하기</td></tr>
<tr><td>교사는 자원 공급자로 행동하고, 학생들이 인지적으로 복잡한 과제들에 참여하도록 안내한다.</td><td>노트</td></tr>
<tr><td>교사 증거
• 교사는 자신을 지침 또는 자원이 필요한 학생들에게 도움이 되도록 만든다.
- 교실 곳곳을 순회한다.
- 학생들이 자신에게 쉽게 접근하도록 만든다.
• 교사는 가설 설정과 검증 과제들을 위한 그들의 필요를 결정하기 위하여 수업이 이루어지는 동안에 학생들과 상호작용한다.
• 교사는 전체 수업, 학생들 소집단 또는 개별적인 학생들에게 필요한 자원과 지침을 자발적으로 제안한다.</td><td>학생 증거
• 학생들은 가설 설정과 검증 과제들에 관한 조언과 지침을 위하여 교사를 찾는다.
• 질문을 받으면, 학생들은 교사가 가설 설정과 검증 과제들에 대한 조언과 지침을 어떻게 제공하였는지 설명할 수 있다.</td></tr>
</table>

척도					
	혁신 수준(4)	적용 수준(3)	개발 수준(2)	시작 수준(1)	미사용 수준(0)
자원과 지침을 제공하기	특별한 학생의 필요와 상황을 위하여 새로운 전략을 적용하고 창조한다.	학생들이 인지적으로 복잡한 과제들에 참여할 때 지침과 자원의 제공자로 행동하고, 학생들이 지침과 자원을 요청하고 활용하는 정도를 점검한다.	학생들이 인지적으로 복잡한 과제들에 참여할 때 지침과 자원의 제공자로 행동한다.	전략을 부적절하게 사용하거나 일부분을 빠뜨린 채로 사용한다.	전략이 필요하지만 나타나지 않았다.

출처: © 2011 Robert J. Marzano

즉석에서 일어나는 수업 부분(즉석 처리 부분)

질문 5: 학생들을 몰두시키기 위하여 나는 무엇을 할 것인가?

1. 학생들이 몰두하지 않을 때 주의를 주고 이에 대응하기	
교사는 학생들이 언제 참여하지 않고 눈에 띄게 행동하는지 교실을 샅샅이 살펴본다.	노트
교사 증거 • 교사는 특정 학생들 또는 소집단들이 참여하지 않는 때를 알아챈다. • 교사는 교실에서 활동 수준이 낮아지는 순간을 알아챈다. • 교사는 학생들이 다시 참여하게 만드는 행동을 한다.	학생 증거 • 학생들은 교사가 그들의 참여 수준을 주목하고 있다는 사실을 알고 있는 것으로 보인다. • 학생들은 자극을 받으면 그들의 참여 수준을 높이려고 노력한다. • 질문을 받으면, 학생들은 교사가 높은 수준의 참여를 기대하고 있다는 것을 설명한다.

척도					
	혁신 수준(4)	적용 수준(3)	개발 수준(2)	시작 수준(1)	미사용 수준(0)
학생들이 몰두하지 않을 때 주의를 주고 이에 대응하기	특별한 학생의 필요와 상황을 위하여 새로운 전략을 적용하고 창조한다.	학생들이 참여하지 않고 행동을 시도하면 주의를 기울이면서 교실을 샅샅이 살펴보고, 학생들이 다시 참여하는 수준을 점검한다.	학생들이 참여하지 않고 행동을 시도하면 주의를 기울이면서 교실을 샅샅이 살펴본다.	전략을 부적절하게 사용하거나 일부분을 빠뜨린 채로 사용한다.	전략이 필요하지만 나타나지 않았다.

출처: © 2011 Robert J. Marzano

2. 학습 게임 활용하기	
교사는 학생의 참여를 유지하기 위하여 학습 게임과 중요하지 않은 경쟁을 활용한다.	노트
교사 증거 • 교사는 Jeopardy와 Family Feud 같은 구조적인 게임을 활용한다. • 교사는 주어진 질문에 정확하게 대답할 수 있는 게임 같은 즉흥적인 게임을 개발한다. • 교사는 교실 게임들과 함께 우정 어린 경쟁을 활용한다.	학생 증거 • 학생들은 약간 열정적으로 게임에 참여한다. • 질문을 받으면, 학생들은 게임들이 그들의 흥미를 유지시키고 그들이 학습 내용을 배우거나 기억하도록 도움을 주는 방법에 대해서 설명할 수 있다.

척도

	혁신 수준(4)	적용 수준(3)	개발 수준(2)	시작 수준(1)	미사용 수준(0)
학습 게임 활용하기	특별한 학생의 필요와 상황을 위하여 새로운 전략을 적용하고 창조한다.	학생의 참여를 유지하기 위해서 학습 게임과 중요하지 않은 경쟁을 활용하고, 학생들이 게임의 학습 내용에 집중하는 정도를 점검한다.	학생의 참여를 유지하기 위해서 학습 게임과 중요하지 않은 경쟁을 활용한다.	전략을 부적절하게 사용하거나 일부분을 빠뜨린 채로 사용한다.	전략이 필요하지만 나타나지 않았다.

출처: © 2011 Robert J. Marzano

3. 질문에 대한 응답 비율 관리하기	
교사는 질문에 대답하도록 학생의 참여를 유지하기 위한 응답 비율 기법을 활용한다.	노트
교사 증거 • 교사를 대기 시간을 활용한다. • 교사는 응답 카드들을 활용한다. • 교사는 학생들이 질문에 대답하기 위하여 수신호를 사용하게 한다. • 교사는 전체 응답을 활용한다. • 교사는 학생들의 응답이 지속시키는 기법을 활용한다. • 교사는 연쇄적인 응답을 활용한다.	학생 증거 • 다수의 학생 또는 전체 학급이 교사가 제기한 질문에 응답한다. • 질문을 받으면, 학생들은 교사가 제기한 질문에 대한 그들의 생각을 자세하게 설명할 수 있다.

척도

	혁신 수준(4)	적용 수준(3)	개발 수준(2)	시작 수준(1)	미사용 수준(0)
질문에 대한 응답 비율 관리하기	특별한 학생의 필요와 상황을 위하여 새로운 전략을 적용하고 창조한다.	질문에 대답하도록 학생의 참여를 유지시키는 응답 비율 기법을 활용하고, 기법이 학생들의 참여를 유지시키는 정도를 점검한다.	질문에 대답하도록 학생의 참여를 유지시키는 응답 비율 기법을 활용한다.	전략을 부적절하게 사용하거나 일부분을 빠뜨린 채로 사용한다.	전략이 필요하지만 나타나지 않았다.

출처: © 2011 Robert J. Marzano

4. 신체 활동 활용하기	
교사는 학생들의 참여를 유지시키는 신체 활동을 활용한다.	노트
교사 증거 • 교사는 학생들의 에너지가 낮아지면 그들이 일어서서 몸을 펴게 하거나 관련 있는 활동들을 하게 한다. • 교사는 질문에 응답하기 위하여 학생들이 신체적으로 움직이도록 요구하는 활동들을 활용한다. - 두 발로 투표하기 - 학생이 동의하는 대답을 표현하는 교실 공간으로 이동하기 • 교사는 에너지와 참여를 높이기 위하여 학생들이 신체적으로 활동하거나 학습 내용을 만들게 한다. • 교사는 학생들이 교실을 이동하도록 요구하는 '하나 주고, 하나 받기' 활동을 활용한다.	학생 증거 • 학생들은 교사에 의해서 디자인된 신체 활동들에 참여한다. • 질문을 받으면, 학생들은 신체 활동이 어떻게 그들의 흥미를 유지시키고 그들이 배우도록 하는지 설명할 수 있다.

척도

	혁신 수준(4)	적용 수준(3)	개발 수준(2)	시작 수준(1)	미사용 수준(0)
신체 활동 활용하기	특별한 학생의 필요와 상황을 위하여 새로운 전략을 적용하고 창조한다.	학생의 참여를 유지시키는 신체 활동을 활용하고, 이와 같은 활동들이 학생들의 참여를 높이는 정도를 점검한다.	학생의 참여를 유지시키는 신체 활동을 활용한다.	전략을 부적절하게 사용하거나 일부분을 빠뜨린 채로 사용한다.	전략이 필요하지만 나타나지 않았다.

출처: © 2011 Robert J. Marzano

5. 활기 있게 수업 속도 유지하기	
교사는 학생들의 참여를 지속시키는 속도 유지 기법을 활용한다.	노트
교사 증거 • 교사는 하나의 활동에서 다른 활동으로 산뜻하게 전환을 한다. • 교사는 유지 속도를 적절하게 바꾼다. (예를 들면, 속도를 높이기도 하고 늦추기도 한다.)	학생 증거 • 새로운 활동이 시작되면 학생들은 재빨리 전환에 적응하고 다시 참여한다. • 학급의 유지 속도에 대한 질문을 받으면, 학생들은 그것을 너무 빠르지도 않고 너무 느리지도 않다고 설명한다.

척도					
	혁신 수준(4)	적용 수준(3)	개발 수순(2)	시삭 수준(1)	미사용 수준(0)
활기 있게 수업 속도 유지하기	특별한 학생의 필요와 상황을 위하여 새로운 전략을 적용하고 창조한다.	학생들의 참여를 지속시키는 속도 유지 기법을 활용하고, 이와 같은 기법들이 학생들의 참여를 지속시키는 정도를 점검한다.	학생들의 참여를 지속시키는 속도 유지 기법을 활용한다.	전략을 부적절하게 사용하거나 일부분을 빠뜨린 채로 사용한다.	전략이 필요하지만 나타나지 않았다.

6. 집중성과 열정 보여 주기	
교사는 다양한 방면에서 학습 내용을 위하여 집중과 열정을 보여 준다.	노트
교사 증거 • 교사는 학습 내용과 관련 있는 개인적인 경험을 자세하게 설명한다. • 교사는 학습 내용을 위하여 흥미로운 것을 암시한다. -신체 동작 -목소리 어투 -정보의 각색 • 교사는 에너지 수준을 명백하게 조절한다.	학생 증거 • 질문을 받으면, 학생들은 교사가 "학습 내용을 좋아한다." 그리고 "가르치는 것을 좋아한다."라고 말한다. • 학생들의 교사가 학습 내용을 위한 열정과 집중을 보여 줄 때 주의집중 수준이 증가한다.

척도					
	혁신 수준(4)	적용 수준(3)	개발 수준(2)	시작 수준(1)	미사용 수준(0)
집중성과 열정 보여 주기	특별한 학생의 필요와 상황을 위하여 새로운 전략을 적용하고 창조한다.	학습 내용을 위하여 다양한 방면에서 집중과 열정을 보여 주고, 학생들의 참여 향상 정도를 점검한다.	학습 내용을 위하여 다양한 방면에서 집중과 열정을 보여 준다.	전략을 부적절하게 사용하거나 일부분을 빠뜨린 채로 사용한다.	전략이 필요하지만 나타나지 않았다.

출처: © 2011 Robert J. Marzano

7. 우호적인 논쟁하기	
교사는 학생의 참여를 지속시키기 위하여 우호적인 논쟁 기법들을 활용한다.	노트
교사 증거 • 교사는 학습 내용에 대한 소규모 논쟁을 구조화한다. • 교사는 학습 내용에 대한 학생들이 다양한 관점들과 의견들을 검토하게 한다. • 교사는 학급의 구성원들로부터 학습 내용에 대한 서로 다른 의견들을 끌어낸다.	학생 증거 • 학생들은 적극적으로 자세로 논쟁 활동들에 우호적으로 참여한다. • 질문을 받으면, 학생들은 "도움이 돼요." "재미있어요."와 같이 대답하면서 우호적으로 논쟁 활동들을 묘사한다. • 질문을 받으면, 학생들은 우호적인 논쟁 활동이 어떻게 그들이 학습 내용을 훨씬 더 잘 이해하는 데에 도움이 되는지 설명한다.

척도					
	혁신 수준(4)	적용 수준(3)	개발 수준(2)	시작 수준(1)	미사용 수준(0)
우호적인 논쟁하기	특별한 학생의 필요와 상황을 위하여 새로운 전략을 적용하고 창조한다.	학생 참여를 지속시키기 위하여 우호적인 논쟁 기법들을 활용하고, 학생 참여 효과를 점검한다.	학생 참여를 지속시키기 위하여 우호적인 논쟁 기법들을 활용한다.	전략을 부적절하게 사용하거나 일부분을 빠뜨린 채로 사용한다.	전략이 필요하지만 나타나지 않았다.

출처: © 2011 Robert J. Marzano

8. 학생들끼리 말할 수 있는 기회 제공하기	
교사는 학생들에게 수업에서 소개되는 것과 그들의 개인적인 흥미를 연결시키는 기회를 제공한다.	노트
교사 증거 • 교사는 학생의 흥미를 알고 있고 그들의 흥미와 학급의 학습 내용 사이를 연결시킨다. • 교사는 학생들이 학습 내용과 그들의 개인적인 흥미를 연결시키도록 요구하는 활동들을 구조화한다. • 학생들이 어떤 학습 내용들이 그들의 개인적인 흥미와 연결되었는지 설명할 때, 교사는 격려하고 관심을 보인다.	학생 증거 • 학생들은 그들에게 자신의 흥미와 학습 내용을 연결하도록 요구하는 활동들에 참여한다. • 질문을 받으면, 학생들은 학습 내용과 그들의 개인적인 흥미 사이를 연결시키는 것이 어떻게 자신들이 학습 내용을 더 잘 이해하는 데에 도움이 되는지 설명한다.

척도

	혁신 수준(4)	적용 수준(3)	개발 수준(2)	시작 수준(1)	미사용 수준(0)
학생들끼리 말할 수 있는 기회 제공하기	특별한 학생의 필요와 상황을 위하여 새로운 전략을 적용하고 창조한다.	학생들에게 수업에서 소개되는 것과 그들의 개인적인 흥미를 연결시키는 기회를 제공하고, 이와 같은 활동들이 학생 참여를 향상시키는 정도를 점검한다.	학생들에게 수업에서 소개되는 것과 그들의 개인적인 흥미를 연결시키는 기회를 제공한다.	전략을 부적절하게 사용하거나 일부분을 빠뜨린 채로 사용한다.	전략이 필요하지만 나타나지 않았다.

9. 특이하거나 강한 흥미를 불러일으키는 정보 제공하기	
교사는 학생 참여를 향상시키는 방식으로 학습 내용에 대해서 특이하거나 강한 흥미를 불러일으키는 정보를 제공한다.	노트
교사 증거 • 교사는 학습 내용에 대해서 흥미 있는 사실들과 세부 사항을 체계적으로 제공한다. • 교사는 학습 내용에 대한 흥미 있는 정보를 발견하기 위해서 학생들을 격려한다. • 교사는 학생들을 학습 내용에 대한 '믿거나 말거나'와 같은 활동에 참여시킨다. • 교사는 학습 내용에 대한 특이한 정보를 제공하기 위해서 자원 인사를 활용한다. • 교사는 학습 내용과 관계있는 이야기들을 들려준다.	학생 증거 • 학습 내용에 대한 특이한 정보가 제공될 때 학생들의 주의집중이 향상된다. • 질문을 받으면, 학생들은 특이한 정보가 어떻게 그들에게 학습 내용에 대한 흥미를 훨씬 더 많이 가지게 하는지 설명한다.

척도

	혁신 수준(4)	적용 수준(3)	개발 수준(2)	시작 수준(1)	미사용 수준(0)
특이하거나 강한 흥미를 불러일으키는 정보 제공하기	특별한 학생의 필요와 상황을 위하여 새로운 전략을 적용하고 창조한다.	학습 내용에 대한 특이하거나 강한 흥미를 불러일으키는 정보를 활용하고, 이와 같은 정보가 학생들의 학습 내용에 대한 흥미를 향상시키는 정도를 점검한다.	학습 내용에 대한 특이하거나 강한 흥미를 불러일으키는 정보를 활용한다.	전략을 부적절하게 사용하거나 일부분을 빠뜨린 채로 사용한다.	전략이 필요하지만 나타나지 않았다.

질문 7: 수업 규칙과 절차를 준수하거나 준수하지 않는 것을 인식하고 인정하기 위하여 나는 무엇을 할 것인가?

10. '알아채기' 보여 주기	
교사는 규칙과 절차를 준수하기 위해서 '알아채기'와 관련된 행동들을 활용한다.	노트
교사 증거 • 교사는 교실의 모든 공간을 신체적으로 차지한다. • 교사는 모든 학생과 눈을 바라보면서 전체 교실을 샅샅이 살핀다. • 교사는 혼란이 일어날 잠재성을 인식하고 그와 같은 일이 발생하였을 때 즉각적으로 처리한다. • 교사는 강한 분노를 유발하는 상황을 사전에 예방한다.	학생 증거 • 학생들은 교사가 그들의 행동을 알고 있다고 인식한다. • 질문을 받으면, 학생들은 교사를 '일이 일어나는 것을 알고 있는 분' 또는 '머리 뒤에도 눈을 가지고 있는 분'으로 묘사한다.

척도

	혁신 수준(4)	적용 수준(3)	개발 수준(2)	시작 수준(1)	미사용 수준(0)
'알아채기' 보여 주기	특별한 학생의 필요와 상황을 위하여 새로운 전략을 적용하고 창조한다.	'알아채기'와 관련된 행동들을 활용하고, 학생들의 행동에 대한 효과를 점검한다.	'알아채기'와 관련된 행동들을 활용한다.	전략을 부적절하게 사용하거나 일부분을 빠뜨린 채로 사용한다.	전략이 필요하지만 나타나지 않았다.

출처: © 2011 Robert J. Marzano

11. 결과를 적용하기	
교사는 지속적이면서도 공정하게 규칙과 절차를 따르지 않는 것에 대한 결과를 적용한다.	노트
교사 증거 • 교사는 학생들의 행동이 적절하지 않을 때 비언어적인 신호를 제공한다. - 시선 마주치기 - 접근 - 책상 두드리기 - 머리를 흔들며 '안 돼' 표시하기 • 교사는 학생들의 행동이 적절하지 않을 때 언어적인 신호를 제공한다. - 학생들에게 멈추라고 말하기 - 학생들에게 그들의 행동이 규칙과 절차를 위반하였다는 것을 말하기 • 교사는 적절한 시기에 집단 강화 결과를 활용한다. (예를 들면, 전체 집단이 특정한 행동을 해야 한다.) • 교사는 적절한 시기에 가정을 참여시킨다. (예를 들면, 부적절한 행동을 없애기 위해서 부모에게 전화를 건다.) • 교사는 적절한 시기에 직접 경비 결과를 활용한다. (예를 들면, 학생은 자신이 파손한 어떤 것을 반드시 고쳐야 한다.)	학생 증거 • 학생들은 교사에 의한 신호를 받으면 부적절한 행동을 중단한다. • 학생들은 수업이 진행되는 방식으로 결과를 수용한다. • 질문을 받으면, 학생들은 교사가 규칙의 적용에서 공정하다고 설명한다.

척도					
	혁신 수준(4)	적용 수준(3)	개발 수준(2)	시작 수준(1)	미사용 수준(0)
결과를 적용하기	특별한 학생의 필요와 상황을 위하여 새로운 전략을 적용하고 창조한다.	지속적이면서도 공정하게 규칙과 절차를 따르지 않는 것에 대한 결과를 적용하고, 규칙과 절차가 지켜지는 정도를 점검한다.	지속적이면서도 공정하게 규칙과 절차를 따르지 않는 것에 대한 결과를 적용한다.	전략을 부적절하게 사용하거나 일부분을 빠뜨린 채로 사용한다.	전략이 필요하지만 나타나지 않았다.

12. 규칙과 절차에 대한 집착 인정하기	
교사는 지속적으로 그리고 공정하게 규칙과 절차에 대한 집착을 인정한다.	노트
교사 증거 • 규칙 또는 절차를 따랐을 때 교사는 비언어적인 신호들을 제공한다. - 미소 - 고개 끄덕이기 - 하이 파이브 • 규칙 또는 절차를 따랐을 때 교사는 언어적 단서를 준다. - 학생들에게 규칙 또는 절차를 따른 것에 대한 고마움을 표시하기 - 규칙과 절차를 준수하는 학생 행동을 자세하게 설명하기 • 규칙 또는 절차를 따랐을 때 교사는 가정에 알린다. • 규칙 또는 절차를 따랐을 때 교사는 눈에 보이는 인정을 활용한다. - 상장 - 토큰 보상	**학생 증거** • 학생들은 그들의 긍정적인 행동을 인정하는 교사에게 감사한다. • 질문을 받으면, 학생들은 교사를 그들의 착한 행동에 고마워하는 사람으로 묘사한다. • 규칙과 절차를 준수하는 학생들의 수가 늘어난다.

척도					
	혁신 수준(4)	적용 수준(3)	개발 수준(2)	시작 수준(1)	미사용 수준(0)
규칙과 절차에 대한 집착 인정하기	특별한 학생의 필요와 상황을 위하여 새로운 전략을 적용하고 창조한다.	지속적이고 공정하게 규칙과 절차에 대한 집착 인정하고, 이와 같은 활동이 학생들의 행동에 영향을 미치는 정도를 점검한다.	지속적이고 공정하게 규칙과 절차에 대한 집착 인정한다.	전략을 부적절하게 사용하거나 일부분을 빠뜨린 채로 사용한다.	전략이 필요하지만 나타나지 않았다.

출처: © 2011 Robert J. Marzano

질문 8: 학생들과 효과적인 관계를 수립하고 유지하기 위하여 나는 무엇을 할 것인가?

13. 학생의 흥미와 배경 이해하기	
교사는 인정의 분위기와 공동체의 분위기를 만들기 위해서 학생들의 흥미와 배경을 활용한다.	노트
교사 증거 • 교사는 학생들과 그들의 삶의 사건들에 대해서 부가적인 토론을 한다. • 교사는 학생들과 그들이 관심을 가지는 화제를 가지고 토론을 한다. • 교사는 학생의 흥미를 수업에 포함시킨다.	학생 증거 • 질문을 받으면, 학생들은 교사를 그들을 잘 알고, 그들에게 관심을 갖는 사람으로 묘사한다. • 학생들은 교사가 그들의 흥미와 배경에 대한 이해를 표시할 때 반응한다. • 질문을 받으면, 학생들은 그들이 인정받고 있음을 느낀다고 말한다.

척도					
	혁신 수준(4)	적용 수준(3)	개발 수준(2)	시작 수준(1)	미사용 수준(0)
학생의 흥미와 배경 이해하기	특별한 학생의 필요와 상황을 위하여 새로운 전략을 적용하고 창조한다.	학생들과 상호작용을 하는 도중에 학생들의 흥미와 배경을 활용하고, 교실에서 공동체 의식을 점검한다.	학생들과 상호작용을 하는 도중에 학생들의 흥미와 배경을 활용한다.	전략을 부적절하게 사용하거나 일부분을 빠뜨린 채로 사용한다.	전략이 필요하지만 나타나지 않았다.

출처: © 2011 Robert J. Marzano

14. 학생들에 대한 애정어린 행동하기	
적절한 시기에, 교사는 학생들을 보살피는 것을 나타내는 언어적·비언어적인 행동을 활용한다.	노트
교사 증거 • 교사는 학업적인 그리고 개인적인 성취에 대해서 학생들을 칭찬한다. • 교사는 학생들과 함께 학업과 관련이 없는 비공식적인 대화를 나눈다. • 교사는 적절할 시기에 학생들에게 유머를 사용한다. • 교사는 적절한 시기에 학생들에게 미소를 짓고, 고개를 끄덕인다. • 교사는 적절한 시기에 학생들의 어깨에 손을 올려놓는다.	학생 증거 • 질문을 받으면, 학생들은 교사를 그들을 돌보는 사람으로 묘사한다. • 학생들은 교사의 언어적인 상호작용에 반응한다. • 학생들은 교사의 비언어적인 상호작용에 반응한다.

척도

	혁신 수준(4)	적용 수준(3)	개발 수준(2)	시작 수준(1)	미사용 수준(0)
학생들에 대한 애정어린 행동하기	특별한 학생의 필요와 상황을 위하여 새로운 전략을 적용하고 창조한다.	학생들을 보살피는 것을 나타내는 언어적·비언어적인 행동들을 활용하고, 교실에서 관계의 질을 점검한다.	학생들을 보살피는 것을 나타내는 언어적·비언어적인 행동들을 활용한다.	전략을 부적절하게 사용하거나 일부분을 빠뜨린 채로 사용한다.	전략이 필요하지만 나타나지 않았다.

15. 객관성과 통제 나타내기	
교사는 객관적이고 통제된 태도로 행동한다.	노트
교사 증거 • 교사는 긍정적이거나 부정적인 감정들을 극단적으로 보여 주지 않는다. • 교사는 차분하고 조심스러운 태도로 분노를 일으키는 사안에 대해서 다룬다. • 교사는 모든 학생과 동일하게 차분하고 조심스러운 방식으로 상호작용한다. • 교사는 학생의 잘못된 행동에 대해서 개인적인 불쾌함을 표시하지 않는다.	학생 증거 • 학생들은 교사의 차분한 태도에 의해서 안정된다. • 질문을 받으면, 학생들은 교사를 자신을 통제하고 학급을 통제하는 사람으로서 묘사한다. • 질문을 받으면, 학생들은 교사가 악의를 품거나 개인적으로 일을 처리하지 않는다고 대답한다.

척도

	혁신 수준(4)	적용 수준(3)	개발 수준(2)	시작 수준(1)	미사용 수준(0)
객관성과 통제 나타내기	특별한 학생의 필요와 상황을 위하여 새로운 전략을 적용하고 창조한다.	객관적이고 조심스러운 태도로 행동하고, 학급 분위기에 미치는 영향을 점검한다.	객관적이고 조심스러운 태도로 행동한다.	전략을 부적절하게 사용하거나 일부분을 빠뜨린 채로 사용한다.	전략이 필요하지만 나타나지 않았다.

출처: © 2011 Robert J. Marzano

질문 9: 모든 학생에 대하여 높은 기대를 하고 있다는 것을 전달하기 위하여 나는 무엇을 할 것인가?

16. 낮은 기대 수준의 학생들에 대하여도 가치를 높게 하고 존중하기	
교사는 낮은 기대 수준의 학생들을 가치 있게 여기고 존중하고 있다는 행동들을 보여 준다.	노트
교사 증거 • 질문을 받으면, 교사는 낮은 기대 수준의 학생들을 높은 기대 수준의 학생들과 다르게 돌보는 다양한 방식을 증명할 수 있다. • 교사는 낮은 기대 수준의 학생들에게 그들이 가치 있고 존중받는다는 비언어적인 암시들을 제공한다. - 시선 마주침 - 미소 - 적절한 신체 접촉 • 교사는 낮은 기대 수준의 학생들에게 언어적인 암시를 제공한다. - 재미있는 대화 - 학생들을 존중하는 태도로 말을 걸기 • 교사는 낮은 기대 수준의 학생들에 대한 부정적인 평가를 허용하지 않는다.	학생 증거 • 질문을 받으면, 학생들은 교사가 모든 학생을 돌보고 있다고 말한다. • 학생들은 서로 존중하며 다른 사람들을 대한다.

척도					
	혁신 수준(4)	적용 수준(3)	개발 수준(2)	시작 수준(1)	미사용 수준(0)
낮은 기대 수준의 학생들에 대하여도 가치를 높게 하고 존중하기	특별한 학생의 필요와 상황을 위하여 새로운 전략을 적용하고 창조한다.	낮은 기대 수준의 학생들에 대한 가치와 존중을 나타내는 행동을 보여 주고, 낮은 기대 수준의 학생들에 미치는 영향을 점검한다.	낮은 기대 수준의 학생들에 대한 가치와 존중을 나타내는 행동을 보여 준다.	전략을 부적절하게 사용하거나 일부분을 빠뜨린 채로 사용한다.	전략이 필요하지만 나타나지 않았다.

출처: © 2011 Robert J. Marzano

17. 낮은 기대 수준의 학생들에게 질문을 하도록 요구하기	
교사는 낮은 기대 수준의 학생들에게 높은 기대 수준의 학생들과 동일한 빈도와 수준의 질문을 요구한다.	노트
교사 증거 • 교사는 반드시 낮은 기대 수준의 학생들에게 높은 기대 수준의 학생들과 동일한 비율로 질문들에 대답하기를 요구한다. • 교사는 반드시 낮은 기대 수준의 학생들에게 높은 기대 수준의 학생들과 동일한 비율로 복잡한 질문들에 대답하기를 요구한다.	학생 증거 • 질문을 받으면, 학생들은 교사가 모든 사람이 참여하기를 기대하고 있다고 말한다. • 질문을 받으면, 학생들은 교사가 모든 사람들에게 어려운 질문을 한다고 대답한다.

척도

	혁신 수준(4)	적용 수준(3)	개발 수준(2)	시작 수준(1)	미사용 수준(0)
낮은 기대 수준의 학생들에게 질문을 하도록 요구하기	특별한 학생의 필요와 상황을 위하여 새로운 전략을 적용하고 창조한다.	낮은 기대 수준의 학생들에게 높은 기대 수준의 학생들과 동일한 빈도와 수준의 질문을 요구하고, 낮은 기대 수준의 학생들의 참여 수준을 점검한다.	낮은 기대 수준의 학생들에게 높은 기대 수준의 학생들과 동일한 빈도와 수준의 질문을 요구한다.	전략을 부적절하게 사용하거나 일부분을 빠뜨린 채로 사용한다.	전략이 필요하지만 나타나지 않았다.

<table>
<tr><th colspan="2">18. 낮은 기대 수준의 학생들과 함께 부정확한 답을 알아보기</th></tr>
<tr><td>교사는 높은 기대 수준의 학생들과 동일한 방식으로 낮은 기대 수준 학생들의 부정확한 답에 대해서 알아본다.</td><td>노트</td></tr>
<tr><td>교사 증거
• 교사는 낮은 기대 수준의 학생들이 부정확할 때 그들에게 추가적인 설명을 요구한다.
• 교사는 낮은 기대 수준의 학생들이 부정하게 대답을 할 때, 그들을 위하여 질문을 바꾸어서 말한다.
• 교사는 낮은 기대 수준의 학생들이 질문에 대해서 부정확하게 답을 할 때 질문을 세부적으로 나누어서 단순하게 만든다.
• 낮은 기대 수준의 학생들이 좌절감을 표시할 때, 교사는 그들에게 자신의 생각을 함께 모으고 나중에 다시 시도하는 것을 허용한다.</td><td>학생 증거
• 질문을 받으면, 학생들은 교사가 "이번만은 봐 주겠다."라고 하지 않을 것이라고 말한다.
• 질문을 받으면, 학생들은 교사가 "절대 너를 포기하지 않아."라고 할 것이라고 말한다.
• 질문을 받으면, 학생들은 교사가 그들이 질문에 성공적으로 대답하도록 도울 것이라고 말한다.</td></tr>
</table>

척도

	혁신 수준(4)	적용 수준(3)	개발 수준(2)	시작 수준(1)	미사용 수준(0)
낮은 기대 수준의 학생들과 함께 부정확한 답을 알아보기	특별한 학생의 필요와 상황을 위하여 새로운 전략을 적용하고 창조한다.	높은 기대 수준 학생들과 동일한 방식으로 낮은 기대 수준 학생들의 부정확한 답을 알아보고, 낮은 기대 수준 학생들의 응답의 질과 수준을 점검한다.	높은 기대 수준 학생들과 동일한 방식으로 낮은 기대 수준 학생들의 부정확한 답을 알아본다.	전략을 부적절하게 사용하거나 일부분을 빠뜨린 채로 사용한다.	전략이 필요하지만 나타나지 않았다.

출처: © 2011 Robert J. Marzano

부록 B 관찰표(단축 양식)

I. 일상적 사건을 포함한 학습 부분(일상 부분)

질문 1: 학습목표를 설정하고 이를 중심으로 의사소통하고, 학생의 진보를 추적하고, 성공을 축하하기 위하여 나는 무엇을 할 것인가?

1. 명확한 학습목표와 학습목표 측정척도 제시하기(예: 교사는 구체적 학습목표를 제공하거나 상기시킨다)	기록		I (4)	A (3)	D (2)	B (1)	NU (0)
2. 학생의 진보 추적하기(예: 형성평가를 활용하여 교사는 학생들의 학습목표에 대한 개인 진보와 집단 진보 정도를 도표로 기록하도록 돕는다)	기록		I (4)	A (3)	D (2)	B (1)	NU (0)
3. 학생의 성공 축하하기(예: 교사는 학생들의 지식의 습득뿐만 아니라 학습목표에 대한 자신의 현재 위치를 인정하고 축하하도록 돕는다)	기록		I (4)	A (3)	D (2)	B (1)	NU (0)

질문 6: 교실의 일상성을 정하고 유지하기 위하여 나는 무엇을 할 것인가?

4. 수업 일상성 정하기(예: 교사는 학생들에게 규칙 또는 절차를 상기시키거나, 새로운 규칙과 절차를 수립한다)	기록		I (4)	A (3)	D (2)	B (1)	NU (0)
5. 학습을 위한 교실의 물리적인 배치를 조직하기(예: 교사는 학습 향상을 위한 수업자료, 학생들의 이동 형태, 진열을 조직한다)	기록		I (4)	A (3)	D (2)	B (1)	NU (0)

출처: © 2011 Robert J. Marzano

Ⅱ. 학습 내용을 소개하는 학습 부분(내용 부분)

질문 2: 학생들이 새로운 지식을 가지고 효과적으로 상호작용 하도록 돕기 위하여 나는 무엇을 할 것인가?							
1. 중요한 정보 확인하기(예: 교사는 어떤 정보가 중요한 것인지에 대한 실마리를 제공한다)	기록		I (4)	A (3)	D (2)	B (1)	NU (0)
2. 새로운 지식을 가지고 상호작용을 하도록 학생들을 조직하기(예: 교사는 내용의 일부분을 협의시키기 위하여 학생들을 두 그룹 또는 세 그룹으로 조직한다)	기록		I (4)	A (3)	D (2)	B (1)	NU (0)
3. 새로운 내용 사전 검토하기(예: 교사가 K-W-L, 선행조직자, 예습 질문과 같은 전략을 사용한다)	기록		I (4)	A (3)	D (2)	B (1)	NU (0)
4. 내용을 '씹어 소화시킬 수 있는 크기'로 나누기(예: 교사는 내용을 학생들의 이해 수준에 알맞게 재단하여 작은 크기로 제공한다)	기록		I (4)	A (3)	D (2)	B (1)	NU (0)
5. 새로운 정보를 집단 처리하기(예: 앞의 정보를 소화하기 좋게 작게 나누어 제공한 후에 교사는 학생들로 하여금 자신이 경험한 것을 요약하고 명확하게 하도록 요구한다)	기록		I (4)	A (3)	D (2)	B (1)	NU (0)
6. 새로운 정보를 정교하게 하기(예: 교사는 학생들이 자신의 추론을 하도록 하고 또 그 추론을 방어하도록 요구하는 질문을 한다)	기록		I (4)	A (3)	D (2)	B (1)	NU (0)
7. 지식을 기록하고 표현하기(예: 교사는 학생들이 요약하고, 노트 정리를 하고, 비언어적인 표현을 하도록 요구한다)	기록		I (4)	A (3)	D (2)	B (1)	NU (0)
8. 학습 반성하기(예: 교사는 학생들이 자신이 이해한 것이나 아직도 혼동하는 것에 대하여 반성하도록 요구한다)	기록		I (4)	A (3)	D (2)	B (1)	NU (0)

질문 3: 새로운 지식에 대한 이해를 연습하고 더욱 심화하도록 학생들을 돕기 위하여 나는 무엇을 할 것인가?							
9. 내용 재검토하기(예: 교사는 이전에 다룬 것과 관계 있는 내용을 간단하게 재검토한다)	기록		I (4)	A (3)	D (2)	B (1)	NU (0)
10. 지식을 연습하고 심화하도록 학생들을 조직하기(예: 교사는 정보를 재검토하거나 기능을 연습할 수 있도록 학생들을 그룹으로 조직한다)	기록		I (4)	A (3)	D (2)	B (1)	NU (0)
11. 숙제 활용하기(예: 교사는 학생의 개별적 연습이나 정보를 정교하게 만들 수 있도록 숙제를 활용한다)	기록		I (4)	A (3)	D (2)	B (1)	NU (0)
12. 유사점과 차이점을 검토하기(예: 교사는 비유와 은유를 비교, 분류, 창조하는 활동에 학생들을 몰두시킨다)	기록		I (4)	A (3)	D (2)	B (1)	NU (0)
13. 추론의 오류를 검토하기(예: 교사는 학생들에게 비공식적인 오류, 선전, 편견을 조사하도록 요청한다)	기록		I (4)	A (3)	D (2)	B (1)	NU (0)
14. 기능, 전략, 과정을 실천하기(예: 교사는 전체 동일 연습 방법과 분담 연습 방법을 활용한다)	기록		I (4)	A (3)	D (2)	B (1)	NU (0)
15. 지식 수정하기(예: 교사는 학생들이 이전 정보를 명확하게 하고, 새로운 정보를 추가하여 공책에 수정하여 기록하도록 요청한다)	기록		I (4)	A (3)	D (2)	B (1)	NU (0)

출처: © 2011 Robert J. Marzano

질문 4: 학생들이 새로운 지식에 대한 가설을 설정하고 검증하도록 돕기 위하여 나는 무엇을 할 것인가?							
16. 인지적으로 복잡한 과제를 해결할 수 있도록 학생들을 조직하기(예: 교사는 인지적으로 복잡한 과제를 해결하기 위하여 학생들을 소집단으로 조직한다)	기록		I (4)	A (3)	D (2)	B (1)	NU (0)
17. 가설의 설정과 검증을 포함한 인지적으로 복잡한 과제에 학생들을 학습에 몰두시키기(예: 교사는 의사 결정 과제, 문제 해결 과제, 실험탐구 과제, 조사 과제의 학습에 학생들을 몰두시킨다)	기록		I (4)	A (3)	D (2)	B (1)	NU (0)
18. 자원과 지침을 제공하기(예: 교사는 인지적으로 복잡한 과제에 특별히 필요한 자원을 이용할 수 있도록 해 주고 학생들이 그 과제를 실행할 수 있도록 도와준다)	기록		I (4)	A (3)	D (2)	B (1)	NU (0)

Ⅲ. 즉석 처리를 수행하는 학습 부분(즉석 처리 부분)

질문 5: 학생들을 몰두시키기 위하여 나는 무엇을 할 것인가?							
1. 학생들이 학습에 몰두하지 않을 때 주의를 주고 이에 대응하기(예: 교사는 학생의 몰두 수준을 점검하기 위하여 교실을 살핀다)	기록		I (4)	A (3)	D (2)	B (1)	NU (0)
2. 학습 게임 활용하기(예: 학생들이 몰두하지 않을 때, 교사는 학생들이 다시 몰두하고 이들이 학습 내용에 주목할 수 있도록 인기 있는 게임을 적용한다)	기록		I (4)	A (3)	D (2)	B (1)	NU (0)
3. 질문에 대한 응답 비율 관리하기(예: 교사는 많은 학생이 질문에 응답하도록 응답 카드, 대답 잇기, 투표 기술 같은 전략을 사용한다)	기록		I (4)	A (3)	D (2)	B (1)	NU (0)
4. 신체 활동 활용하기(예: 교사는 발로 투표하기, 내용에 대한 신체적인 재연처럼 학생들이 신체적으로 움직이는 것을 요구하는 전략을 사용한다)	기록		I (4)	A (3)	D (2)	B (1)	NU (0)

출처: © 2011 Robert J. Marzano

<table>
<tr><td rowspan="2">5. 활기 있게 수업 속도 유지하기(예: 교사는 몰두 수준을 높이기 위하여 수업 속도를 늦추거나 빠르게 조절한다)</td><td rowspan="2">기록</td><td colspan="6"></td></tr>
<tr><td></td><td>I
(4)</td><td>A
(3)</td><td>D
(2)</td><td>B
(1)</td><td>NU
(0)</td></tr>
<tr><td rowspan="2">6. 집중성과 열정 보여 주기(예: 교사는 자신이 수업 내용에 대하여 열정적이라는 신호를 언어적, 비언어적으로 보여 준다)</td><td rowspan="2">기록</td><td colspan="6"></td></tr>
<tr><td></td><td>I
(4)</td><td>A
(3)</td><td>D
(2)</td><td>B
(1)</td><td>NU
(0)</td></tr>
<tr><td rowspan="2">7. 우호적인 논쟁하기(예: 교사는 내용에 대하여 학생들이 방어하도록 요구하는 기술을 활용한다)</td><td rowspan="2">기록</td><td colspan="6"></td></tr>
<tr><td></td><td>I
(4)</td><td>A
(3)</td><td>D
(2)</td><td>B
(1)</td><td>NU
(0)</td></tr>
<tr><td rowspan="2">8. 학생들끼리 말할 수 있는 기회 제공하기(예: 교사는 학생들이 자신의 개인적인 삶과 흥미와 내용을 연결시키기를 허용하는 기술을 활용한다)</td><td rowspan="2">기록</td><td colspan="6"></td></tr>
<tr><td></td><td>I
(4)</td><td>A
(3)</td><td>D
(2)</td><td>B
(1)</td><td>NU
(0)</td></tr>
<tr><td rowspan="2">9. 특이하거나 강한 흥미를 불러일으키는 정보를 제공하기(예: 교사는 내용에 대하여 강한 흥미를 불러일으키는 정보를 제공하거나 장려한다)</td><td rowspan="2">기록</td><td colspan="6"></td></tr>
<tr><td></td><td>I
(4)</td><td>A
(3)</td><td>D
(2)</td><td>B
(1)</td><td>NU
(0)</td></tr>
<tr><td colspan="8">질문 7: 수업 규칙과 절차를 준수하거나 준수하지 않는 것을 인식하고 인정하기 위하여 나는 무엇을 할 것인가?</td></tr>
<tr><td rowspan="2">10. ‘알아채기’ 보여 주기(예: 교사는 학생들에게 즉각 일어나게 되는 방해 행동과 부수 행동의 징조를 보이는 행동의 변화를 알아차린다)</td><td rowspan="2">기록</td><td colspan="6"></td></tr>
<tr><td></td><td>I
(4)</td><td>A
(3)</td><td>D
(2)</td><td>B
(1)</td><td>NU
(0)</td></tr>
<tr><td rowspan="2">11. 결과를 적용하기(예: 교사는 규칙과 절차 준수의 불이행에 대하여 지속적이면서도 공정하게 결과를 적용한다)</td><td rowspan="2">기록</td><td colspan="6"></td></tr>
<tr><td></td><td>I
(4)</td><td>A
(3)</td><td>D
(2)</td><td>B
(1)</td><td>NU
(0)</td></tr>
<tr><td rowspan="2">12. 규칙과 절차에 대한 집착 인정하기(예: 교사는 지속적이면서도 공정하게 규칙과 절차에 대한 집착을 인정한다)</td><td rowspan="2">기록</td><td colspan="6"></td></tr>
<tr><td></td><td>I
(4)</td><td>A
(3)</td><td>D
(2)</td><td>B
(1)</td><td>NU
(0)</td></tr>
</table>

출처: © 2011 Robert J. Marzano

질문 8: 학생들과 효과적인 관계를 수립하고 유지하기 위하여 나는 무엇을 할 것인가?							
13. 학생들의 흥미와 배경을 이해하기(예: 교사는 학생에 관한 지식을 찾아내고, 학생들과 비공식적 협의와 친밀한 협의를 할 수 있도록 해 주는 지식을 사용한다)	기록		I (4)	A (3)	D (2)	B (1)	NU (0)
14. 학생들에 대한 애정어린 행동하기(예: 교사는 유머를 사용하고, 학생들에게 우정 어린 농담을 주고받는다)	기록		I (4)	A (3)	D (2)	B (1)	NU (0)
15. 객관성과 통제 나타내기(예: 교사는 자신이 개인적으로 선을 넘지 않는 방식으로 행동한다)	기록		I (4)	A (3)	D (2)	B (1)	NU (0)
질문 9: 모든 학생에게 높은 기대를 하고 있다는 것을 전달하기 위하여 나는 무엇을 할 것인가?							
16. 낮은 기대 수준의 학생들에 대하여도 가치를 높게 하고 또 존중하기(예: 교사는 기대감이 높은 학생들과 동일하게 기대감이 낮은 학생들에게도 긍정적인 정서적인 분위기를 보여 준다)	기록		I (4)	A (3)	D (2)	B (1)	NU (0)
17. 낮은 기대 수준의 학생들에게 질문을 하도록 요구하기(예: 교사는 기대감이 낮은 학생들에게 기대감이 높은 학생들과 동일한 빈도와 수준으로 질문을 한다)	기록		I (4)	A (3)	D (2)	B (1)	NU (0)
18. 낮은 기대 수준의 학생들과 함께 부정확한 답을 알아보기(예: 교사는 기대감이 높은 학생들과 동일한 깊이와 정확성을 가지고 기대감이 낮은 학생들의 부정확한 대답을 조사한다)	기록		I (4)	A (3)	D (2)	B (1)	NU (0)

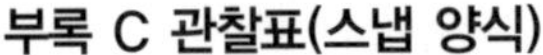

부록 C 관찰표(스냅 양식)

모든 수업에서 관찰될 수 있는 일상적 사건을 포함하는 학습 부분(일상 부분)

- 학습목표를 설정하고 이를 중심으로 의사소통하고, 학생의 진보를 추적하고, 성공을 축하하기 위하여 교사는 무엇을 하고 있는가?

- 수업 규칙과 절차를 수립하거나 유지하기 위하여 교사는 무엇을 하고 있는가?

학습 내용을 소개하는 학습 부분(내용 부분)

- 학생들이 새로운 지식을 가지고 효과적으로 상호작용 하도록 돕기 위하여 교사는 무엇을 하고 있는가?

- 새로운 지식에 대한 이해를 연습하고 더욱 심화하도록 학생들을 돕기 위하여 교사는 무엇을 하고 있는가?

- 학생들이 새로운 지식에 대한 가설을 설정하고 검증하도록 돕기 위하여 교사는 무엇을 하고 있는가?

즉석 처리를 수행하는 학습 부분(즉석 처리 부분)

- 학생들을 몰두시키기 위하여 교사는 무엇을 하고 있는가?

- 수업 규칙과 절차를 준수하거나 준수하지 않는 것을 인식하고 인정하기 위하여 교사는 무엇을 하고 있는가?

학습 내용을 소개하는 학습 부분(내용 부분)

- 학생들과 효과적인 관계를 수립하고 유지하기 위하여 교사는 무엇을 하고 있는가?

- 모든 학생에게 높은 기대를 하고 있다는 것을 전달하기 위하여 교사는 무엇을 하고 있는가?

부록 D 수업계획과 준비

학습 과(課)와 단원 수업계획과 준비

1. 학습할 과(課) 내의 정보에 대한 효과적인 발판을 구축하기 위한 수업계획과 준비

혁신 수준(4)	적용 수준(3)	개발 수준(2)	시작 수준(1)	미사용 수준(0)
교사는 다른 사람들이 이와 같은 활동을 하도록 도와주는 지도자로 인정받는다.	단원내용 내에서 교사는 각각의 새로운 정보들이 명확하게 기존 지식을 기초로 형성되는 방식으로 학습 내용을 조직한다.	교사는 정보의 발판을 만들지만, 요소들 사이의 관계가 명확하게 만들어지지 않는다.	교사는 이와 같은 활동을 수행하기 위하여 시도하지만, 이와 같은 시도를 끝까지 완수하거나 따라가지 못한다.	교사는 이와 같은 활동을 수행하기 위한 시도를 전혀 하지 않는다.

2. 내용의 깊은 이해와 전이를 따라 나아가는 한 단원 내의 과(課)의 수업계획과 준비

혁신 수준(4)	적용 수준(3)	개발 수준(2)	시작 수준(1)	미사용 수준(0)
교사는 다른 사람들이 이와 같은 활동을 하도록 도와주는 지도자로 인정받는다.	교사는 실제적인 과제를 통해서 학생들이 학습내용을 이해하는 것에서 적용하는 것으로 발전하도록 단원에서 단원내용을 조직한다.	교사는 단원에서 단원 내용을 학생들이 학습 내용의 표면적인 이해에서 심층적인 이해로 움직일 수 있도록 조직하지만, 학생들이 학습 내용을 실제적인 방식으로 적용하도록 요구하지 않는다.	교사는 이와 같은 활동을 수행하기 위하여 시도하지만, 이와 같은 시도를 끝까지 완수하거나 따라가지 못한다.	교사는 이와 같은 활동을 수행하기 위한 시도를 전혀 하지 않는다.

3. 수립된 내용 표준에 알맞게 주의하도록 수업계획하고 준비

혁신 수준(4)	적용 수준(3)	개발 수준(2)	시작 수준(1)	미사용 수준(0)
교사는 다른 사람들이 이와 같은 활동을 하도록 도와주는 지도자로 인정받는다.	교사는 단원내용과 단원이 교육구에서 확인한 중요한 학습 내용을 포함하도록 보장하고, 학습 내용이 차례대로 배열되어야 한다는 태도를 보인다.	교사는 단원내용과 단원이 교육구에서 확인된 중요한 학습 내용을 포함하도록 보장하지만, 학습 내용의 적합한 계열성을 소개하지 않는다.	교사는 이와 같은 활동을 수행하기 위하여 시도하지만, 이와 같은 시도를 끝까지 완수하거나 따라가지 못한다.	교사는 이와 같은 활동을 수행하기 위한 시도를 전혀 하지 않는다.

출처: © 2011 Robert J. Marzano

수업자료와 기술공학의 사용 계획과 준비

1. 앞으로 배울 단원과 과(課)에서 이용 가능한 자료 활용을 위한 계획과 준비

혁신 수준(4)	적용 수준(3)	개발 수준(2)	시작 수준(1)	미사용 수준(0)
교사는 다른 사람들이 이와 같은 활동을 하도록 도와주는 지도자로 인정받는다.	교사는 학생의 이해를 향상시킬 수 있는 이용 가능한 전통적인 학습자료들과 그것들이 사용되는 방법을 확인한다.	교사는 학생의 이해를 향상시킬 수 있는 이용 가능한 전통적인 학습자료들을 확인하지만, 그것들이 사용되는 방법을 확인하지 못한다.	교사는 이와 같은 활동을 수행하기 위하여 시도하지만, 이와 같은 시도를 끝까지 완수하거나 따라가지 못한다.	교사는 이와 같은 활동을 수행하기 위한 시도를 전혀 하지 않는다.

2. 상호작용적 전자 칠판, 응답 시스템, 컴퓨터와 같은 이용 가능한 기술공학 활용 계획과 준비

혁신 수준(4)	적용 수준(3)	개발 수준(2)	시작 수준(1)	미사용 수준(0)
교사는 다른 사람들이 이와 같은 활동을 하도록 도와주는 지도자로 인정받는다.	교사는 학생의 이해를 향상시킬 수 있는 이용 가능한 기술공학과 그것들이 사용되는 방법을 확인한다.	교사는 학생의 이해를 향상시킬 수 있는 이용 가능한 기술공학을 확인하지만, 그것들이 사용되는 방법을 확인하지 못한다.	교사는 이와 같은 활동을 수행하기 위하여 시도하지만, 이와 같은 시도를 끝까지 완수하거나 따라가지 못한다.	교사는 이와 같은 활동을 수행하기 위한 시도를 전혀 하지 않는다.

출처: © 2011 Robert J. Marzano

특별한 요구가 있는 학생을 위한 계획과 준비

1. 영어를 제2외국어로 하는 학생(ELL)의 요구를 위한 계획과 준비

혁신 수준(4)	적용 수준(3)	개발 수준(2)	시작 수준(1)	미사용 수준(0)
교사는 다른 사람들이 이와 같은 활동을 하도록 도와주는 지도자로 인정받는다.	교사는 영어 학습자들의 필요와 이와 같은 필요를 적용하는 적합한 적용을 확인한다.	교사는 영어 학습들의 필요를 확인하지만, 이와 같은 필요에 적합한 적용을 분명하게 설명하지 못한다.	교사는 이와 같은 활동을 수행하기 위하여 시도하지만, 이와 같은 시도를 끝까지 완수하거나 따라가지 못한다.	교사는 이와 같은 활동을 수행하기 위한 시도를 전혀 하지 않는다.

2. 특수교육 학생의 요구를 위한 계획과 준비

혁신 수준(4)	적용 수준(3)	개발 수준(2)	시작 수준(1)	미사용 수준(0)
교사는 다른 사람들이 이와 같은 활동을 하도록 도와주는 지도자로 인정받는다.	교사는 특수교육 학생들의 필요와 이와 같은 필요를 충족하는 적합한 적용을 확인한다.	교사는 특수교육 학생들의 필요를 확인하지만, 이와 같은 필요에 적합한 적용을 분명하게 설명하지 못한다.	교사는 이와 같은 활동을 수행하기 위하여 시도하지만, 이와 같은 시도를 끝까지 완수하거나 따라가지 못한다.	교사는 이와 같은 활동을 수행하기 위한 시도를 전혀 하지 않는다.

3. 학습 지원이 부족한 가정환경의 학생들의 요구를 위한 계획과 준비

혁신 수준(4)	적용 수준(3)	개발 수준(2)	시작 수준(1)	미사용 수준(0)
교사는 다른 사람들이 이와 같은 활동을 하도록 도와주는 지도자로 인정받는다.	교사는 학교 교육에 대한 지원이 부족한 가정환경의 학생들의 필요와 이와 같은 필요를 충족하는 적합한 적용을 확인한다.	교사는 학교 교육에 대한 지원이 부족한 가정환경의 학생들의 필요를 확인하지만, 이와 같은 필요에 적합한 적용을 분명하게 설명하지 못한다.	교사는 이와 같은 활동을 수행하기 위하여 시도하지만, 이와 같은 시도를 끝까지 완수하거나 따라가지 못한다.	교사는 이와 같은 활동을 수행하기 위한 시도를 전혀 하지 않는다.

출처: © 2011 Robert J. Marzano

부록 E 수업 반성

개인 성과평가

1. 영역 1에서의 수업 강점과 약점의 구체적인 부분 확인

혁신 수준(4)	적용 수준(3)	개발 수준(2)	시작 수준(1)	미사용 수준(0)
교사는 다른 사람들이 이와 같은 활동을 하도록 도와주는 지도자로 인정받는다.	교사 일상성 부분, 내용 부분, 즉석 처리 부분을 향상하기 위한 특별한 수업전략과 행동들을 확인한다.	교사 향상시키기 위한 특별한 수업전략과 행동들을 확인하지만, 자신의 발전에 매우 유용한 수업전략과 행동들을 선택하지 않는다.	교사는 이와 같은 활동을 수행하기 위하여 시도하지만, 이와 같은 시도를 끝까지 완수하거나 따라가지 못한다.	교사는 이와 같은 활동을 수행하기 위한 시도를 전혀 하지 않는다.

2. 각 과(課)와 단원의 효과성 평가

혁신 수준(4)	적용 수준(3)	개발 수준(2)	시작 수준(1)	미사용 수준(0)
교사는 다른 사람들이 이와 같은 활동을 하도록 도와주는 지도자로 인정받는다.	교사는 수업 또는 단원의 효과성을 학생의 성취 향상에 의하여 결정하고, 성공 또는 실패의 원인을 확인한다.	교사는 수업 또는 단원의 효과성을 학생의 성취 향상에 의하여 결정하지만, 성공 또는 실패의 원인을 분명하게 설명하지 못한다.	교사는 이와 같은 활동을 수행하기 위하여 시도하지만, 이와 같은 시도를 끝까지 완수하거나 따라가지 못한다.	교사는 이와 같은 활동을 수행하기 위한 시도를 전혀 하지 않는다.

3. (예를 들면, 다양한 사회경제적 집단이나 인종 집단과 같은) 다양한 범주의 학생들에 맞는 구체적인 수업전략과 행동의 효과성 평가

혁신 수준(4)	적용 수준(3)	개발 수준(2)	시작 수준(1)	미사용 수준(0)
교사는 다른 사람들이 이와 같은 활동을 하도록 도와주는 지도자로 인정받는다.	교사는 하위 집단 학생들의 성취와 관련 있는 특정한 수업 전략과 행동들의 효과성을 결정하고, 불일치의 원인을 확인한다.	교사는 하위 집단 학생들의 성취와 관련 있는 특정한 수업 전략과 행동들의 효과성을 결정하지만, 불일치의 원인을 분명하게 설명하지 못한다.	교사는 이와 같은 활동을 수행하기 위하여 시도하지만, 이와 같은 시도를 끝까지 완수하거나 따라가지 못한다.	교사는 이와 같은 활동을 수행하기 위한 시도를 전혀 하지 않는다.

출처: © 2011 Robert J. Marzano

전문직적 성장 계획의 개발과 실행

1. 문서로 작성한 성장과 발달 계획 개발

혁신 수준(4)	적용 수준(3)	개발 수준(2)	시작 수준(1)	미사용 수준(0)
교사는 다른 사람들이 이와 같은 활동을 하도록 도와주는 지도자로 인정받는다.	교사는 중요한 단계와 시각표를 바탕으로 문서화된 전문직적인 성장과 발전계획을 개발한다.	교사는 문서화된 전문직적인 성장과 개발 계획을 개발하지만, 중요한 단계와 시각표를 분명하게 설명하지 못한다.	교사는 이와 같은 활동을 수행하기 위하여 시도하지만, 이와 같은 시도를 끝까지 완수하거나 따라가지 못한다.	교사는 이와 같은 활동을 수행하기 위한 시도를 전혀 하지 않는다.

2. 전문직적 성장 계획에 비추어 발전 정도 점검

혁신 수준(4)	적용 수준(3)	개발 수준(2)	시작 수준(1)	미사용 수준(0)
교사는 다른 사람들이 이와 같은 활동을 하도록 도와주는 지도자로 인정받는다.	교사는 미리 계획한 중요한 단계와 시각표를 활용하여 자신의 전문직적 성장과 개발 계획을 도표로 나타내고, 필요할 때 알맞게 변경한다.	교사는 자신의 전문직적 성장과 개발 계획을 도표로 나타내지만, 필요할 때 알맞게 변경하지 못한다.	교사는 이와 같은 활동을 수행하기 위하여 시도하지만, 이와 같은 시도를 끝까지 완수하거나 따라가지 못한다.	교사는 이와 같은 활동을 수행하기 위한 시도를 전혀 하지 않는다.

출처: © 2011 Robert J. Marzano

부록 F 동료의식과 전문직주의

긍정적인 환경 조성하기

1. 동료들과의 긍정적인 상호작용 촉진

혁신 수준(4)	적용 수준(3)	개발 수준(2)	시작 수준(1)	미사용 수준(0)
교사는 다른 사람들이 이와 같은 활동을 하도록 도와주는 지도자로 인정받는다.	교사는 다른 교사들과 긍정적인 태도로 상호작용하고, 다른 교사들에 대하여 부정적으로 대화하지 않으려고 노력한다.	교사는 다른 교사들과 긍정적인 태도로 상호작용하지만, 다른 교사들에 대하여 부정적으로 대화하는 것을 끝내려고 노력하지 않는다.	교사는 이와 같은 활동을 수행하기 위하여 시도하지만, 이와 같은 시도를 끝까지 완수하거나 따라가지 못한다.	교사는 이와 같은 활동을 수행하기 위한 시도를 전혀 하지 않는다.

2. 학생, 학부모들과 긍정적인 상호작용 촉진

혁신 수준(4)	적용 수준(3)	개발 수준(2)	시작 수준(1)	미사용 수준(0)
교사는 다른 사람들이 이와 같은 활동을 하도록 도와주는 지도자로 인정받는다.	교사는 긍정적인 태도로 학생들과 학부모들과 상호작용하고, 학생들과 학부모들에 대하여 부정적으로 대화를 하지 않으려고 노력한다.	교사는 긍정적인 태도로 학생들과 학부모들과 상호작용하지만, 학생들과 학부모들에 대하여 부정적으로 대화하는 것을 끝내려고 노력하지 않는다.	교사는 이와 같은 활동을 수행하기 위하여 시도하지만, 이와 같은 시도를 끝까지 완수하거나 따라가지 못한다.	교사는 이와 같은 활동을 수행하기 위한 시도를 전혀 하지 않는다.

아이디어와 전략의 상호 교류 촉진하기

1. 필요나 흥미 영역을 중심으로 멘토관계 찾기

혁신 수준(4)	적용 수준(3)	개발 수준(2)	시작 수준(1)	미사용 수준(0)
교사는 다른 사람들이 이와 같은 활동을 하도록 도와주는 지도자로 인정받는다.	교사는 동료로부터 특별한 수업 전략과 행동들에 대한 도움과 조언을 청한다.	교사는 동료로부터 특별한 도움과 조언을 청하지만, 자신의 교수 기능을 향상시킬 충분한 수준에서 도움과 조언을 청하지는 않는다.	교사는 이와 같은 활동을 수행하기 위하여 시도하지만, 이와 같은 시도를 끝까지 완수하거나 따라가지 못한다.	교사는 이와 같은 활동을 수행하기 위한 시도를 전혀 하지 않는다.

2. 다른 교사들에 대한 멘토링과 아이디어와 전략 공유하기

혁신 수준(4)	적용 수준(3)	개발 수준(2)	시작 수준(1)	미사용 수준(0)
교사는 다른 사람들이 이와 같은 활동을 하도록 도와주는 지도자로 인정받는다.	교사는 다른 교사들에게 특별한 수업전략과 행동들에 대한 도움과 조언을 제공한다.	교사는 다른 교사들에게 특별한 수업전략과 행동들에 대한 도움과 조언을 제공하지만, 그들의 교수 기능을 향상시킬 충분한 수준에서 도움과 조언을 제공하지는 않는다.	교사는 이와 같은 활동을 수행하기 위하여 시도하지만, 이와 같은 시도를 끝까지 완수하거나 따라가지 못한다.	교사는 이와 같은 활동을 수행하기 위한 시도를 전혀 하지 않는다.

출처: © 2011 Robert J. Marzano

교육구 발전과 학교의 발전 촉진하기

1. 교육구와 학교의 규칙과 절차에 대한 고수

혁신 수준(4)	적용 수준(3)	개발 수준(2)	시작 수준(1)	미사용 수준(0)
교사는 다른 사람들이 이와 같은 활동을 하도록 도와주는 지도자로 인정받는다.	교사는 교육구와 학교의 규칙과 절차를 알고 있고, 또 그것을 준수한다.	교사는 교육구와 학교의 규칙과 절차를 알고 있지만, 이와 같은 규칙과 절차를 모두 준수하지는 않는다.	교사는 이와 같은 활동을 수행하기 위하여 시도하지만, 이와 같은 시도를 끝까지 완수하거나 따라가지 못한다.	교사는 이와 같은 활동을 수행하기 위한 시도를 전혀 하지 않는다.

2. 교육구과 학교 주도 활동에 참여

혁신 수준(4)	적용 수준(3)	개발 수준(2)	시작 수준(1)	미사용 수준(0)
교사는 다른 사람들이 이와 같은 활동을 하도록 도와주는 지도자로 인정받는다.	교사는 교육구와 학교의 계획을 알고 있고, 자신의 재능과 가능성에 따라서 그것에 몰두한다.	교사는 교육구와 학교의 계획을 알고 있지만, 자신의 재능과 가능성에 따라서 그것에 몰두하지 않는다.	교사는 이와 같은 활동을 수행하기 위하여 시도하지만, 이와 같은 시도를 끝까지 완수하거나 따라가지 못한다.	교사는 이와 같은 활동을 수행하기 위한 시도를 전혀 하지 않는다.

출처: © 2011 Robert J. Marzano

참고문헌

Alvermann, D. E., & Boothby, P. R. (1986). Children's transfer of graphic organizer instruction. *Reading Psychology, 7*(2), 87-100.

Ambady, N., & Rosenthal, R. (1992). Thin slices of expressive behavior as predictors of interpersonal consequences: A meta-analysis. *Psychological Bulletin, 111*(2), 256-274.

Ambady, N., & Rosenthal, R. (1993). Half a minute: Predicting teacher evaluations from thin slices of nonverbal behavior and physical attractiveness. *Journal of Personality and Social Psychology, 64*(3), 431-441.

Anderson, L., Evertson, C., & Emmer, E. (1980). Dimensions in classroom management derived from recent research. *Journal of Curriculum Studies, 12*, 343-356.

Anderson, V., & Hidi, S. (1988/1989). Teaching students to summarize. *Educational Leadership, 46*, 26-28.

Aubusson, P., Foswill, S., Barr, R., & Perkovic, L. (1997). What happens when students do simulation role-play in science. *Research in Science Education, 27*(4), 565-579.

Ausubel, D. P. (1968). *Educational psychology: A cognitive view*. New York: Holt, Rinehart & Winston.

Bangert-Drowns, R. L., Kulik, C. C., Kulik, J. A., & Morgan, M. (1991). The instructional effects of feedback in test-like events. *Review of Educational Research, 61*(2), 213-238.

Barton, P. E. (2006). Needed: Higher standards for accountability. *Educational Leadership, 64*(3), 28-31.

Berliner, D. (1982). On improving teacher effectiveness: A conversation with David Berliner. *Educational Leadership, 40*(1), 12-15.

Berliner, D. C. (1986). In pursuit of the expert pedagogue. *Educational Researcher, 15*(7), 5-13.

Bloom, B. S. (1976). *Human characteristics and school learning*. New York: McGraw-Hill.

Blumberg, A. (1985). Where we came from: Notes on supervision in the 1840's. *Journal of Curriculum and Supervision, 1*(1), 56-65.

Blumenfeld, P. C., & Meece, J. L. (1988). Task factors, teacher behavior, and students' involvement and use of learning strategies in science. *Elementary School Journal, 88*(3), 235-250.

Bolton, D. L. (1973). *Selection and evaluation of teachers*. Berkeley, CA: McCutchen.

Brekelmans, M., Wubbels, T., & Creton, H. A. (1990). A study of student perceptions of physics teacher behavior. *Journal of Research in Science Teaching, 27*, 335, 350.

Brophy, J. E., & Evertson, C. M. (1976). *Learning from teaching: A developmental perspective*. Boston: Allyn & Bacon.

Bruce, R. F., & Hoehn, L. (1980, December). *Supervisory practice in Georgia and Ohio*. Paper presented at the Annual Meeting of the Council of Professors of Instructional Supervision, Hollywood, FL.

Burke, P., & Krey, R. (2005). *Supervision: A guide to instructional leadership* (2nd ed.). Springfield, IL: Thomas.

Calandra, B., Brantley-Dias, L., Lee, J. K., & Fox, D. L. (2009, Fall). Using video editing to cultivate novice teachers' practice. *Journal of Research on Technology in Education, 42*(1), 73-94.

Charalambos, V., Michalinos, Z., & Chamberlain, R. (2004). The design of online learning communities: Critical issues. *Educational Media International*, 135-143.

City, E. A., Elmore, R. F., Fiarman, S. E., & Teitel, L. (2009). *Instructional rounds in education: A network approach to improving teaching and learning*. Cambridge, MA: Harvard University Press.

Clark, C., & Peterson, P. (1986). Teacher's thought processes. In M. C. Wittrock (Ed.), *Handbook of research on teaching* (3rd ed., pp. 255-296). New York: Macmillan.

Cochran-Smith, M., & Power, C. (2010). New direction in teacher preparation. *Educational Leadership, 67*(8), 6-13.

Cogan, M. (1973). *Clinical supervision*. Boston: Houghton Mifflin.

Coggshall, J. G., Ott, A., & Lasagna, M. (2010). *Convergence and contradictions in teachers' perceptions of policy reform ideas*. Retaining Teacher Talent, Report No. 3. Naperville, IL: Learning Point Associates and New York: Public Agenda. Available: www.learningpt.org/expertise/educator-quality/genY/CommunicatingReform/index.php

Coleman, E. (1945). "The supervisory visit." *Educational Leadership, 2*(4), 164-167.

Connell, J. P., Spencer, M. B., & Aber, J. L. (1994). Educational risk and resilience in African-American youth: Context, self, action, and outcomes in school. *Child Development, 65*, 493-506.

Connell, J. P., & Wellborn, J. G. (1991). Competence, autonomy, and relatedness: A motivational analysis of self-system processes. In M. Gunnar & L. A. Sroufe (Eds.), *Minnesota symposium on child psychology* (Vol. 23, pp. 21-56). Chicago: University of Chicago Press.

Cooper, H., Robinson, J. C., & Patall, E. A. (2006). Does homework improve academic achievement? A synthesis of research, 1987-2003. *Review of Educational Research, 76*(1), 1-62.

Cross, K. P. (1998). Classroom research: Implementing the scholarship of teaching. In T. Angelo (Ed.), *Classroom assessment and research: An update on uses, approaches, and research findings* (pp. 5-12). San Francisco: Jossey-Bass.

Cubberley, E. P. (1929). *Public school administration* (3rd ed.). Boston: Houghton Mifflin.

Danielson, C. (1996). *Enhancing professional practice: A framework for teaching*. Alexandria, VA: Association for Supervision and Curriculum Development.

Danielson, C. (2007). *Enhancing professional practice: A framework for teaching* (2nd ed.). Alexandria, VA: Association for Supervision and Curriculum Development.

Darling-Hammond, L. (2009). Teaching and the change wars: The professional hypothesis. In A.

Hargreaves & M. Fullan (Eds.), *Change wars* (pp. 45-70). Bloomington, IN: Solution Tree.

David, J. L. (2010). What research says about using value-added measures to evaluate teachers. *Educational Leadership, 67*(8), 81-83.

Deci, E. L., Ryan, R. M., & Koestner, R. (2001). The pervasive effects of rewards on intrinsic motivation: Response to Cameron (2001). *Review of Educational Research, 71*(1), 43-51.

Dewey, J. (1938). *Experience and education*. New York: Macmillan.

Dewey, J. (1981). *The philosophy of John Dewey* (J. McDermott, Ed.). Chicago: University of Chicago Press.

Downey, C. J., & Frase, L. E. (2001). *Participant's manual for conducting walk-through with reflective feedback to maximize student achievement* (2nd ed.). Huxley, IA: Curriculum Management Services.

Downey, C. J., Steffy, B. E., English, F. W., Frase, L. E., & Poston, W. K., Jr. (2004). *The three-minute classroom walk-through: Changing school supervisory practice one teacher at a time*. Thousand Oaks, CA: Corwin Press.

Doyle, W. (1983). Academic work. *Review of Educational Research, 53*(2), 159-199.

Doyle, W. (1986). Classroom organization and management. In M. C. Wittrock (Ed.), *Handbook of research on teaching* (3rd ed., pp. 392-431). New York: Macmillan.

Druyan, S. (1997). Effects of the kinesthetic conflict on promoting scientific reasoning. *Journal of Research in Science Teaching, 34*(10), 1083-1099.

DuFour, R., DuFour, R., & Eaker, R. (2008). *Revisiting professional learning communities at work*. Bloomington, IN: Solution Tree.

DuFour, R., DuFour, R., Eaker, R., & Karhanek, G. (2004). *Whatever it takes: How professional learning communities respond when kids don't learn*. Bloomington, IN: National Educational Service.

DuFour, R., & Eaker, R. (1998). *Professional learning communities at work: Best practices for enhancing student achievement*. Bloomington, IN: National Educational Service.

DuFour, R., Eaker, R., & DuFour, R. (2005). *On common ground: The power of professional learning communities*. Bloomington, IN: Solution Tree.

Editorial Projects in Education. (2009). *The Obama education plan: An Education Week guide*. San Francisco: Jossey-Bass.

Eisenhart, M. (1977, May). *Maintaining control: Teacher competence in the classroom*. Paper presented at the American Anthropological Association, Houston, TX.

Emmer, E. T., Evertson, C., & Anderson, L. (1980). Effective classroom management at the beginning of the school year. *Elementary School Journal, 80*(5), 219-231.

Ericsson, A., Charness, N., Feltovich, P., & Hoffman, R. (Eds.). (2006). *The Cambridge handbook of expertise and expert performance*. New York: Cambridge University Press.

Ericsson, K. A., & Charness, N. (1994). Expert performance: Its structure and acquisition. *American Psychologist, 49*(8), 725-747.

Ericsson, K. A., Krampe, R. T., & Tesch-Romer, C. (1993). The role of deliberate practice in the acquisition of expert performance. *Psychological Review, 100*(3), 363-406.

Estes Park News. (2010, January 25). *Estes Park teacher Jeff Arnold renews National Certificate of Teaching Excellence*. Retrieved from www.estesparknews.com/?p=4048

Evertson, C., & Weinstein, C. S. (Eds.). (2006). *Handbook of classroom management: Research, practice, and contemporary issues*. Mahwah, NJ: Erlbaum.

Fehr, S. (2001, August). *The role of educational supervision in the United States public schools from 1970 to 2000 as reflected in the supervision literature*. Unpublished doctoral dissertation, Pennsylvania State University, State College.

Flinders, D. J. (1988). Teacher isolation and the new reform. *Journal of Curriculum and Supervision, 4*(1), 17-29.

Friedkin, N. E., & Slater, M. R. (1994). School leadership and performance: A social network approach. *Sociology of Education, 67*, 139-157.

Garmston, R. J., & Wellman, B. M. (1999). *The adaptive school: A sourcebook for developing collaborative groups*. Norwood, MA: Christopher-Gordon.

Gawande, A. (2009, June 1). The cost conundrum: What a Texas town can teach us about health care. *The New Yorker*, 36-44.

Gijbels, D., Dochy, F., Van den Bossche, P., & Segers, M. (2005). Effects of problem-based learning: A meta-analysis from the angle of assessment. *Review of Educational Research, 75*(1), 27-61.

Glatthorn, A. (1984). *Differentiated supervision*. Alexandria, VA: Association for Supervision and Curriculum Development.

Glickman, C. D. (1985). *Supervision of instruction: A developmental approach*. Boston: Allyn & Bacon.

Glickman, C., Gordon, S., & Ross-Gordon, J. (1998). *Supervision of instruction: A developmental approach*(4th ed.). Boston: Allyn & Bacon.

Goldhammer, R. (1969). *Clinical supervision: Special methods for the supervision of teachers*. New York: Holt, Rinehart & Winston.

Goldhammer, R., Anderson, R., & Krajewski, R. (1993). *Clinical supervision: Special methods for the supervision of teachers*. Orlando, FL: Harcourt Brace College Publishers.

Good, T. L., & Brophy, J. E. (2003). *Looking in classrooms* (9th ed.). Boston: Allyn & Bacon.

Good, T. L., Grouws, D. A., & Ebmeier, H. (1983). *Active mathematics teaching. Research on Teaching monograph series*. New York: Longman.

Goodlad, J. I. (1984). *A place called school: Prospects for the future*. New York: McGraw-Hill.

Grossman, P., & Loeb, S. (2010). Learning from multiple routes. *Educational Leadership, 67*(8), 22-27.

Haas, M. (2005). Teaching methods for secondary algebra: A meta-analysis of findings. *NASSP Bulletin, 89*(642), 24-46.

Halpern, D. F. (1984). *Thought and knowledge: An introduction to critical thinking*. Hillsdale, NJ: Erlbaum.

Halpern, D. F., Hansen, C., & Reifer, D. (1990). Analogies as an aid to understanding and memory. *Journal of Educational Psychology, 82*(2), 298-305.

Hattie, J. (1992). Measuring the effects of schooling. *Australian Journal of Education, 36*(1), 5-13.

Hattie, J. (2009). *Visible learning: A synthesis of over 800 meta-analyses relating to achievement*. New York: Routledge.

Hattie, J., Biggs, J., & Purdie, N. (1996). Effects of learning skills interventions on student learning: A meta-analysis. *Review of Educational Research, 66*(2), 99-136.

Hattie, J., & Timperley, H. (2007). The power of feedback. *Review of Educational Research, 77*(1), 81-112.

Hidi, S., & Anderson, V. (1987). Providing written summaries: Task demands, cognitive operations, and implications for instruction. *Reviewing Educational Research, 56*, 473-493.

Hillocks, G. (1986). *Research on written composition*. Urbana, IL: ERIC Clearinghouse on Reading and Communication Skills and National Conference on Research in English.

Hunter, M. (1980, February). Six types of supervisory conferences. *Educational Leadership, 37*(5), 408-412.

Hunter, M. (1984). Knowing, teaching, and supervising. In P. Hosford (Ed.), *Using what we know about teaching* (pp. 169-192). Alexandria, VA: Association for Supervision and Curriculum Development.

Iwanicki, E. F. (1981). Contract plans. In J. Millman (Ed.), *Handbook of teacher evaluation*. Beverly Hills, CA: Sage.

Jackson, C. K., & Bruegmann, E. (2009). *Teaching students and teaching each other: The importance of peer learning for teachers*. NBER Working Paper Series. Cambridge, MA: National Bureau of Economic Research.

Jaffe, R., Moir, E., Swanson, E., & Wheeler, G. (2006). E-mentoring for student success: Online mentoring and professional development for new science teachers. In C. Dede (Ed.), *Online professional development for teachers: Emerging models and methods* (pp. 89-116). Cambridge, MA: Harvard Education Press.

Johnson, S. M., & Papay, J. P. (2010). Merit pay for a new generation. *Educational Leadership, 67*(8), 48-53.

Joyce, B., & Showers, B. (1982). The coaching of teaching. *Educational Leadership, 40*(1), 4-10.

King, S. E. (2008, Winter). Inspiring critical reflection in preservice teachers. *Physical Educator, 65*(1), 21-29.

Kleinman, G. M. (2001). *Meeting the need for high quality teachers: E-learning solutions*. White paper distributed at the U. S. Department of Education Secretary's No Child Left Behind Leadership Summit, Newton, MA. Newton, MA: Education Development Center.

Knowles, M. (1980). My farewell address… Andragogy no panacea, no ideology. *Training and Development, 34*(18), 48-50.

Kumar, D. D. (1991). A meta-analysis of the relationship between science instruction and student engagement. *Education Review, 43*(1), 49-66.

Learning Sciences International (2009). Online library of professional development resources. York, PA: Author.

Leinhardt, G. (1990). Capturing craft knowledge in teaching. *Educational Researcher, 19*(2), 18-25.

Leinhardt, G., & Greeno, J. (1986). The cognitive skill of teaching. *Journal of Educational Psychology, 78*(2), 75-95.

Levine, D. U., & Lezotte, L. W. (1990). *Unusually effective schools: A review and analysis of research and practice*. Madison, WI: National Center for Effective Schools Research and Development.

Levinson, D. J. (1977). *The seasons of a man's life*. New York: Knopf.

Lewis, H., & Leps, J. M. (1946). When principals supervise. *Educational Leadership, 3*(4), 160-163.

Lieberman, A., & Rosenholtz, S. (1987). The road to school improvement: Barriers and bridges. In J. Goodlad (Ed.), *The ecology of school renewal: Eighty-sixth yearbook of the National Society for the Study of Education* (pp. 79-98). Chicago: National Society for the Study of Education.

Linden, D. E., Bittner, R. A., Muckli, L., Waltz, J. A., Kriegekorte, N., Goebel, R., Singer, W., & Munk, M. H. (2003). Cortical capacity constraints for visual working memory: Dissociation of FMRI load effects in a fronto-parietal network. *Neuroimage, 20*(3), 1518-1530.

Lipsey, M. W., & Wilson, D. B. (1993). The efficacy of psychological, educational, and behavioral treatment. *American Psychologist, 48*(12), 1181-1209.

Louis, K. S., Kruse, S. D., & Associates. (1995). *Professionalism and community: Perspectives on reforming urban schools*. Thousand Oaks, CA: Corwin Press.

Mahaffey, D., Lind, K., & Derse, L. (2005). *Professional development plan: Educator toolkit*. Milwaukee: Wisconsin Department of Public Instruction.

Marzano, R. J. (1992). *A different kind of classroom: Teaching with dimensions of learning*. Alexandria, VA: Association for Supervision and Curriculum Development.

Marzano, R. J. (2003). *What works in schools: Translating research into action*. Alexandria, VA: Association for Supervision and Curriculum Development.

Marzano, R. J. (2006). *Classroom assessment and grading that work*. Alexandria, VA: Association for Supervision and Curriculum Development.

Marzano, R. J. (2007). *The art and science of teaching: A comprehensive framework for effective instruction*. Alexandria, VA: Association for Supervision and Curriculum Development.

Marzano, R. J. (2009). Setting the record straight on "high yield" strategies. *Phi Delta Kappan, 91*(1), 30-37.

Marzano, R. J. (2010a). Developing expert teachers. In R. J. Marzano (Ed.), *On excellence in teaching*(pp. 213-246). Bloomington, IN: Solution Tree Press.

Marzano, R. J. (2010b). *Formative assessment and standards-based grading*. Bloomington, IN: Marzano Research Laboratory.

Marzano, R. J., & Brown, J. L. (2009). *A handbook for the Art and Science of Teaching*. Alexandria, VA: Association for Supervision and Curriculum Development.

Marzano, R. J., & Kendall, J. S. (2007). *The new taxonomy of educational objectives*. Thousand Oaks, CA: Corwin Press.

Marzano, R. J., Pickering, D. J., & Marzano, J. S. (2003). *Classroom management that works: Research-based strategies for every teacher*. Alexandria, VA: Association for Supervision and Curriculum Development.

Marzano, R. J., Pickering, J. J., & Pollack, J. E. (2001). *Classroom instruction that works: Research-based strategies for increasing student achievement*.

Alexandria, VA: Association for Supervision and Curriculum Development.

Marzano, R. J., & Waters, T. (2009). *District leadership that works: Striking the right balance*. Bloomington, IN: Solution Tree Press.

Marzano, R. J., Waters, T., & McNulty, B. A. (2005). *School leadership that works: From research to results*. Alexandria, VA: Association for Supervision and Curriculum Development.

Mayer, R. E. (1989). Models of understanding. *Review of Educational Research, 59*, 43-64.

Mayer, R. E. (2003). *Learning and instruction*. Upper Saddle River, NJ: Merrill/Prentice Hall.

McDaniel, M. A., & Donnelly, C. M. (1996). Learning with analogy and elaborative interrogation. *Journal of Educational Psychology, 88*(3), 508-519.

McGreal, T. (1983). *Successful teacher evaluation*. Alexandria, VA: Association for Supervision and Curriculum Development.

Melchoir, W. (1950). *Instructional supervision: A guide to modern practice*. Boston: Heath.

Moskowitz, G., & Hayman, J. L. (1976). Success strategies of inner-city teachers: A year-long study. *Journal of Educational Research, 69*, 283-289.

Murray, P. (1989). Poetic genius and its classic origins. In P. Murray (Ed.), *Genius: The history of the idea*(pp. 9-31). Oxford: Blackwell. National Board for Professional Teaching Standards. Available: www.nbpts.org

Newby, T. J., Stepich, D. A., Lehman, J. D., Russell, J. D., & Ottenbreit-Leftwich, A. (2011). *Educational technology for teaching and learning* (4th ed.). Boston: Pearson.

Newton, D. P. (1995). Pictorial support for discourse comprehension. *British Journal of Educational Psychology, 64*(2), 221-229.

No Child Left Behind Act of 2001, Pub. L. No. 107-110, 115 Stat. 1425. (2002).

Nuthall, G. (1999). The way students learn: Acquiring knowledge from an integrated science and social studies unit. *Elementary School Journal, 99*(4), 303-341.

Nuthall, G., & Alton-Lee, A. (1995). Assessing classroom learning: How students use their knowledge and experience to answer classroom achievement test questions in science and social studies. *American Educational Research Journal, 32*(1), 185-223.

Patterson, K., Grenny, J., Maxfield, D., McMillan, R., & Switzler, A. (2008). *Influencer: The power to change anything*. New York: McGraw-Hill.

Pressley, M., Wood, E., Woloshyn, V., Martin, V., King, A., & Menke, D. (1992). Encouraging mindful use of prior knowledge: Attempting to construct explanatory answers facilitates learning. *Educational Psychologist, 27*, 91-109.

Reder, L. M. (1980). The role of elaboration in the comprehension and retention of prose: A critical review. *Review of Educational Research, 50*(1), 5-53.

Redfield, D. L., & Rousseau, E. W. (1981). A meta-analysis of experimental research on teacher questioning behavior. *Review of Educational Research, 51*(2), 237-245.

Reeve, J. (2006). Extrinsic rewards and inner motivation. In C. Evertson, C. M. Weinstein, & C. S. Weinstein (Eds.), *Handbook of classroom management: Research, practice, and contemporary issues* (pp. 645-664). Mahwah, NJ: Erlbaum.

Reeves, D. B. (2008). *Reframing teacher leadership to improve your school*. Alexandria, VA: Association for Supervision and Curriculum Development.

Rosaen, C. L., Lundeberg, M., Cooper, M., Fritzen, A., & Terpstra, M. (2008, September/October). Noticing noticing: How does investigation of video records change how teachers reflect on their experiences? *Journal of Teacher Education, 59*(4), 347-360.

Rosenshine, B. (2002). Converging findings on classroom instruction. In A. Molnar (Ed.), *Schoolreform proposals: The research evidence*. Tempe: Arizona State University Research Policy Unit. Retrieved June 2006 from http://epsl.asu.edu/epru/documents/EPRU%202002-101/Chapter%2009-Rosenshine-Final.rtf

Rosenthal, R., & Jacobson, L. (1968). *Pygmalion in the classroom*. New York: Holt, Rinehart & Winston.

Ross, J., & Bruce, C. (2007). Teacher self-assessment: A mechanism for facilitating professional growth. *Teaching & Teacher Education, 23*(2), 146-59. doi:10.1016/j.tate.2006.04.035

Ross, J. A. (1988). Controlling variables: A meta-analysis of training studies. *Review of Educational Research, 58*(4), 405-437.

Rovee-Collier, C. (1995). Time windows in cognitive development. *Developmental Psychology, 31*(2), 147-169.

Sadoski, M., & Paivio, A. (2001). *Imagery and text: A dual coding theory of reading and writing*. Mahwah, NJ: Erlbaum.

Sagor, R. (1992). *How to conduct collaborative action research*. Alexandria, VA: Association for Supervision and Curriculum Development.

Sammons, P. (1999). *School effectiveness: Coming of age in the twenty-first century*. Lisse, The Netherlands: Swets & Zeitlinger.

Sarason, S. B. (1996). *Revisiting "The culture of the school and the problem of change."* New York: Teachers College Press.

Sawchuk, S. (2009, April 1). TAP: More than performance pay. *Education Week*.

Sawchuk, S. (2010, February 10). States rethink policies on National Board teachers. *Education Week, 1*, 13.

Scheerens, J., & Bosker, R. (1997). *The foundations of educational effectiveness*. New York: Elsevier.

Schoenfeld, A. H. (1998). Toward a theory of teaching-in-context. *Issues in Education, 4*(1), 1-94.

Schoenfeld, A. H. (2006). Mathematics teaching and learning. In P. Alexander & P. Winne (Eds.), *Handbook of educational psychology* (2nd ed., pp. 479-510). Mahwah, NJ: Erlbaum.

Schunk, D. H., & Cox, P. D. (1986). Strategy training and attributional feedback with learning disabled students. *Journal of Educational Psychology, 73*(3), 201-209.

Semadeni, J. (2010). When teachers drive their learning. *Educational Leadership, 67*(8), 66-69.

Sewall, M. (2009, Fall). Transforming supervision: Using video elicitation to support preservice teacher directed reflective conversations. *Issues in Teacher Education, 18*(2), 11-30.

Showers, B., & Joyce, B. (1996). The evolution of peer coaching. *Educational Leadership, 53*(6), 12-16.

Simon, H. A., & Chase, W. G. (1973). Skill in chess. *American Scientist, 61*, 394-403.

Stodolsky, S. (1983). *Classroom activity structures in the fifth grade*. Final report, NIE contract No. 400-77-0094. Chicago: University of Chicago. (ERIC Document Reproduction Service No. ED 242412).

Surowiecki, J. (2004). *The wisdom of crowds: Why the many are smarter than the few and how collective wisdom shapes business, economics, societies, and nations*. New York: Doubleday.

Swearingen, M. (1946, January). Looking at supervision. *Educational Leadership, 3*(4), 146-151.

Taylor, F. W. (1911). *The principles of scientific management*. Reprinted 2007, Sioux Falls, SD: NuVision.

Thirunarayanan, M. O. (2004, February 10). National Board Certification for Teachers: A billion dollar hoax. *Teachers College Record*. Retrieved May 18, 2010, from www.tcrecord.org, ID number 11266.

Thompson, E. (1952). So begins-so ends the supervisor's day. *Educational Leadership, 10*(2), 80-84.

Toch, T., & Rothman, R. (January, 2008). *Rush to judgment: Teacher evaluation in public education*. Washington, DC: Education Sector.

Tracy, S. (1995, May/June). How historical concepts of supervision relate to supervisory practices today. *The Clearing House, 68*(5), 320-324.

Tucker, P. D., & Stronge, J. H. (2005). *Linking teacher evaluation and student learning*. Alexandria, VA: Association for Supervision and Curriculum Development.

Twadell, E. (2008). Win-win contract negotiation: Collective bargaining for student learning. In *The collaborative administrator: Working together as a professional learning community* (pp. 218-233). Bloomington, IN: Solution Tree Press.

U. S. Department of Education. (2002). *Meeting the highly qualified teachers challenge: The secretary's annual report on teacher quality*. Washington, DC: U. S. Department of Education, Office of Postsecondary Education.

Viadero, D., & Honawar, V. (2008, June 18). Credential of NBPTS has impact: Still evidence scant that program transformed field. *Education Week, 1*, 16.

Walberg, H. J. (1999). Productive teaching. In H. C. Waxman & H. J. Walberg (Eds.), *New directions for teaching practice research*, 75-104. Berkeley, CA: McCutchen.

Wang, M. C., Haertel, G. D., & Walberg, H. J. (1993). Toward a knowledge base for school learning. *Review of Educational Research, 63*(3), 249-294.

Weinstein, R. S. (2002). *Reaching higher: The power of expectations in schooling*. Cambridge, MA: Harvard University Press.

Weisberg, D., Sexton, S., Mulhern, J., & Keeling, D. (2009). *The widget effect: Our national failure to acknowledge and act on differences in teacher effectiveness*. Brooklyn, NY: New Teacher Project. Retrieved August 27, 2009, from http://widgeteffect.org/downloads/The Widget Effect.pdf

Welch, M. (1997, April). *Students' use of three-dimensional modeling while designing and making a solution to a technical problem*. Paper presented at the annual meeting of the American Educational Research Association, Chicago.

West, L. H. T., & Fensham, P. J. (1976). Prior knowledge or advance organizers as affective variables in chemical learning. *Journal of Research in Science Teaching, 13*, 297-306.

Wetzel, W. (1929, February). Scientific supervision and curriculum building. *The School Review, 37*(2), 179-192.

Whitehead, M. (1952). Teachers look at supervision. *Educational Leadership, 10*(2), 1011-1106.

Wilkinson, S. S. (1981). The relationship between teacher praise and student achievement: A metaanalysis of selected research. *Dissertation Abstracts International, 41*, 3998A.

Wise, E., Darling-Hammond, L., McLaughlin, M., & Bernstein, H. (1984). *Teacher evaluation: A study of effective practices*. Santa Monica, CA: RAND.

Wise, K. C., & Okey, J. R. (1983). A meta-analysis of the effects of various science teaching strategies on achievement. *Journal of Research in Science Teaching, 20*(5), 415-425.

Wubbles, T., Brekelmans, M., den Brok, P., & van Tartwijk, J. (2006). An interpersonal perspective on classroom management in secondary classrooms in the Netherlands. In C. Evertson & C. S.

Weinstein (Eds.), *Handbook of classroom management: Research, practice, and contemporary issues*(pp. 1161-1191). Mahwah, NJ: Erlbaum.

York-Barr, J., & Duke, K. (2004). What do we know about teacher leadership? Findings from two decades of scholarship. *Review of Educational Research, 74*(3), 255-316.

찾아보기

인 명

내 용

저자 소개

Robert J. Marzano는 미국 콜로라도 주 잉글우드 소재 Marzano Research Laboratory의 공동창업자이고 CEO다. 그리고 수업과 평가, 표준화에 관한 저작과 실천, 인지력, 효과적인 리더십, 학교 지원 등에 관한 주제로 30여 권의 책과 150여 편의 논문을 쓴 저자이며 강연자이고 트레이너다. 그의 저서 중에는 *Designing & Teaching Learning Goals & Objectives, District Leadership That Works, Formative Assessment & Standards-Based Grading, On Excellence in Teaching, The Art and Science of Teaching* 등이 있다. 최신의 연구와 이론을 실제 교실수업에 적용할 수 있도록 응용한 저작과 연구물들은 교사와 행정가들에게 국제적으로 널리 알려지고 실천으로 옮겨지고 있다.

Marzano 박사는 미국 이오나 대학교에서 학사, 미국 시애틀 대학교에서 석사, 미국 워싱턴 대학교에서 박사학위를 받았다.

Tony Frontier는 미국 위스콘신 주 카디널 스트리치 대학교의 리더십 박사과정 조교수이고 교사교육 책임교수다. 그리고 동 대학교에서 교육과정개발, 조직학습, 연구방법, 통계학 코스를 가르치고 있다. 그는 미국 밀워키 공립학교 루스벨트 예술중학교에서 1994년부터 교직 생활을 시작하여 위스콘신 주 화이트피시베이 고등학교에서 2년간 조교장(교감)으로 봉사하고, 화이트피시베이 교육구청에서 9년간 교육과정과 수업국장(우리나라의 학무부교육감 또는 학무국장)으로 근무하였다. 그리고 마케트 대학교의 School of Education에서 최우수 동창상을 받고, 위스콘신 주 최우수 Jack Keane 교육자상을 받고, 미국 장학교육과정학회인 ASCD의 촉망받는 젊은 리더로 선정되기도 하였으며, ASCD 위스콘신 주 회장을 지내기도 했다.

미국 위스콘신 대학교에서 사회학과 매스커뮤니케이션 전공으로 학사를 받고, 마케트 대학교에서 교사자격증을 받고, 카디널 스트리치 대학교에서 교육리더십 석사와 상급학습서비스리더십으로 Ph. D.를 받았다.

✉ acfrontier@stritch.edu

David Livingston은 미국 콜로라도 주 잉글우드 소재 Marzano Research Laboratory의 학교 수준과 교육구 수준의 리더십과 학교발전을 전문으로 하는 연구원이다. 그는 1968년 Chicago Teacher Corps(교사단체)와 동시에 교직경력을 시작하여 10여 년 봉사한 후 오리건 주와 콜로라도 주의 4개 초등학교에서 20여 년간 교장으로 근무하였다. 1998~2005년에는 콜로라도 주 그린우드 빌리지 소재 Cherry Creek Schools(교육구)에서 초등교육부교육감(초등교육국장)이었고, Marzano Research Laboratory에 합류하기 전에는 콜로라도 주 덴버에 있는 Mid-continent Research for Education and Learning(연구소)에서 책임컨설턴트로 일하였다. 또 서부 주 Benchmarking Consortium(협회)과 미시시피 강 서부 7 우수교육구 네트워크의 촉진자(facilitator)로 봉사하였다.

미국 휘튼 대학교에서 문학학사, 미국 루스벨트 대학교에서 도시지역교육으로 석사, 미국 콜로라도 대학교에서 교육기초로 박사학위를 받았다.

역자 소개

주삼환(Joo, Sam Hwan)
서울교육대학교 학사
서울대학교 교육대학원 석사(교육행정 전공)
미국 미네소타 대학교 대학원 박사(교육행정 전공)
약 15년 간 서울 시내 초등교사, 약 25년 간 충남대학교 교수, 한국교육행정 학회장 역임
미국 오하이오 주립대학교 객원교수, 한국대학교육협의회 파견교수
인문사회연구회 이사 역임
현 충남대학교 명예교수

〈주요 저 · 역서〉
교육행정 및 교육경영 5판(공저, 학지사, 2015)
교육리더십: 연구와 실제(역, 학지사, 2013)
교육윤리리더십: 선택의 딜레마(공역, 학지사, 2011)
교원의 전문적 능력개발(공역, 시그마프레스, 2011)
학업성취 향상 수업전략(공역, 시그마프레스, 2010)
교육행정윤리(공역, 시그마프레스, 2010)
불가능의 성취(저, 학지사, 2010)
미국의 최우수학교 블루리본 스쿨(공저, 학지사, 2009)
리더십 패러독스(공역, 시그마프레스, 2009)
도덕적 리더십(역, 시그마프레스, 2008)
교육행정사례연구(공저, 학지사, 2007)
교육행정철학(공저, 학지사, 2007)
한국대학행정(저, 시그마프레스, 2007, 문화체육관광부 우수도서)
한국교원행정(저, 태영출판사, 2006, 문화체육관광부 우수도서)
장학의 이론과 기법(저, 학지사, 2006)
학교경영의 이론과 실제(공저, 학지사, 2006, 공저)

- 이 외에 한국학술정보(www.kstudy.com) 주삼환 교육행정 및 장학 시리즈 도서 35권

황인수(Hwang, In Su)
서울교육대학교 학사
서울교육대학교 교육대학원 석사(초등국어교육 전공)
경희대학교 대학원 박사 과정 수료(교육행정 전공)
서울송천초등학교, 서울봉천초등학교, 경희초등학교 교사
현 청주대성초등학교 교감

〈주요 역서〉
다문화교육과 인간관계(공역, 교육과학사, 2010)

수업장학: 수업예술과 수업과학을 위한 지원
Effective Supervision: Supporting the Art and Science of Teaching

2015년 10월 20일 1판 1쇄 인쇄
2015년 10월 30일 1판 1쇄 발행

지은이 • Robert J. Marzano · Tony Frontier · David Livingston
옮긴이 • 주삼환 · 황인수
펴낸이 • 김진환
펴낸곳 • (주) 학지사
121-838 서울특별시 마포구 양화로 15길 20 마인드월드빌딩
대표전화 • 02)330-5114 팩스 • 02)324-2345
등록번호 • 제313-2006-000265호

홈페이지 • http://www.hakjisa.co.kr
페이스북 • https://www.facebook.com/hakjisa

ISBN 978-89-997-0832-9 93370

정가 16,000원

역자와의 협약으로 인지는 생략합니다.
파본은 구입처에서 교환해 드립니다.

이 도서의 국립중앙도서관 출판시도서목록(CIP)은 서지정보유통지원시스템 홈페이지(http://seoji.nl.go.kr)와 국가자료공동목록시스템(http://www.nl.go.kr/kolisnet)에서 이용하실 수 있습니다.
(CIP제어번호: CIP2015028196)